Schulte-Mattler/Traber · Marktrisiko und Eigenkapital

Hermann Schulte-Mattler/Uwe Traber

Marktrisiko und Eigenkapital

Adressenausfall- und Preisrisiken

2. Auflage

Die Deutsche Bibliothek – CIP-Einheitsaufnahme

Schulte-Mattler, Hermann:
Marktrisiko und Eigenkapital : Adressenausfall und Preisrisiken /
Hermann Schulte-Mattler/Uwe Traber. - 2., überarb. Aufl. -
Wiesbaden : Gabler, 1997
   (Bankfachbuch)

Kontaktadresse: Prof. Dr. Hermann Schulte-Mattler,
                  FH Dortmund, Emil-Figge-Straße 44,
                  D-44227 Dortmund

1. Auflage 1995
2. Auflage 1997

Der Gabler Verlag ist ein Unternehmen der Bertelsmann Fachinformation.

© Betriebswirtschaftlicher Verlag Dr. Th. Gabler GmbH, Wiesbaden 1997
Lektorat: Sandra Käfer

Softcover reprint of the hardcover 2nd edition 1997

Höchste inhaltliche und technische Qualität ist unser Ziel. Bei der Produktion und Verbreitung unserer Bücher wollen wir die Umwelt schonen: Dieses Buch ist auf säurefreiem und chlorarm gebleichtem Papier gedruckt. Die Einschweißfolie besteht aus Polyäthylen und damit aus organischen Grundstoffen, die weder bei der Herstellung noch bei der Verbrennung Schadstoffe freisetzen.

Die Wiedergabe von Gebrauchsnamen, Handelsnamen, Warenbezeichnungen usw. in diesem Werk berechtigt auch ohne besondere Kennzeichnung nicht zu der Annahme, dass solche Namen im Sinne der Warenzeichen- und Markenschutz-Gesetzgebung als frei zu betrachten wären und daher von jedermann benutzt werden dürften.

Der Verlag ist im Internet zu erreichen unter:
http://www.gabler-online.de

Satz: Publishing Service H. Schulz, Dreieich

ISBN-13: 978-3-322-87148-0   e-ISBN-13: 978-3-322-87147-3
DOI: 10.1007/978-3-322-87147-3

für
Anni und Karl-Heinz
und
Susanne

Vorwort zur 2. Auflage

Die im Mai 1995 erschienene erste Auflage von „Marktrisiko und Eigenkapital" war bereits nach kurzer Zeit vergriffen. Es lag daher nahe, einen mit Ausnahme von Fehlerkorrekturen unveränderten Nachdruck vorzunehmen. Allerdings haben sich zwischenzeitlich bei den vorgesehenen bankaufsichtlichen Rahmenbedingungen neue Entwicklungen ergeben, die uns eine auch inhaltlich überarbeitete Neuauflage ratsam erschienen ließen.

Unsere Darstellung der bankaufsichtlichen Vorschriften zur Unterlegung von Marktrisiken basiert auf den Regelungen der im März 1993 verabschiedeten Kapitaladäquanzrichtlinie und dem im Frühsommer 1993 veröffentlichten Konsultationspapier des Baseler Ausschusses für Bankenaufsicht. Leider ist – entgegen unserer Erwartung – die nationale Übernahme dieser Regelungen im Rahmen der Sechsten Novelle des Kreditwesengesetzes und der Neufassung des Eigenkapitalgrundsatzes I noch nicht abgeschlossen. Da sich die Teile B bis E des Buches im wesentlichen in den offiziellen Entwürfen widerspiegeln, haben wir es in diesen Bereichen bei einer geringfügigen Überarbeitung und – soweit erforderlich – Verbesserung und Ergänzung belassen. Teil F wurde hingegen weitgehend überarbeitet und trägt den neuen bankaufsichtlichen Entwicklungen Rechnung. Eine durchgreifende Überarbeitung soll der dritten Auflage vorbehalten bleiben, die sich dann – so ist zu hoffen – auf gesichertem Terrain bewegen kann.

Wir möchten bei dieser Gelegenheit allen Lesern des Buches danken, die uns Anregungen für die Überarbeitung übermittelt haben.

Bergisch Gladbach/Berlin, März 1997

Hermann Schulte-Mattler
Uwe Traber

Vorwort zur 1. Auflage

Bankaufsichtliche Vorschriften, insbesondere die auf das Eigenkapital bezogenen Normen, bestimmen die geschäftspolitischen Rahmenbedingungen und die Wettbewerbsfähigkeit der Banken zu einem nicht unerheblichen Maße. Mit den Eigenkapitalnormen gehen kalkulatorische Kosten einher, die in der Festlegung der Preise der Bankprodukte berücksichtigt werden. Im Zuge der internationalen und insbesondere der europäischen Harmonisierung haben die bankaufsichtlichen Vorschriften einen großen Wandel erfahren. Vor allem die Regelungen für das Marktrisiko haben einen Komplexitätsgrad erreicht, der eine umfassende Darstellung notwendig macht.

Die vorliegende Veröffentlichung soll deshalb eine grundlegende und zugleich in ausgewählten Bereichen weiterführende Darstellung und Diskussion von Modellen und Verfahren der Bankenaufsicht bieten. Wie im Untertitel zum Ausdruck kommt, werden dazu die derzeit wichtigsten Eigenkapitalnormen für Kredit- und Marktrisiken, nämlich Grundsatz I und Ia, sowie anstehende Erweiterungen dieser Normen erörtert.

Das Buch wendet sich vor allem an Studierende der Bankbetriebslehre an Universitäten und Hochschulen sowie an Teilnehmer berufsvorbereitender und berufsbegleitender Ausbildungsprogramme der Bankpraxis. Durch eine mit vielen Details beleuchtende Darstellung, vielzähligen Abbildungen und Beispielrechnungen soll das Buch insbesondere auch Praktikern dienen, die ihre Kenntnisse auf diesem Gebiet vertiefen und auf den neuesten Stand bringen wollen.

Das Buch ist die erste „Gemeinschaftsproduktion" der Autoren nach mehrjähriger beruflicher „Konkurrenztätigkeit" auf dem Gebiet der Bankenaufsicht:

- der eine ist bis 1994 als Abteilungsdirektor beim Bundesverband deutscher Banken in Köln, also der Interessenvertretung der „Beaufsichtigten", für den Bereich der bankaufsichtlichen Behandlung von Kredit- und Marktrisiken zuständig gewesen,
- der andere ist seit Jahren als „Aufseher" beim Bundesaufsichtsamt für das Kreditwesen in Berlin mit bankaufsichtlichen Grundsatzfragen beschäftigt und maßgeblich an der Entwicklung der in diesem Buch dargestellten Normen beteiligt.

Viele der während jener Zeit diskutierten Einzelfragen werden in dieser Veröffentlichung wieder aufgegriffen und zu einem einvernehmlichen Ergebnis geführt. Wir hoffen, daß die Leser einen ähnlich hohen Genuß beim Lesen wie wir beim Schreiben des Buches haben.

Wir danken Frau Helga Nolden herzlich für die kritische Durchsicht des Manuskriptes. Unser besonderer Dank gilt Herrn Jens Conert für seine zahlreichen kritischen Bemerkungen und wertvollen Hinweise. Verbliebene Ungenauigkeiten gehen selbstverständlich zu Lasten der Autoren. Für kritische Hinweise und Anregungen aller Art sind wir stets dankbar.

Um Mißverständnisse von vornherein auszuschließen, erklären wir ausdrücklich, daß die auf den folgenden Seiten präsentierten Interpretationen und Meinungen ausschließlich unsere persönlichen Auffassungen wiedergeben.

Das Manuskript wurde am 31. Oktober 1994 abgeschlossen.

Bergisch Gladbach/Berlin, Januar 1995

Hermann Schulte-Mattler
Uwe Traber

VIII

Inhaltsverzeichnis

Abbildungsverzeichnis

A. Strukturwandel auf den Finanzmärkten und Neuausrichtung der Bankenaufsicht

In den letzten Jahren haben sich die Regelungen und auch die Methoden der Bankenaufsicht erheblich gewandelt. Dies steht nicht zuletzt in Zusammenhang mit dem tiefgreifenden Strukturwandel, der sich auf den internationalen Finanzmärkten vollzogen hat. Er ist gekennzeichnet durch die gegenseitige Durchdringung der nationalen Finanzmärkte in Richtung auf einen weltumspannenden, globalen Finanzmarkt („*Globalization*"), die mit niedrigeren Transaktionskosten und einer erhöhten Markttransparenz einhergeht. Auch nimmt die Bedeutung der klassischen Formen des Bankkredits zugunsten wertpapiermäßiger Finanzierungen zunehmend ab („*Securitization*"). Neben der Verbriefung sind erhöhte Schwankungen (Volatilitäten) der Marktpreise in den letzten Jahren zu beobachten. Gleichzeitig steigt damit bei den Marktteilnehmern das Bedürfnis, sich gegen die aus der zunehmenden Volatilität und Dynamik der Finanzmärkte resultierenden Preisänderungsrisiken (insbesondere Fremdwährungs-, Aktienkurs- und Zinsänderungsrisiken) abzusichern.

Die „Futurisierung" der Finanzmärkte („*Futurization*"), das heißt der bemerkenswerte Aufschwung der Preissicherungs- und Arbitrage-Instrumente, ist eine Folge des verstärkten Bedürfnisses nach Absicherung von Wechselkurs-, Zins- und sonstigen Preisänderungsrisiken. Beispiele hierfür sind Devisen-, Zins-, Index- und andere Terminkontrakte, Zins- und Währungs-Swaps, Optionen, Futures oder Forward Rate Agreements. Die vielen neuen Finanzierungsformen wurden mit der Bezeichnung „Finanzinnovationen" *(Financial Innovations)* versehen, die heute jedoch im Zuge der Gewöhnung an diese Instrumente eher weniger gebräuchlich wird. Vorherrschende Bezeichnung ist der technische Begriff „derivative Instrumente" oder „Finanzderivate".

Die Finanzderivate können dazu verwendet werden, offene Geschäftspositionen zu schließen („*Hedging*"), indem für jede Währung die Salden zwischen Verbindlichkeiten und Forderungen ausgeglichen werden. Auf diese Weise lassen sich latente Risiken ausschalten oder zumindest begrenzen. Neben den herkömmlichen Absicherungsmöglichkeiten wurden eine Vielzahl neuer Hedginginstrumente entwickelt. Sie können aber auch eine Position öffnen, das heißt, die Hedginginstrumente werden selbst zur Risikoposition, weil eine gegenläufige Position fehlt. Die Futurization ist wohl – neben spekulativen Motiven der Marktteilnehmer oder der Nutzung komparativer Kostenvorteile – der wesentliche Grund für die Expansion der Terminmärkte.

Die voluminösen M&A-Transaktionen wurden von vielen Beobachtern als die für die 80er Jahre charakteristischen Aktivitäten auf den Finanzmärkten eingestuft. Eine vergleichbare Symbolkraft könnte in der gegenwärtigen Dekade der Markt für derivative Finanzprodukte erlangen. Im Jahre 1980 existierten nur in wenigen Ländern (wie den USA und den Niederlanden) Futures- und Optionsbörsen. Fünfzehn Jahre später bestehen derartige Einrichtungen in praktisch allen wichtigen Industrieländern.

Der Umfang der an Börsen wie außerbörslich gehandelten *derivativen Instrumente* ist in den letzten Jahren sehr stark gewachsen. Das *Volumen* der weltweit an Börsen gehandelten Instrumente hat sich nach den Angaben der Bank für Internationalen Zahlungsausgleich von 1986 bis 1992 auf 4 500 Mrd. US-Dollar (offene Positionen) verachtfacht, das Volumen der außerbörslichen Instrumente sogar verneunfacht. Die Summe von börslich und im Freiverkehr gehandelten Instrumente erreichte Ende 1992 einen Umfang, der das Volumen der internationalen Forderungen der an die Bank für Internationalen Zahlungsausgleich berichtenden Banken (7 400 Mrd. US-Dollar) deutlich überschritt. Dies entspricht von der Größenordnung her etwa 50 Prozent des Bruttoinlandsproduktes der OECD-Länder.[1]

Auch in der Bundesrepublik Deutschland ist seit etwa Mitte der 80er Jahre ein stürmisches Wachstum der Finanzderivate festzustellen. Ende 1986 betrug das Bruttovolumen der derivativen Geschäfte 875 Mrd. DM und das bilanzielle Geschäftsvolumen 3.551 Mrd. DM. Sieben Jahre später war das Bruttovolumen der derivativen Geschäfte mit 6.116 Mrd. DM schon annähernd so hoch wie das bilanzielle Geschäftsvolumen von 6.166 Mrd. DM (Juni 1993).[2]

Bezieht man das Volumen der derivativen Geschäfte lediglich auf das bilanzielle Geschäftsvolumen der gut 800 Institute, die diese Geschäfte betreiben, liegt das Verhältnis derivativer Geschäfte zu bilanziellem Geschäftsvolumen bei über 140 Prozent. Die Relationen sind aber im internationalen Vergleich niedrig. Bei ausländischen Kreditinstituten liegt das Volumen derivativer Geschäfte nicht selten beim 10- bis 20-fachen des Geschäftsvolumens.

Die Flut von Finanzderivaten stößt aber nicht überall auf ungeteilte Begeisterung. Insbesondere bei den Aufsichtsbehörden macht sich zunehmend eine gewisse Besorgnis breit. So bemängelt die Bank für Internationalen Zahlungsausgleich, daß die Finanzmärkte in vielerlei Hinsicht – sowohl für die Marktteilnehmer als auch für die Aufsichtsorgane – an Transparenz verloren hätten, da das genaue Verständnis der neuen Finanzinstrumente und Handelstechniken einer kleinen Gruppe von Fachleuten vorbehalten sei. Zwar seien die Marktteilnehmer möglicherweise in der Lage, ihre eigenen Risiken zu beurteilen, doch werde es für sie immer schwieriger, das Gesamtengagement ihrer Geschäftspartner und die Marktkonzentration abzuschätzen.[3]

Der mit dem Strukturwandel einhergehende verschärfte internationale Bankenwettbewerb, die bereits angesprochene zunehmende Internationalisierung des Bankgeschäftes und die Bankrechtsharmonisierung der Europäischen Union erforderte einen *einheitlichen, international geprägten Ansatz* für die Gestaltung der Bankaufsichtsnormen, und zwar sowohl zur Herstellung eines funktionsfähigen und nicht diskriminierenden Wettbewerbs als auch zur Sicherung der Solidität des internationalen Finanzsystems. Noch vor rund acht Jahren herrschte bei der Ausgestaltung bankaufsichtlicher Vorschriften eine nationale Perspektive vor, und Änderungen der Rahmenbedingungen vollzogen sich nur in größeren Zeitabständen. Dies hat sich grundlegend gewandelt. Die Novellierungen des Kreditwesenget-

---

1 Vgl. Bank für Internationalen Zahlungsausgleich (1993) und Krumnow (1993).
2 Vgl. Deutsche Bundesbank (1993), S. 65 ff.
3 Vgl. Bank für Internationalen Zahlungsausgleich (1993).

zes folgen einander in immer kürzeren Zeitabschnitten. Gleichzeitig mußte auch eine grundlegende Neuausrichtung der Bankenaufsicht erfolgen. Die Aufseher aller Länder mußten ihre vorwiegend nationale Perspektive bei der Ausgestaltung der Vorschriften aufgeben und enger mit ihren ausländischen Kollegen zusammenarbeiten.

Einen zusätzlichen Antrieb bekamen die internationalen Bestrebungen durch die *Harmonisierungsaktivitäten der Europäischen Union*, die mit dem politischen Ziel der schnellen Verwirklichung des Europäischen Binnenmarktes vor allem seit 1987/1988 forciert wurden. Die Tatsache, daß in den letzten sechs Jahren auf Ebene der Europäischen Union sechs zentrale bankaufsichtsrechtliche Richtlinien verabschiedet wurden,[4] zeigt das Tempo, mit dem in Europa die Angleichung der kreditwirtschaftlichen Rahmenbedingungen vorangetrieben wurde.[5]

Gegenstand dieses Buches sind die Eigenkapitalnormen. Der nächste Teil B behandelt als Einstieg in das Thema die institutionellen und organisatorischen Besonderheiten der Bankenaufsicht in der Bundesrepublik Deutschland. Im Teil C wird der Eigenkapitalgrundsatz I zur Erfassung von Ausfall- oder Kreditrisiken eingehend dargestellt. Er wird auch als das „Herzstück" aller bankaufsichtlichen Bestimmungen angesehen. Der Eigenkapitalgrundsatz Ia, der Preisrisiken der Kreditinstitute limitiert, steht im Mittelpunkt des Teils D. Im Teil E werden die Ergänzungen und Änderungen der bestehenden Eigenkapitalnormen erörtert, die sich aufgrund der Umsetzung der Kapitaladäquanzrichtlinie im Rahmen der anstehenden Sechsten Novelle des Kreditwesengesetzes ergeben werden. Den Abschluß des Buches bildet eine zusammenfassende Betrachtung verbunden mit Perspektiven für die Bankenaufsicht in den vor uns liegenden Jahren.

---

4 Die Zweite Bankrechtskoordinierungsrichtlinie, die Eigenmittelrichtlinie, die Solvabilitätsrichtlinie, die Konsolidierungsrichtlinie, die Großkreditrichtlinie und die Kapitaladäquanzrichtlinie.
5 Vgl. Arnold (1989a, 1991), Bader (1990b), Follak (1990a, 1990b), Gaddum (1988, 1990a, 1990b) und Kuntze (1991).

B. Bankenaufsicht in der Bundesrepublik Deutschland

1. Entstehung und Entwicklung

1.1 Geschichte der deutschen Bankenaufsicht

Bereits im vergangenen Jahrhundert, nach der Entstehung von Banken im klassischen Sinne und von Großbanken, nach ersten Schwierigkeiten und Falliten, wurde im Deutschen Reich die Frage diskutiert, ob die Banken nicht einer staatlichen Beaufsichtigung zu unterstellen seien.[1] Insbesondere nach dem Zusammenbruch mehrerer Privatbanken in den 90er Jahren des 19. Jahrhunderts wurden angesichts der aufgedeckten Fälle von Unterschlagungen von Kundengeldern und Kundenwertpapieren das *Börsengesetz* und das *Depotgesetz* erlassen. In diesem Zusammenhang sollte bereits ein Gesetz zur Regelung des Depositenbankenwesens verabschiedet werden, das vor allem eine Publizitätspflicht für Banken vorsah (vierteljährliche Veröffentlichung einer Bilanz, wobei Mindestangaben vorgeschrieben waren). Die starke Interessenlobby des Bankwesens, die vor allem auf die Gewerbefreiheit nach der *Gewerbeordnung von 1869* pochte, erreichte jedoch ein Scheitern des Gesetzentwurfs.

Die Häufung von Bankenzusammenbrüchen Anfang des neuen Jahrhunderts und die starke Konzentrationsbewegung verstärkten die Diskussion über die Nachteile einer mangelnden Bankenaufsicht, in deren Verlauf der Nationalökonom *Adolph Wagner* einen detaillierten Entwurf für die Einrichtung eines *„Bankenkontrollamtes"* vorlegte. Die *Bankenenquête* von 1908/09 forderte schließlich von der Reichsregierung die Einarbeitung eines Gesetzes „zur Bekämpfung der Gefahren, die dem Publikum durch Banken und Bankiers erwachsen, die zur Anlage von Depositen oder Spargelder durch öffentliche oder schriftliche Aufforderungen oder durch Agenten anreizen".[2] Im weiteren Verlauf wurden auch zwei weitere durchaus aktuell anmutende Vorschläge diskutiert, nämlich ein *Konkursvorrecht für Privatpersonen* zu statuieren und die Einrichtung einer Einlagensicherung im Wege einer staatlichen *„Reichsdepositenversicherungsanstalt"*, deren Beiträge durch die Sparkassen und Banken in Abhängigkeit von der Höhe ihrer Depositen aufgebracht werden sollten. Aber letztlich war das einzig greifbare Ergebnis die freiwillige Veröffentlichung von zweimonatlichen Bilanzen durch die Großbanken und die wichtigsten anderen Banken.

Man darf aber nicht dem Irrtum verfallen, der diskutierte Schutz der Sparer und Anleger habe aus reiner Menschenfreundlichkeit eingeführt werden sollen. Weit gefehlt. Zu den lebhaftesten Befürwortern der *Einlagensicherung* zählte die Deutsche Reichsbank, die damit endlich die ungeliebte und unbequeme „Lender-of-last-Resort"-Rolle loswerden wollte. Sie war nämlich in die Rolle eines Liquiditätsgaranten hineingewachsen, die Ende des

---

1 Vgl. im folgenden unter anderem Schneider (1978), S. 7 ff., und Mayer (1981).
2 Zitiert nach Mayer (1981), S. 10.

19. Jahrhunderts, nach der deutlichen Änderung des Verhältnisses der staatlichen Zentralbank zu den privaten Aktienbanken, als nicht mehr adäquat und im internationalen Vergleich insbesondere zu London, dem bereits damals führenden Kapitalumschlagplatz, als antiquiert angesehen wurde.[3]

Entstanden ist die *allgemeine Bankenaufsicht* dann als Folge der dramatischen *Bankenkrise des Sommers 1931* (ausgelöst durch den Zusammenbruch der „Darmstädter und National-Bank" – Danatbank), die durch eine aufwendige Stützungsaktion des Staates bereinigt werden mußte. Der Bankenzusammenbruch hatte einen von Panik geprägten Abzug von Kundengeldern zur Folge. Um einer neuerlichen Erschütterung des angeschlagenen Bankensystems vorzubeugen, wurden durch die „*Notverordnung über Aktienrecht, Bankenaufsicht und über eine Steueramnestie*" des Reichspräsidenten vom 19. September 1931 die Kreditinstitute einer lockeren, weil überwiegend nur beobachtenden Aufsicht unterworfen.

Aufsichtsorgane waren das aus fünf Personen zusammengesetzte *Kuratorium für das Bankgewerbe*, das bei der Reichsbank angesiedelt war, und als eigentliche Aufsichtsbehörde der *Reichskommissar für das Bankgewerbe*, der jedoch dem Reichswirtschaftsministerium unterstellt war. Der Reichskommissar selbst gehörte dem Kuratorium an, nach dessen Richtlinien er sein Amt auszuüben hatte. Nachdem ein „Untersuchungsausschuß für das Bankwesen" 1933 Vorschläge zur Neuordnung des Kreditwesens unterbreitet hatte, wurde das „*Reichsgesetz über das Kreditwesen*" vom 5. Dezember 1934 erlassen, das die erste umfassende Kodifizierung des Bankaufsichtsrechts in Deutschland bildet und in seinen wesentlichen Zügen mit dem Kreditwesengesetz von 1961 übereinstimmt. So wurde eine Erlaubnispflicht für bankgeschäftliche Tätigkeiten, deren Kriterienkatalog auch heute noch Gültigkeit besitzt, Struktur- und Risikonormen für das Kreditgeschäft eingeführt und ein Anzeige- und Meldesystem zur Beaufsichtigung installiert.

Als oberste Instanz der Bankenaufsicht ging das Kuratorium für das Kreditgewerbe in dem neugeschaffenen *Aufsichtsamt für das Kreditwesen* auf, dem in Fortführung der bisherigen Organisation der *Reichskommissar für das Kreditwesen* als Exekutivorgan zugeordnet war. Der Reichskommissar gehörte dem Aufsichtsamt jedoch nicht an, sondern war für die Durchführung des Reichskreditwesengesetzes nach Maßgabe der Richtlinien des Aufsichtsamtes zuständig. Nach der Beseitigung der Unabhängigkeit der Reichsbank wurde im September 1939 auch das Aufsichtsamt für das Kreditwesen aufgelöst, seine Befugnisse gingen auf das Reichswirtschaftsministerium über. Ihm war das weisungsgebundene *Reichsaufsichtsamt für das Kreditwesen* als Nachfolgebehörde für den Reichskommissar nachgeordnet, das seinerseits im September 1944 aufgehoben wurde. Dessen hoheitliche Befugnisse übte danach das Reichswirtschaftsministerium unmittelbar aus, während die technisch-kontrollierenden Aufgaben auf die Reichsbank übertragen wurden.

Nach 1945 ging in den westlichen Besatzungszonen, in denen man die materiellen bankaufsichtlichen Vorschriften des Reichskreditwesengesetzes weiter gelten ließ, die Aufgaben und Befugnisse der Bankenaufsicht auf die Länder über, die zur Koordinierung der Aufsicht den *Sonderausschuß Bankenaufsicht* einrichteten.

---

3 Vgl. Borchardt (1976), S. 50-53.

Im Mai 1959 legte die Bundesregierung den „*Entwurf eines Gesetzes über das Kreditwesen*" vor,[4] der nach einer längeren Auseinandersetzung zwischen Bund und Ländern im März 1961 vom Bundestag als Gesetz verabschiedet wurde. Hauptstreitpunkt war die Frage, ob die Bankenaufsicht zentral durch ein dem Bund unterstelltes Aufsichtsamt oder aber dezentral durch Länderbehörden durchgeführt werden sollte. Das von mehreren Bundesländern im Rahmen eines Normenkontrollverfahrens angerufene Bundesverfassungsgericht bestätigte mit seinem Urteil vom 24. Juni 1962 (BVerfGE 14, 197) die Verfassungsmäßigkeit der organisatorischen Bestimmungen des *Kreditwesengesetzes* (KWG), das zum 1. Januar 1962 in Kraft getreten war.

1.2 Von der Ersten bis zur Sechsten KWG-Novelle

Das derzeitige „*Gesetz über das Kreditwesen*" ist seit 1961 durch zahlreiche Verordnungen, Mitteilungen und Anordnungen ergänzt und präzisiert sowie mehrfach novelliert worden.[5] Bedeutsam ist die *Zweite Novelle von 1976* („*Herstatt-Sofortnovelle*"),[6] die durch den Zusammenbruch des Kölner Bankhauses I.D. Herstatt im Gefolge von Devisenspekulationen ausgelöst wurde.[7] Dabei wurden die Eingriffs- und Prüfungsbefugnisse des Bundesaufsichtsamtes ausgedehnt, weitere Anzeigepflichten geschaffen, den Jahresabschlußprüfern zusätzliche Informationspflichten auferlegt und die Großkreditbestimmungen verschärft. Auch das „*Vieraugenprinzip*" wurde eingeführt, das heißt, die Anforderung, daß jedes Kreditinstitut mindestens zwei hauptamtliche Geschäftsleiter aufweisen muß. Seit dieser Zeit dürfen Kreditinstitute nicht mehr in der Form des Einzelkaufmanns (wie das Bankhaus Herstatt) gegründet werden.[8]

Die *Dritte Novelle des Kreditwesengesetzes von 1984* [9] war erstmals geprägt vom Einfluß der europäischen Bankrechtsnormen, die zunehmend an Bedeutung für die Ausgestaltung des deutschen Bankaufsichtssystems gewannen. Die Gesetzesneufassung legte die Basis für eine internationale Kooperation der Bankaufsichtsbehörden und statuierte vor allem das *Prinzip der Konsolidierung*, nach dem auch Kreditinstitutsgruppen einer Aufsicht unterliegen. Damit wurde die *Erste Konsolidierungsrichtlinie* von 1983[10] umgesetzt, die zum Ziel hat, mit der Beaufsichtigung der Kreditinstitute auf der Grundlage konsolidierter Zahlen die sich aus dem Verbund von Mutter- und Tochterinstituten ergebenden Risiken zu erfassen. Dabei liegen die Pflichten zur Einhaltung aller auf Kreditinstitutsgruppen bezogenen Vorschriften beim Mutterinstitut, das seinerseits auch im Nichteinhaltungsfall hoheitliche Maßnahmen zu gewärtigen hat (Verhinderung einer „Mehrfachbelegung" des haftenden Eigenkapitals innerhalb der Kreditinstitutsgruppe). Ferner brachte die Dritte KWG-

---

4 Vgl. Bundestags-Drucksache 3/1114.
5 Vgl. zum folgenden unter anderem Kuntze (1986).
6 Vgl. Bundestags-Drucksache 7/3657.
7 Vgl. dazu die parlamentarische Anfrage Bundestags-Drucksache 7/2438.
8 Vgl. zu den Einzelheiten der Novelle z.B. Hellner (1976).
9 Vgl. Bundestags-Drucksache 10/1441.
10 Vgl. EG-Kommission (1983).

Novelle die *Anerkennung von Genußrechtskapital* als haftendes Eigenkapital und eine weitere *Verschärfung der Großkredit- oder Kreditstreuungsvorschriften*.[11]

Die *Vierte Novelle des Kreditwesengesetzes von 1992*,[12] die im wesentlichen zum 1. Januar 1993 wirksam wurde, hatte die Umsetzung der *Zweiten Bankrechtskoordinierungsrichtlinie*[13], der *Eigenmittelrichtlinie*[14] und der *Solvabilitäts(koeffizienten)richtlinie*[15] als Schwerpunkt der Gesetzesneufassung zum Inhalt. Mit der Zweiten Bankrechtskoordinierungsrichtlinie wurde der *„Europäische Paß"* für Kreditinstitute mit Sitz in EU-Staaten eingeführt, das heißt, daß solche Kreditinstitute für das Betreiben von Geschäften in der Bundesrepublik Deutschland keine gesonderte deutsche Erlaubnis mehr benötigen, sondern der EU-weite Grundsatz der gegenseitigen Anerkennung und der Heimatlandkontrolle verwirklicht wird. Die Umsetzung der Eigenmittelrichtlinie brachte eine *wesentliche Ausdehnung des Begriffs des haftenden Eigenkapitals der Kreditinstitute* unter Einbeziehung nicht realisierter Bewertungsreserven in Immobilien und Wertpapieren. Die Umsetzung der Solvabilitätsrichtlinie erfolgte zur gleichen Zeit durch eine Änderung des Eigenkapitalgrundsatzes I.

Daneben wurden in der Vierten Novelle entsprechend einer weiteren europäischen Richtlinie Konsequenzen aus dem Zusammenbruch der Bank of Credit and Commerce International (*„BCCI-Skandal"*) in der Weise gezogen, daß die *Möglichkeit zur Erlaubnisversagung oder -entziehung* besteht, wenn der Aufbau einer Kreditinstitutsgruppe zu undurchsichtig wird und eine wirksame Aufsicht nicht mehr zuläßt. Weiter wurden bestimmte *Sparverkehrsvorschriften* aus dem Kreditwesengesetz herausgenommen und in geänderter Form in die *Verordnung über die Rechnungslegung der Kreditinstitute* aufgenommen.

Zwei weitere europäische Richtlinien, die Zweite Konsolidierungsrichtlinie[16] und die Großkreditrichtlinie[17], wurden im Rahmen der *Fünften Novelle des Kreditwesengesetzes* umgesetzt, die im Juli 1994 vom Bundestag verabschiedet worden ist und zum 31. Dezember 1995 in Kraft treten wird.[18]

Die *Zweite Konsolidierungsrichtlinie* ersetzt die Richtlinie aus dem Jahre 1983, die der Dritten KWG-Novelle zugrunde lag. Der Anwendungsbereich der Richtlinie geht über den der Richtlinie von 1983 hinaus, indem auch solche Kreditinstitute konsolidieren müssen, die eine Finanz-Holdinggesellschaft als Mutter haben. Darüber hinaus werden die anzuwendenden Konsolidierungsmethoden neu festgelegt. Für Mehrheitsbeteiligungen und Tochterunternehmen ist zwingend die Vollkonsolidierung vorgeschrieben. Für Minderheitsbeteiligungen zwischen 20 und 50 Prozent besteht nach der Richtlinie ein

---

11 Vgl. zu den Einzelheiten der Novelle z.B. Arnold (1982, 1985), Günther/Arnold (1985), Sprißler/Arnold (1984).
12 Vgl. Bundestags-Drucksache 12/3377.
13 Vgl. EG-Kommission (1989b, 1990a, 1991a) sowie Bader (1990a) und Frölichsthal (1990).
14 Vgl. EG-Kommission (1989a).
15 Vgl. EG-Kommission (1989c).
16 Vgl. EG-Kommission (1992b).
17 Vgl. EG-Kommission (1993a).
18 Vgl. zu den Einzelheiten der Novelle Boos/Klein (1994).

Wahlrecht, das in der KWG-Novelle zugunsten des Quotenkonsolidierungsverfahrens ausgenutzt wurde.

Nach der *Großkreditrichtlinie* gelten Kredite an einen Kreditnehmer als Großkredit, die insgesamt 10 Prozent des haftenden Eigenkapitals des Kreditinstitutes betragen oder überschreiten. Dabei darf der einzelne Großkredit nicht größer sein als 25 Prozent des haftenden Eigenkapitals des Kreditinstitutes und die Summe aller Großkredite nicht über das Achtfache des haftenden Eigenkapitals hinausgehen.

Die anstehende *Sechste Novelle des Kreditwesengesetzes* wird die Umsetzung der *Wertpapierdienstleistungsrichtlinie*[19] und der *Kapitaladäquanzrichtlinie*[20] zum Gegenstand haben. Durch die Kapitaladäquanzrichtlinie werden insbesondere die bestehenden bankaufsichtlichen Strukturnormen der Grundsätze I und Ia wesentlich ergänzt werden. Diese zentralen Strukturnormen des deutschen Aufsichtsrechtes zusammen mit den anstehenden Änderungen werden im weiteren Verlauf des Buches eingehend dargestellt und analysiert.

2. Aufbau, Organisation und Konzeption

2.1 Ziel der Bankenaufsicht

Die Bankenaufsicht als ordnungspolitischer (gewerbepolizeilicher) Eingriff in die allgemeine Gewerbefreiheit bedarf nach vorherrschendem ordoliberalem Staatsverständnis einer besonderen Existenzberechtigung. Die unabdingbare Notwendigkeit eines staatlichen Eingriffs aus gesamtwirtschaftlichem Interesse ist nachzuweisen.

Grundlage dieses Nachweises ist die ökonomische Grundeinsicht, daß dem Finanzsystem (etwas altertümelnd „Kreditwesen" genannt) eine herausragende und zentrale Stellung für die Funktionsweise eines marktwirtschaftlichen Wirtschaftssystems zukommt. Im Vordergrund steht hierbei einerseits die Funktion des Kreditwesens als *Sammel- und Verteilungsstelle für verfügbare Gelder* in der Form von Einlagen vom und Krediten an das Publikum, andererseits die Funktion als *Träger des Zahlungsverkehrs*.

Schwierigkeiten im Finanzsystem berühren immer dessen Funktionsfähigkeit, stellen sie möglicherweise sogar in Frage und haben damit unmittelbare Auswirkungen auf den Gang der übrigen („realen") Wirtschaft. Die Auswirkungen können sowohl über faktische Verkettungen (Störung der Kreditversorgung, wie im Anschluß an die Bankenkrise 1931 beobachtet) als auch vor allem über psychologische Vermittlungswege (Vertrauensverlust des Publikums, „Run" auf die Bankschalter, mögliche Disintermediationsprozesse[21]) zustande kommen. Die „*Sicherung der Funktionsfähigkeit des Finanzsystems*", worunter sich „*ordnungsgemäße Durchführung der Bankgeschäfte*" und Vermeidung von „*Nachteilen für die*

---

19 Vgl. EG-Kommission (1993c).
20 Vgl. EG-Kommission (1993b).
21 Rückgang der Bedeutung der Banken und anderer Finanzintermediäre für die Vermittlung des gesamtwirtschaftlichen Geld- und Finanzkreislaufs. Zunahme direkter (intrasektorieller) Kreditverflechtungen zwischen nichtfinanzwirtschaftlichen Unternehmen und Privatpersonen.

Gesamtwirtschaft" subsumieren lassen, und der *"Schutz der Gläubiger/Einleger vor Vermögensverlusten"* ist die offizielle ordnungspolitische Begründung für die Notwendigkeit staatlichen Eingriffs in das Kreditwesen in Form der Bankenaufsicht.[22]

Allerdings kann und soll die Bankenaufsicht nicht verhindern, daß einzelne Banken zusammenbrechen.[23] Dies könnte nämlich nur erreicht werden, indem so weitgehend in die Gestaltungsfreiheit der Kreditinstitute eingegriffen würde, daß dies mit dem *ordoliberalen Verständnis von Staatshandeln und Staatseingriff* in einer (kapitalistischen) Marktwirtschaft nicht mehr vereinbar wäre. Die Bankenaufsicht in Deutschland muß aber ihre Aufgaben in einer Weise erfüllen, „die der Freiheit zur geschäftlichen Betätigung den größtmöglichen Spielraum läßt und die darauf verzichtet, auf die geschäftspolitischen Entschließungen der Kreditinstitute und auf die Gestaltung des einzelnen Bankgeschäftes Einfluß zu nehmen".[24] Weiterhin muß die Ordnungspolitik auch im Finanzsystem die „Selbstreinigungskräfte des Marktes" nicht an ihrer Entfaltung hindern und gegebenenfalls auch den Konkurs einer Bank zulassen. Aus Gründen der Vertrauenssicherung muß ein Bankkonkurs aber wiederum in geordneten Verhältnissen abgewickelt werden, was eine faktische Sonderrolle für einen Bankkonkurs bedeutet.

Um das staatliche Ziel unter Beachtung der ordoliberalen Randbedingungen zu erreichen, müssen die *bankaufsichtlichen Vorschriften* in einer Weise konzipiert sein, die die Krisenanfälligkeit der Banken mindert, die ja Teil des Wirtschaftssystems sind und etwa Krisen und Depressionen ebenfalls zu spüren bekommen. Mittel dazu sind Vorschriften für eine gesunde Struktur und ein solides Geschäftsgebaren. Die laufende Überwachung, das heißt die schlichte Existenz einer Bankenaufsicht, soll auch dazu beitragen, das Vertrauen des Publikums in das Bankensystem zu stabilisieren und „Runs" zu verhindern.

Die Grundphilosophie des Ordoliberalismus im Hinblick auf Staatseingriffe im allgemeinen und Bankenaufsicht im besonderen hat auch die spezifische Ausgestaltung und das Verfahren der *deutschen Bankenaufsicht* geprägt. Sie erfüllt ihre Aufgabe, die Einhaltung der aufsichtlichen Ordnungsvorschriften zu kontrollieren und gegebenenfalls mit Zwangsmaßnahmen durchzusetzen, in erster Linie mit Hilfe eines ausgebauten *Anzeige- und Meldewesens*. Die Aufsichtätigkeit besteht schwerpunktmäßig in der Auswertung von periodisch oder fallweise einzureichenden Meldungen und Unterlagen.[25] Nach Meinung der Kreditwirtschaft ist der Umfang der Meldungen und Anzeigen teilweise überzogen; allerdings könnte hierauf in aller Regel nur verzichtet werden, wenn die Bankenaufsicht sich die für ihre Arbeit notwendigen Informationen auf andere Weise, beispielsweise durch Vor-Ort-Prüfungen und unvermutete Untersuchungen beschaffen würde.

Jedoch ist auch das deutsche auf den Meldungen der Banken basierende System kein „Anzeigensystem" in Reinkultur. Da es eine *"loyale Mitwirkung"*[26] der beaufsichtigten Ban-

---

22 Daneben wird auch die Meinung vertreten, daß die Bankenaufsicht den finanzwirtschaftlichen Sektor gegen mögliche Disintermediationen abschirmt durch das Erfordernis, daß die Durchführung originär kreditwirtschaftlicher Funktionen nur durch Institute der Finanzwirtschaft erfolgen darf, daß mithin alle diese Funktionen eine entsprechende Erlaubnis voraussetzen. Zu den Zielen der Bankenaufsicht vgl. Niethammer (1990).

23 Vgl. Regierungsbegründung, Reischauer/Kleinhans (1963 ff.), Kza. 575, S. 4.

24 Vgl. Regierungsbegründung, Reischauer/Kleinhans (1963 ff.), Kza. 575, S. 3.

25 Ausländische Bankaufsichtssysteme (vor allem im anglo-amerikanischen Raum) setzen im Gegensatz hierzu in stärkerem Maße auf eigene Prüfungen und Kontrollen vor Ort mit Hilfe eines eigenen Prüfungsstabes.

26 Vgl. Regierungsbegründung, Reischauer/Kleinhans (1963 ff.), Kza. 575, S. 4.

ken selbst voraussetzt, muß zumindest die Loyalität überprüft werden. Dabei stützt sich die deutsche Bankenaufsicht mangels eines eigenen Mitarbeiterstabes in hohem Maße auf „externe" Prüfer (in aller Regel Wirtschaftsprüfer).

Die Ausgestaltung der Bankenaufsicht in der Bundesrepublik Deutschland als *„Anzeigensystem"* hat sich in der Vergangenheit bewährt. Für die Zukunft muß allerdings angesichts der in den folgenden Kapiteln dieses Buches ausgebreiteten Komplexität der zu beaufsichtigenden Geschäfte und des mit der internationalen Harmonisierung der Bankaufsichtsnormen einhergehenden verstärkten Drucks hin zu mehr allgemein umschriebenen Aufsichtsnormen damit gerechnet werden, daß das deutsche System in Richtung eines *„Prüfungssystems"* weiterentwickelt werden wird.[27]

2.2 Organisation der Bankenaufsicht

2.2.1 Bundesaufsichtsamt für das Kreditwesen

Die Aufgaben und Instrumente der Bankenaufsicht in der Bundesrepublik Deutschland sind zuvorderst im *„Gesetz über das Kreditwesen"* (Kreditwesengesetz, KWG) festgelegt. Danach wird die Bankenaufsicht zentral durch das *Bundesaufsichtsamt für das Kreditwesen* (BAKred) in Berlin ausgeübt. Das Amt ist verwaltungstechnisch eine selbständige Bundesoberbehörde (Art. 87 Satz 1 des Grundgesetzes), das heißt, es untersteht unmittelbar einer obersten Bundesbehörde (dem Bundesminister der Finanzen). Es ist vom Finanzministerium weisungsabhängig, besitzt keinen eigenen Mittel- und Unterbau und kann nur mit Aufgaben betraut werden, die von der Sache her zentral für das gesamte Bundesgebiet und ohne dauernde Inanspruchnahme von Verwaltungsbehörden der Länder wahrgenommen werden können.

Das Kreditwesengesetz legt in § 6 Abs. 1 die *Befugnisse* des Bundesaufsichtsamtes für das Kreditwesen fest, indem es seine Aufsichtätigkeit an die Vorschriften des KWG knüpft. Neben den im Gesetz im einzelnen fixierten Aufgaben hat das Amt den generellen kreditwesenpolitischen Auftrag, Mißständen entgegenzuwirken, „die die Sicherheit der den Kreditinstituten anvertrauten Vermögenswerte gefährden, die ordnungsmäßige Durchführung der Bankgeschäfte beeinträchtigen oder erhebliche Nachteile für die Gesamtwirtschaft herbeiführen können" (§ 6 Abs. 2).[28]

---

27 Vgl. hierzu insbesondere die Teile E und F des Buches.
28 Bei der Wahrnehmung dieser Aufgabe beobachtet das Bundesaufsichtsamt die Tendenzen im Kreditgewerbe im Hinblick auf das Erscheinen von „Mißständen". Dabei ist allerdings der genaue Bedeutungsgehalt von „Mißstand" schwer zu fassen. Auf jeden Fall kann nicht von Mißstand gesprochen werden, wenn nur ein oder wenige Kreditinstitute ein Fehlverhalten zeigen. Sofern das Amt zu der Auffassung gelangt, daß ein Mißstand vorliegt, gibt ihm das Gesetz jedoch keine förmlichen Maßnahmen an die Hand. Das Amt reagiert daher in aller Regel in der Form, die jeweils betroffenen Kreditinstitute unmittelbar oder unter Einschaltung des jeweils zuständigen Verbandes zur Abstellung des Mißstandes aufzufordern. Zu hoheitlichen Maßnahmen (Zwangsmaßnahmen) ist das Bundesaufsichtsamt aber erst befugt, wenn gleichzeitig bestimmte KWG-Normen verletzt wurden oder das Verhalten der Geschäftsleiter der Kreditinstitute Anlaß gibt, ihre gesetzlich geforderte Leitungsbefähigung oder Geschäftsqualifikation zu bezweifeln.

Für *Errichtung, Tätigkeit und Schließung eines Kreditinstituts* bestehen Ordnungsvorschriften im Kreditwesengesetz, den dazu erlassenen Verordnungen und Durchführungsbestimmungen sowie in Teilbereichen in Spezialgesetzen, die die allgemeinen Vorschriften des KWG teils ergänzen, teils modifizieren, um den Besonderheiten spezieller Geschäftszweige wie Bausparkassen, Hypothekenbanken und Kapitalanlagegesellschaften Rechnung zu tragen. Das Bundesaufsichtsamt für das Kreditwesen überwacht die Einhaltung dieser Vorschriften und erzwingt sie gegebenenfalls. Als Teil der staatlichen Verwaltung sind die bankaufsichtlichen Aktionen des Amtes Verwaltungsakte und als solche verwaltungsgerichtlich nachprüfbar.

Eine der Aufgaben der deutschen Bankenaufsicht, die in den letzten sechs bis sieben Jahren verstärkt die ohnehin sehr knappen personellen und sachlichen Ressourcen des Bundesaufsichtsamtes für das Kreditwesen in Anspruch genommen hat, ist die *Mitarbeit in internationalen Gremien*, die die Harmonisierung der bankaufsichtlichen Regelungen in verschiedenen Ländern zum Ziel haben. Dazu zählen vorrangig die Arbeiten an den zahlreichen Harmonisierungsrichtlinien der Europäischen Union sowie die Arbeiten des Baseler Ausschusses für Bankenaufsicht, der bei der Bank für Internationalen Zahlungsausgleich in Basel tagt.

Neben der allgemeinen Bankenaufsicht nach dem KWG gibt es für Spezialinstitute *Sondergesetze* sowie teilweise auch *Sonderaufsichten*:

- Sparkassen und Landesbanken unterliegen der Anstaltsaufsicht der Länder, die teilweise weitergehende Befugnisse als die KWG-Bankenaufsicht besitzt. Ihre Grundlage findet sich in den Sparkassengesetzen der Länder.
- Spezialbanken des Bundes und der Länder – wie Kreditanstalt für Wiederaufbau, Industriekreditbank etc. sowie die zahlreichen Förderinstitute – wurden durch eigene Gesetze errichtet, die in der Regel auch besondere Aufsichten vorsehen.
- Realkreditinstitute (Hypothekenbanken, Schiffspfandbriefbanken, öffentlich-rechtliche Grundkreditanstalten), Kapitalanlagegesellschaften und Bausparkassen unterliegen neben dem KWG weiteren spezialgesetzlichen Bestimmungen.

2.2.2 Deutsche Bundesbank

Neben dem Bundesaufsichtsamt für das Kreditwesen ist die Deutsche Bundesbank in die *laufende Bankenaufsicht* eingeschaltet. Da das Bundesaufsichtsamt als selbständige Bundesoberbehörde keine nachgeordneten Dienststellen (und auch keine Außenstellen mehr) hat, kommt der regionalen Präsenz der Bundesbank, ihrer Landeszentralbanken und Zweiganstalten Bedeutung zu. Die Bundesbank arbeitet mit dem Bundesaufsichtsamt auf dem Gebiet der *laufenden Bankenaufsicht* zusammen, insbesondere nimmt sie einen Großteil der von den Instituten einzureichenden *Meldungen und Anzeigen* entgegen und reicht sie dem Amt weiter. Gemäß § 18 des Bundesbankgesetzes ist die Bundesbank darüber hinaus befugt, Sondererhebungen anzuordnen und durchzuführen. Von diesem Recht macht sie auch Gebrauch (beispielsweise Sondererhebungen über Schuldscheingeschäfte, Konsumentenkredite, Pensionsgeschäfte und Wertpapierdepots). Die Sondererhebungen liefern neben geld- und währungspolitisch interessanten Erkenntnissen auch relevante Daten für Zwecke der Bankenaufsicht.[29]

Hoheitliche Aufgaben liegen jedoch *ausschließlich* beim Bundesaufsichtsamt, das sich bei allgemeinen Regelungen mit der Bundesbank abzustimmen oder diese sogar nach Maßgabe des KWG förmlich zu beteiligen hat. Die Verflechtung der Aufgaben und die Bedeutung bankaufsichtlicher Maßnahmen und Regelungen auch für die Geldpolitik kommt in zwei Bestimmungen zum Ausdruck:

- bei der Ernennung des Präsidenten des Bundesaufsichtsamtes für das Kreditwesen ist die Deutsche Bundesbank anzuhören (§ 5 Abs. 2),
- der Präsident des Bundesaufsichtsamtes hat das Recht, an Sitzungen des Zentralbankrates der Bundesbank teilzunehmen, soweit Themen seines Aufgabengebietes behandelt werden, z.B. bei der Überarbeitung der Grundsätze über das Eigenkapital und die Liquidität der Kreditinstitute, bei der das „Einvernehmen" mit der Bundesbank herzustellen ist (§ 7 Abs. 2).

2.2.3 Bundesregierung

Die Bundesregierung im allgemeinen und der Bundesminister der Finanzen im besonderen sind ebenfalls an der Durchführung der im Kreditwesengesetz vorgesehenen Maßnahmen beteiligt. So obliegt der *Bundesregierung* der Erlaß von Rechtsverordnungen, wenn durch wirtschaftliche Schwierigkeiten bei den Kreditinstituten schwerwiegende Gefahren für die Gesamtwirtschaft eintreten, insbesondere wenn ein geordneter Ablauf des allgemeinen Zahlungsverkehrs nicht mehr gewährleistet erscheint. Da die in diesem Zusammenhang durchzuführenden Maßnahmen in aller Regel zu erheblichen Eingriffen in den Geschäftsbetrieb der Institute führen (z.B. bei Schließungen von Banken und Wertpapierbörsen) und zudem von erheblicher politischer Relevanz sind, sind sie der höchsten Instanz im Staat vorbehalten. Der Bundesminister für Finanzen erläßt dagegen Rechtsverordnungen, die der allgemeinen Ordnung des Bankwesens dienen (wie Definition der Bankgeschäfte, ergänzende Vorschriften zur Konsolidierung und Bestimmungen über den Inhalt von Prüfungsberichten).[30]

2.2.4 Interessenverbände

In der Bundesrepublik Deutschland spielen die Interessenverbände der Kreditwirtschaft eine nicht unbedeutende Rolle. Neben der Wahrnehmung ihrer allgemeinen Aufgabe, die Interessen ihrer Mitglieder gegenüber staatlichen Stellen zu vertreten, kommt ihnen eine Mittlerfunktion bei der Verbreitung allgemeiner Verlautbarungen des Amtes zu, da derartige Äußerungen des Amtes nicht allen rund 4000 Kreditinstituten in Deutschland direkt zugestellt werden können und ein eigenständiges „Amtsblatt" nicht besteht. Darüber hinaus sind die Interessenverbände nach den Vorschriften des KWG in bestimmten Fällen vor

---

29 Vgl. Büschgen (1989), S. 144 ff.
30 Vgl. zu diesem Abschnitt Büschgen (1989), S. 148 f.

dem Erlaß neuer Vorschriften anzuhören, um – so die Regierungsbegründung – sicherzustellen, daß den Erfordernissen der Praxis genügend Rechnung getragen wird.[31]

Gleichzeitig wird durch die Einschaltung der Interessenverbände, die als Einzelverbände immer auch die Partikularinteressen ihrer jeweiligen Klientel wahrzunehmen haben gewährleistet, daß beabsichtigte neue Vorschriften für die Kreditinstitute in der Bundesrepublik Deutschland so weit wie möglich wettbewerbsneutral ausgestaltet werden, ohne dabei den beabsichtigten bankaufsichtlichen Effekt zu verlieren.

2.3 Instrumente der Bankenaufsicht

Um die vorstehend genannten allgemeinen Ziele der Bankenaufsicht zu verwirklichen, enthält das KWG zahlreiche Vorschriften, die den Instituten quantitative Strukturnormen setzen und ihnen qualitative Verhaltensregeln auferlegen. Dabei handelt es sich um *Mindesterfordernisse*, deren Nichtbeachtung oder Verletzung zu bankaufsichtlichen Maßnahmen führen kann (Abberufung von Geschäftsleitern, Kreditgewährungsverbot, Ausschüttungsverbot oder Aufhebung der Erlaubnis). Insgesamt kann man von einem *präventiven Charakter* der bankaufsichtlichen Regelungen sprechen.

Die *qualitativen Regelungen* haben beispielsweise den formalen Entscheidungsprozeß bei der Kreditvergabe (insbesondere bei Krediten an Geschäftsleiter oder leitende Angestellte – Organkredite) oder die Anforderungen an die Qualifikation von Geschäftsleitern von Kreditinstituten zum Gegenstand. Zu den qualitativen Regelungen zählen auch die „Mindestanforderungen" des Bundesaufsichtsamtes für das Kreditwesen für bankinterne Kontrollmaßnahmen bei Handelsgeschäften (Devisen und Wertpapiere).

Die *quantitativen Strukturnormen* knüpfen an die Erfahrungen der Bankenkrise der 30er Jahre an, daß die Hauptgründe für die Fragilität und Krisenanfälligkeit von Banken in unzureichender *Eigenkapitalausstattung* und/oder mangelhafter *Liquidität* liegen. Dazu kommen die Einsichten in die Gefährlichkeit von „Klumpenrisiken", das heißt der Abhängigkeit der Bank von Wohl und Wehe einzelner Kreditkunden. So begrenzt das KWG die Größe von Krediten an einen einzelnen Kreditnehmer und fordert von den Kreditinstituten ein angemessenes haftendes Eigenkapital sowie eine ausreichende Zahlungsfähigkeit (Liquidität). Während das Gesetz bei der Kreditbegrenzung exakte Größengrenzen enthält, beschränkt es sich bei der Anforderung nach angemessenem Eigenkapital und Liquidität auf Programmsätze. Die nähere Ausgestaltung obliegt dem Bundesaufsichtsamt für das Kreditwesen. Mit dieser Methode wurde ein weitgehendes Maß an Flexibilität und Reaktionsfähigkeit des Bundesaufsichtsamtes auf neue Entwicklungen sichergestellt.

Zur Konkretisierung der genannten Anforderungen hat das Bundesaufsichtsamt erstmals 1962 die „*Grundsätze über das Eigenkapital und die Liquidität der Kreditinstitute*" erlas-

---

31 Vgl. Regierungsbegründung, Reischauer/Kleinhans (1963 ff.), Kza. 575, S. 10.

sen, von denen die Grundsätze I und Ia die Eigenkapital-, die Grundsätze II und III die Liquiditätserfordernisse näher bestimmen[32].

Bei der Beurteilung der Angemessenheit des haftenden Eigenkapitals eines Kreditinstituts ist naturgemäß das *Verhältnis* zwischen dem Ausmaß der von der Bank eingegangenen, *potentiell eigenkapitalgefährdenden Risiken* und der *Höhe des Eigenkapitals* die zentrale Größe. Das deutsche Bankaufsichtsrecht weist in diesem Zusammenhang die Besonderheit auf, daß das haftende Eigenkapital eines Kreditinstituts als Referenzgröße für die Grundsätze I und Ia im Gesetz selbst definiert wird, während die Bemessung der Risiken und die Modalitäten der Relation zwischen Risiken und Kapital, das heißt die Beurteilung der Angemessenheit der Eigenkapitalausstattung, Gegenstand der Eigenkapitalgrundsätze ist.

Durch die Veröffentlichung der Grundsätze gibt das Bundesaufsichtsamt bekannt, wie es sein verwaltungsmäßiges Ermessen bei der Beurteilung der *Angemessenheit der Eigenkapital- und Liquiditätsausstattung* in der Regel ausüben wird.[33] Da es außer den der Regel entsprechenden Fällen auch immer Ausnahmen gibt, hat das Amt in den Grundsätzen ausdrücklich vorgesehen, daß *Sonderverhältnisse* bei einzelnen Instituten berücksichtigt werden können, die je nach Sachlage höhere oder niedrigere Anforderungen rechtfertigen. Damit kann unterschiedlichen strukturellen Besonderheiten einzelner Institute oder Institutsgruppen flexibel Rechnung getragen werden. Denn anders als bei der Definition des haftenden Eigenkapitals wird bei der Beurteilung der Angemessenheit der Eigenkapitalausstattung anhand der Grundsätze nicht danach unterschieden, welche strukturellen Besonderheiten die einzelnen Bankengruppen aufweisen. Allerdings ist mit der Umsetzung der Solvabilitätsrichtlinie[34] eine Einschränkung dergestalt erfolgt, daß beim Grundsatz I keine Sonderverhältnisse berücksichtigt werden dürfen, die *niedrigere* Anforderungen zur Folge hätten als die in der Richtlinie vorgesehenen. Insofern kann das Bundesaufsichtsamt beim Grundsatz I nur noch anforderungsverschärfende („negative") Sonderverhältnisse berücksichtigen, jedenfalls soweit Kreditinstitute betroffen sind, auf die nach zwingendem EU-Recht die Solvabilitätsrichtlinie anzuwenden ist.[35]

Der *Grundsatz I* (hervorgegangen aus den Kreditrichtsätzen der Deutschen Bundesbank) beschränkt die Adressenausfallrisiken aus dem Aktivgeschäft der Banken (wie Kredite, Wertpapiere, Beteiligungen) sowie aus dem – traditionellen wie innovativen – außerbilanziellen Geschäft, indem er für die Risiken eine Unterlegung mit haftendem Eigenkapital vorschreibt. Er setzt entsprechend der Solvabilitätsrichtlinie eine Mindesteigenkapitalquote von 8 Prozent fest.

---

32 Über den Wortlaut der jeweils gültigen Fassung der Grundsätze wie auch über ihre Einhaltung informiert jährlich der Geschäftsbericht der Deutschen Bundesbank in seinem Anhang über Bankenaufsicht.

33 Nach der Regierungsbegründung 1959 sind die Grundsätze weder Rechtsnormen noch Verwaltungsakte. An eine eventuelle Nichtbeachtung können daher keine unmittelbaren Rechtsfolgen wie etwa Verhängung eines Bußgelds oder eines Kreditverbots geknüpft sein. Eine wiederholte oder nicht nur geringfügige Unter- bzw. Überschreitung der in den Grundsätzen festgelegten Grenzen wird aber die Vermutung begründen, daß die Eigenkapital- und/oder Liquiditätsausstattung der Bank unzureichend ist und entsprechende Maßnahmen nach sich ziehen. Wiederholte geringfügige Verletzungen der grundsatzmäßigen Grenzen können darüber hinaus Zweifel an der Ordnungsmäßigkeit der internen Organisation und der Befähigung der Geschäftsleitung zulassen.

34 Vgl. EG-Kommission (1989a).

35 Nach Art. 1 der Ersten Bankrechtskoordinierungsrichtlinie sind dies Kreditinstitute, die das Kredit- und gleichzeitig das Einlagengeschäft betreiben. Vgl. EG-Kommission (1977).

Der *Grundsatz Ia* wurde in seiner derzeitigen Zielrichtung, nämlich der Begrenzung der Risiken aus offenen Marktrisikopositionen, im Jahre 1974 eingeführt (nach der Herstatt-Krise). Zunächst begrenzte der Grundsatz Ia nur die offenen Devisenpositionen, denen 1980 (nach heftigen Turbulenzen am Goldmarkt mit täglichen Preissprüngen von teilweise über 100 US-Dollar) offene Edelmetallpositionen gleichgestellt wurden. Im Jahr 1990 wurde der Grundsatz Ia einer weitgehenden Novellierung unterzogen, bei der offene Positionen aus Termin- und Optionsgeschäften im Bereich der Zinsänderungsrisiken und der sonstigen Preisrisiken gemessen und beschränkt wurden. Im Gegensatz zum Grundsatz I sieht der Grundsatz Ia jedoch *keine Eigenkapitalunterlegung* von Risikopositionen vor, sondern *begrenzt* die erlaubte Größe offener Positionen auf eine bestimmte, im Verhältnis zum Eigenkapital festgelegte Höhe. Im internationalen Vergleich ist dieser Verzicht auf eine Eigenkapitalunterlegung von Preisrisiken ungewöhnlich.

Die beiden folgenden Teile C und D widmen sich einer ausführlichen Beschreibung dieser beiden zentralen Regelungen.

C. Eigenkapitalgrundsatz I

1. Eigenmittelunterlegung von Kredit- oder Adressenausfallrisiken

Mit Adressenausfallrisiken behaftete Geschäfte (einschließlich nicht bilanzwirksamer derivativer Geschäfte) sind in der Bundesrepublik Deutschland entsprechend internationalem Standard mit Eigenkapital zu unterlegen. Ausgangspunkt für die internationale Vereinheitlichung dieser zentralen bankaufsichtlichen Bestimmung war im Sommer 1988 die *Eigenkapitalübereinkunft*[1] des Baseler Ausschusses für Bankenaufsicht (nach seinem damaligen Vorsitzenden Cooke-Komitee genannt), der sich aus Vertretern der Notenbanken und Bankaufsichtsbehörden der Länder der Zehnergruppe und Luxemburgs zusammensetzt und bei der Bank für Internationalen Zahlungsausgleich zusammentritt, die auch das Sekretariat für den Ausschuß und seine Untergruppen beherbergt.

Mit der Baseler Eigenkapitalübereinkunft, der das *„Joint Agreement"* zwischen der Bank of England und dem Federal Reserve System der USA vorausging,[2] wurde erstmals ein international einheitlicher Eigenkapitalgrundsatz für die mit Adressenausfallrisiken verbundenen Geschäfte festgelegt. Damit war ein internationaler Grundkonsens bei dieser zentralen bankaufsichtlichen Strukturnorm erreicht, die das Herzstück einer jeden Bankaufsichtsgesetzgebung ist. So war die Übereinkunft insbesondere auch ein Meilenstein im Hinblick auf die europäische Harmonisierung des Bankaufsichtsrechts (siehe Abbildung 1).[3]

Die Baseler Regelung bestimmte maßgeblich den Inhalt der beiden 1989 in Brüssel im Rahmen der Harmonisierung des europäischen Bankaufsichtsrechts verabschiedeten zentralen Normen: der *Eigenmittelrichtlinie*[4] und der *Solvabilitätsrichtlinie*[5]. Im Unterschied zu der Baseler Übereinkunft, die eine Vereinbarung zwischen den beteiligten Bankaufsichtsbehörden ist, müssen die Richtlinien der Europäischen Union formal in nationales Recht überführt werden. Dabei gilt der Grundsatz, daß die Richtlinien den nationalen Gesetzgebern *Mindestnormen* vorgeben: Die nationalen Vorschriften dürfen schärfer, aber nicht weicher gefaßt sein.

Die Umsetzung der beiden Richtlinien wurde mit der Vierten KWG-Novelle 1992 vorgenommen, wobei die Eigenmittelrichtlinie in einer Neufassung der Eigenkapitaldefinition des § 10 KWG, die Solvabilitätsrichtlinie, mit einer Änderung des Grundsatzes I vollends umgesetzt wurde.

---

1 Vgl. Baseler Ausschuß für Bankenbestimmungen und -überwachung (1988). Dieser Ausschuß hat sich zwischenzeitlich in „Baseler Ausschuß für Bankenaufsicht (Basle Committee on Banking Supervision)" umbenannt.
2 Vgl. Follak (1988).
3 Vgl. Arnold (1988), Follak (1989), Traber (1988).
4 Vgl. EG-Kommission (1989a).
5 Vgl. EG-Kommission (1989c).

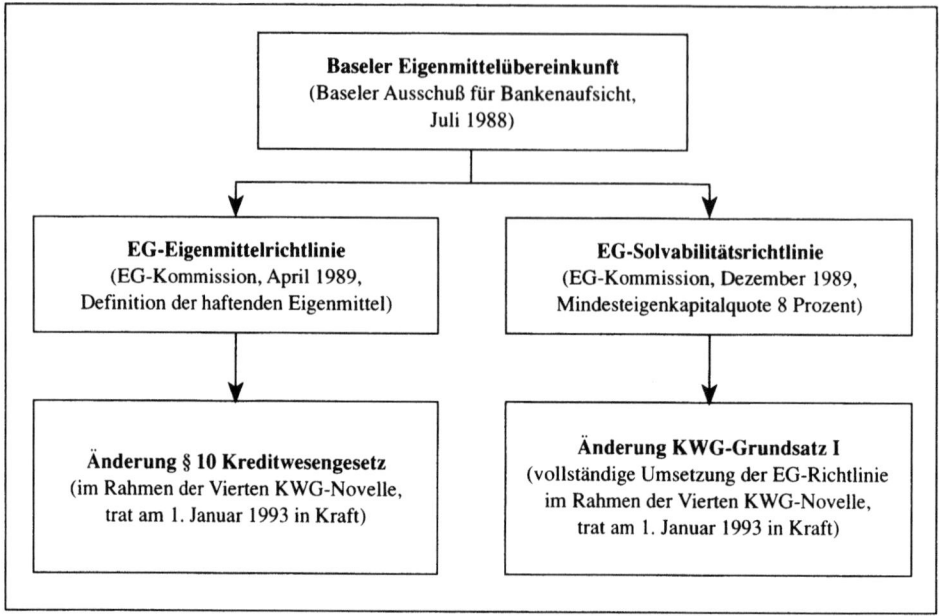

Abbildung 1: Internationale Kreditrisikonormen

Der grundsätzliche Charakter des Grundsatzes I als generelle, auch das bilanzunwirksame Geschäft umfassende Norm für das Kredit- oder Ausfallrisiko eines Kreditinstituts blieb mit der Neufassung 1992 unverändert. Auch weiterhin wird das Kreditrisikopotential eines Instituts an die Höhe seines Eigenkapitals gebunden. Dabei sind letztlich drei Größen relevant:

- die Definition des *haftenden Eigenkapitals,*
- die Definition und Abgrenzung der anrechnungspflichtigen, risikobehafteten Geschäfte, die Festlegung der anzurechnenden *Beträge* und die damit verbundene *Bonitätsgewichtung* der Geschäftspartner sowie
- die Höhe der *Eigenmittelunterlegung* für die anrechnungspflichtigen Geschäfte.

2. Definition des haftenden Eigenkapitals

Für die Ausfallrisiken haben die Organe der Europäischen Union sich bereits mit der Verabschiedung der Eigenmittelrichtlinie im April 1989 auf eine gemeinsame Definition des Eigenkapitals geeinigt. Dabei hat man sich eng an den Eigenmittelbegriff der Baseler Eigenkapitalübereinkunft angelehnt. Danach setzen sich die Eigenmittel eines Kreditinstituts aus dem „Kernkapital" („Tier 1 Capital") und dem „Ergänzungskapital" („Tier 2 Capital") zusammen.

Kernkapital

Eingezahltes Kapital
(Geschäfts-, Grund-, Stamm-, Dotationskapital bzw. Geschäftsguthaben)
+ Offene Rücklagen
+ einbehaltene Gewinne einschl. Ergebnisvortrag
+ Beschlossene Rücklagendotierung
+ Einlagen stiller Gesellschafter
+ Sonderposten für allgemeine Bankrisiken (§ 340g HGB)
+ Anerkanntes freies Vermögen des Inhabers oder des persönlich haftenden Gesellschafters eines Kreditinstitutes
+ nachgewiesene Zwischengewinne gemäß § 10 Abs. 7 KWG
./. Abzugsposten gemäß § 10 Abs. 2 KWG, z.B.
    – eigene Aktien/Gesellschaftsanteile (zum jeweiligen Nennbetrag)
    – Vorzugsaktien mit Nachzahlungsverpflichtung (zum jeweiligen Nennbetrag)
    – Entnahmen und Kredite an Inhaber und persönlich haftende Gesellschafter
    – Schuldenüberhang beim freien Vermögen des Inhabers
    – Geschäftsguthaben ausscheidender Genossen
    – marktunübliche Kredite an Gesellschafter mit mehr als 25 Prozent Kapitalanteil

= *Kernkapital (brutto)*
./. Verluste
./. Immaterielle Vermögenswerte

= *Kernkapital (netto)*

Ergänzungskapital

Vorsorgereserven nach § 340f HGB
+ Vorzugsaktien mit Nachzahlverpflichtung (zum jeweiligen Nennbetrag)
+ Nicht realisierte Reserven („Neubewertungsreserven") – Anerkennung in Höhe von 35 Prozent bei Wertpapieren und 45 Prozent bei Grundstücken, grundstücksgleichen Rechten und Gebäuden bei einer Kernkapitaluntergrenze von mindestens 4,4 Prozent der nach Grundsatz I gewichteten Risikoaktiva; Berücksichtigung bis zu einer Höchstgrenze von 1,4 Prozent der nach Grundsatz I gewichteten Risikoaktiva
+ Rücklagen nach § 6b EStG – Anerkennung in Höhe von 45 Prozent
+ Genußrechtskapital
./. Marktpflegepositionen – 3 Prozent des Gesamtnennbetrages der jeweiligen Emission in notierten Wertpapieren verbriefter eigener Genußrechte, wenn das Kreditinstitut beabsichtigt, solche Papiere im Wege der Marktpflege zu erwerben

= Ergänzungskapital Klasse 1

Längerfristige nachrangige Verbindlichkeiten und kumulative Vorzugsaktien mit festen Laufzeiten
+ Haftsummenzuschlag für Kreditgenossenschaften

= Ergänzungskapital Klasse 2 – Anerkennung bis zu maximal 50 Prozent des Kernkapitals

Ergänzungskapital Klasse 1
+ Ergänzungskapital Klasse 2

= *Ergänzungskapital – Anerkennung bis zu maximal 100 Prozent des Kernkapitals*

Abbildung 2: Bestandteile des haftenden Eigenkapitals gemäß § 10 KWG
      Quelle: Dürselen (1993), S. 272 f

Haftendes Eigenkapital

Kernkapital (netto)
+ Ergänzungskapital

= *Haftendes Eigenkapital (brutto)*

./. Beteiligungen von mehr als 10 Prozent am Kapital von Kredit- und Finanzinstituten mit Ausnahme von Kapitalanlagegesellschaften sowie die Forderungen aus nachrangigen Verbindlichkeiten und Genußrechten sowie Vorzugsaktien an ebendiese Institute (entfällt bei freiwilliger Konsolidierung aller Beteiligten von mindestens 10 Prozent an Kredit- und Finanzinstituten mit Ausnahme von Kapitalanlagegesellschaften)

./. Der 10 Prozent des haftenden Eigenkapitals des Kreditinstituts überschreitende Gesamtbetrag aus Beteiligungen in Höhe von jeweils höchstens 10 Prozent des Kapitals von Kreditinstituten und Finanzinstituten mit Ausnahme von Kapitalanlagegesellschaften, Forderungen aus nachrangigen Verbindlichkeiten und Genußrechten sowie Vorzugsaktien an ebendiesen Kredit- und Finanzinstituten (entfällt bei freiwilliger Konsolidierung aller Beteiligten von mindestens 10 Prozent an Kredit- und Finanzinstituten mit Ausnahme von Kapitalanlagegesellschaften)

= *Haftendes Eigenkapital gemäß § 10 Kreditwesengesetz*

./. Der Betrag des Gesamtnennbetrages der einzelnen bzw. aller bedeutenden Beteiligungen, der die 15 Prozent- bzw. 60 Prozent-Grenze gemäß § 12 Abs. 5 KWG i.V.m. § 64a Abs. 3 KWG überschreitet.

= *Haftendes Eigenkapital bei Anwendung der Grundsätze I und Ia oder (netto) haftendes Eigenkapital*

Abbildung 2: Fortsetzung

Im Rahmen der Vierten Novelle des Kreditwesengesetzes zum 1. Januar 1993 ist dieser Eigenkapitalbegriff in deutsches Recht übernommen worden; das Gesetz unterscheidet jetzt ebenso wie die Eigenmittelrichtlinie (wenn auch nicht expressis verbis) zwischen *Kernkapital* und *Ergänzungskapital*. Dabei ist diese außerordentlich bedeutsame Unterscheidung gesetzestechnisch etwas kurios als Klammerdefinitionen in verschachtelten Absätzen des § 10 versteckt (§ 10 Abs. 4a Satz 2 definiert das Kernkapital, während das Ergänzungskapital im Rahmen der Fünften KWG-Novelle 1994 in Form von „ergänzenden Eigenmittelbestandteilen" im Gesetzestext auftaucht). Entsprechend der Richtlinie darf das Ergänzungskapital das Kernkapital nicht übersteigen, wobei innerhalb des Ergänzungskapitals weiter zwischen zwei Komponentengruppen („Klasse 1" und „Klasse 2") unterschieden wird (siehe Abbildung 2).

20

2.1 Kernkapital

Das Kernkapital (§ 10 Abs. 4a Satz 2 KWG) setzt sich aus solchen Eigenmittelbestandteilen zusammen, die „dem Kreditinstitut uneingeschränkt und sogleich für die Risiko- oder Verlustabdeckung zur Verfügung stehen, sobald sich die betreffenden Risiken oder Verluste ergeben".[6]

Im einzelnen wird das Kernkapital aus folgenden *Komponenten* gebildet:

- eingezahltes Kapital (je nach Rechtsform Geschäfts-, Grund-, Stamm-, Dotationskapital oder Geschäftsguthaben) – § 10 Abs. 2,
- offene versteuerte Rücklagen – § 10 Abs. 2,
- Reingewinn einschl. Ergebnisvortrag, soweit seine Zuweisung zum Kapital oder zu den Rücklagen beschlossen ist – § 10 Abs. 3,
- Vermögenseinlagen stiller Gesellschafter – § 10 Abs. 4,
- anerkanntes freies Vermögen des Inhabers oder des persönlich haftenden Gesellschafters eines Kreditinstitutes – § 10 Abs. 6,
- Sonderposten für allgemeine Bankrisiken (§ 340g HGB) – § 10 Abs. 4a,[7]
- nachgewiesene Zwischengewinne – § 10 Abs. 7 Satz 3.

Von der Summe der vorgenannten Positionen sind bestimmte Positionen *abzuziehen*:

- eigene Aktien/Gesellschaftsanteile (zum jeweiligen Nennbetrag) – § 10 Abs. 2 Satz 1 Nr. 1 bis 3,
- kumulative Vorzugsaktien mit Nachzahlungsverpflichtung (zum jeweiligen Nennbetrag) – § 10 Abs. 2 Satz 1 Nr. 2,
- Verluste – § 10 Abs. 6a Satz 1 Nr. 1,
- Schuldenüberhang bei freiem Vermögen – § 10 Abs. 2 Satz 1 Nr. 1,
- Zwischenverluste – § 10 Abs. 7 Satz 6,
- bestimmte Kredite an Kapitaleigner und stille Gesellschafter – § 10 Abs. 2 Satz 2 und Abs. 4 Satz 4,
- immaterielle Vermögensgegenstände – § 10 Abs. 6a Satz 1 Nr. 2.

Von den genannten Kernkapitalelementen und Abzugsposten sind die im folgenden näher diskutierten Komponenten von besonderem Interesse, da sie neu in das Gesetz aufgenommen wurden.[8]

2.1.1 Sonderposten für allgemeine Bankrisiken

Der *Sonderposten für allgemeine Bankrisiken*, der durch das *Bankbilanzrichtliniegesetz* vom 30. November 1990 in das deutsche Bilanzformblatt eingeführt wurde,[9] umfaßt die in der Bilanz offen auszuweisenden Reserven, die die Banken zur Sicherung gegen die „besonderen Risiken des Geschäftszweigs der Kreditinstitute" (§ 340g Abs. 1 Satz 1 HGB) bil-

---

6 Vgl. EG-Kommission (1989a), Art. 2 Abs. 3.
7 Vgl. EG-Kommission (1991b).
8 Vgl. zum folgenden Dürselen (1993).
9 Vgl. zum Bankbilanzrichtliniegesetz Krumnow u.a. (1994).

den dürfen. Dieser Posten entspricht von seiner Eigenkapitalqualität her den Gewinnrücklagen, da es sich um versteuerte Mittel handelt. Sonderposten für allgemeine Bankrisiken dürfen in der Höhe des Ausweises in der letzten Jahresbilanz dem haftenden Eigenkapital zugerechnet werden, wobei das Kreditinstitut in dieser Hinsicht ein Wahlrecht besitzt.

Über die Bedeutung dieses für die deutsche Jahresabschlußpraxis neuen Postens als Kernkapital liegen derzeit noch keine Erkenntnisse vor. Dies hängt wesentlich damit zusammen, daß die neuen Bestimmungen für den Jahresabschluß erstmals für Geschäftsjahre anzuwenden sind, die nach dem 31. Dezember 1992 beginnen, das heißt, erstmals für den Jahresabschluß 1993 gelten.

2.1.2 Nachgewiesene Zwischengewinne/Zwischenverluste

Als Kernkapital können *nachgewiesene Zwischengewinne* gemäß § 10 Abs. 7 KWG nur angerechnet werden, wenn sie nicht für voraussichtliche Gewinnausschüttungen oder Steueraufwendungen gebunden und aufgrund von Zwischenabschlüssen ermittelt worden sind, die den für den Jahresabschluß geltenden Anforderungen entsprechen. Insbesondere sind die Vorschriften des HGB zur Bewertung und zur Fremdwährungsumrechnung zu beachten. Nicht zuletzt aus Gründen der Bilanzstetigkeit sind Kreditinstitute bei der Erstellung von Zwischenabschlüssen *fünf Jahre* an das gewählte Verfahren *gebunden*. Ein Kreditinstitut, das sich für die Erstellung von Zwischenabschlüssen entscheidet, darf daher fünf Jahre lang alle Zwischengewinne dem haftenden Eigenkapital zurechnen, muß aber auch gegebenenfalls Zwischenverluste von seinem Eigenkapital abziehen (und zwar vom Kernkapital). Gibt es nach fünf Jahren diese Praxis auf, darf es erst nach weiteren fünf Jahren wieder von der Möglichkeit der Erstellung von Zwischenabschlüssen Gebrauch machen.

Da sich die Zwischengewinne nicht aus einer Bilanz für den Schluß eines Geschäftsjahres nach § 10 Abs. 7 Satz 1 KWG, sondern aus unterjährigen Zwischenabschlüssen ergeben, bedarf es der Anerkennung als haftendes Eigenkapital eines Verwaltungsaktes durch das Bundesaufsichtsamt für das Kreditwesen, das das Eigenkapital förmlich *festsetzen* muß (§ 10 Abs. 7 Satz 2). Auch bei diesem Element bleibt abzuwarten, wie sich die praktische Relevanz entwickelt.

2.1.3 Immaterielle Vermögensgegenstände

Die abzuziehenden *immateriellen Vermögensgegenstände* umfassen alle Positionen, die im Aktivposten 11 „Immaterielle Anlagewerte" der Bilanz auszuweisen sind, sowie gegebenenfalls aktivierte „Aufwendungen für die Ingangsetzung und Erweiterung des Geschäftsbetriebs" (§ 269 Satz 1 HGB). Unter diesen Posten fällt insbesondere der Geschäfts- oder Firmenwert beim Kauf einer Beteiligung.

Grundsätzlich ist der Bilanzausweis maßgeblich. In der Regel wird *EDV-Software* unter dem Posten „Immaterielle Anlagewerte" auszuweisen sein, so daß auch diese Posten vom Kapital abzuziehen sind. Bei standardisierter Software kann in Einzelfällen ein anderer Bilanzausweis möglich sein. Um zu vermeiden, daß Bilanzierungsspielräume mit Blick auf mögliche Abzüge vom Kapital mißbraucht werden, ist in diesem Fall eine Bestätigung des Abschlußprüfers hinsichtlich der Vertretbarkeit einer derartigen Bilanzierung erforderlich.[10]

2.2 Ergänzungskapital

Eigenmittelbestandteile, die im Vergleich zum Kernkapital „mindere Qualität" besitzen, zählen zum *Ergänzungskapital* (§ 10 Abs. 6b Satz 1 KWG). Die Qualitätskategorisierung bezieht sich auf die Eignung und die Fähigkeit der in Rede stehenden Komponenten, Verluste eines Kreditinstituts sofort auffangen zu können. Elemente, die entweder in der Bilanz eines Kreditinstitutes nicht ausgewiesen werden und/oder nur nachrangig haften und zurückzuzahlen sind, sind zum Verlustausgleich weniger gut geeignet als die Kernkapitalkomponenten. Aus diesem Grund können derartige Posten nur „ergänzend" zum „harten" Kernkapital bankaufsichtlich anerkannt werden. Aus der Bezeichnung „ergänzend" ergibt sich im übrigen bereits semantisch, daß in der Gesamtbetrachtung derartige weiche Kapitalelemente niemals das Übergewicht über die harten Elemente haben dürfen.

Als *Voraussetzung* für eine Anerkennung von ergänzenden Eigenmittelbestandteilen müssen diese aus den internen Unterlagen des Kreditinstitutes ersichtlich und ihre Höhe von unabhängigen Wirtschaftsprüfern geprüft sein. Das Kreditinstitut muß über diese Mittel frei verfügen können, um laufende geschäftliche Risiken abdecken zu können.

Die ergänzenden Eigenkapitalelemente („Tier 2 Capital") teilen sich in *zwei Klassen* auf („Upper Tier 2 Capital" und „Lower Tier 2 Capital"), wobei die Elemente der Klasse 2 insgesamt 50 Prozent und beide Klassen zusammen insgesamt 100 Prozent des Kernkapitals nicht überschreiten dürfen (§ 10 Abs. 6b KWG). Daraus ergibt sich ein maximales Mischungsverhältnis des gesamten Kapitals eines Kreditinstituts von:

$$
\begin{aligned}
\text{Eigenkapital} \quad = \quad & \text{50 Prozent Kernkapital} \\
& + \text{ 25 Prozent Ergänzungskapital Klasse 1} \\
& + \text{ 25 Prozent Ergänzungskapital Klasse 2}
\end{aligned}
$$

Kapitalelemente der *Klasse 1* sind:

- Vorsorgereserven nach § 340f HGB – § 10 Abs. 4a Satz 1 Nr. 1,
- Vorzugsaktien mit Nachzahlungsverpflichtung (zum jeweiligen Nennbetrag) – § 10 Abs. 4a Satz 1 Nr. 3,
- nicht realisierte Reserven („Neubewertungsreserven") – § 10 Abs. 4a Satz 1 Nr. 4,
- Rücklagen nach § 6b EStG – § 10 Abs. 4a Satz 1 Nr. 5,
- Genußrechtskapital abzüglich Marktpflegepositionen – § 10 Abs. 5.

---

10 Vgl. Bundesaufsichtsamt für das Kreditwesen (1993b), S. 4.

Zu den Kapitalelementen der *Klasse* 2 zählen:

- Haftsummenzuschlag für Kreditgenossenschaften – § 10 Abs. 2 Satz 1 Nr. 3,
- längerfristige nachrangige Verbindlichkeiten abzüglich Marktpflegepositionen – § 10 Abs. 5a.

Genau genommen stellen die nicht realisierten Reserven Ergänzungskapital der *Klasse 3* dar, da sie zusätzlich noch auf 1,4 Prozent der nach dem Grundsatz I ermittelten risikobehafteten Aktiva begrenzt sind.

2.2.1 Vorsorgereserven (§ 340f HGB)

Vorsorgereserven gemäß § 340f HGB sind versteuerte stille Reserven zur Sicherung gegen die besonderen Risiken des Geschäftszweigs der Kreditinstitute. Sie entstehen durch eine niedrigere als nach § 253 HGB vorgeschriebene oder zugelassene Bewertung von Vermögensgegenständen. Die Reserven dürfen ausschließlich für Forderungen an Kreditinstitute und an Kunden sowie für Wertpapiere, die nicht zum Handelsbestand gehören und die nicht wie Anlagevermögen behandelt werden (*„Liquiditätsreserve"*), gebildet werden. Ihre Höhe ist auf maximal 4 Prozent dieser Vermögenswerte beschränkt (nach Bewertung gemäß § 253 HGB). Dabei dürfte die 4-Prozent-Beschränkung so zu verstehen sein, daß für jeden einzelnen Vermögensgegenstand eine Vorsorgereserve in Höhe von 4 Prozent des jeweiliges Wertes zulässig ist, nicht aber nur in der Gesamtbetrachtung.

Ihre Bildung und Auflösung ist nur in der Handelsbilanz zugelassen; steuerlich werden § 340f-Reserven nicht anerkannt. Der § 26a KWG, der eine uneingeschränkte Bildung stiller versteuerter Reserven erlaubte, ist mit Einführung des § 340f HGB aufgehoben worden. Die bisher gebildeten *§ 26a-Reserven* können zwar fortgeführt werden, werden dann allerdings nicht als Eigenkapitalbestandteil anerkannt. Eine Umbuchung dieser Reserven in § 340f-Reserven (Anerkennung als Ergänzungskapital) sowie in den Sonderposten für allgemeine Bankrisiken (§ 340g HGB) oder in offene Rücklagen (=Anerkennung als Kernkapital) ist allerdings möglich und wird von den Kreditinstituten auch durchgeführt.

2.2.2 Nicht realisierte Reserven

Nicht realisierte Reserven, auch *„Neubewertungsreserven"* genannt, ergeben sich aus der Differenz zwischen Marktwert und Buchwert bestimmter Vermögensgegenstände, vorrangig Immobilien und Wertpapiere des Anlagevermögens. Ihre Anerkennung als Ergänzungskapital stand im Mittelpunkt der politischen Auseinandersetzungen im Gesetzgebungsverfahren zur Vierten KWG-Novelle 1993.[11]

§ 10 Abs. 4a KWG präzisiert den Begriff der nicht realisierten Reserven als Differenz zwischen

- Beleihungswert bei *Immobilien* (Grundstücken, grundstücksgleichen Rechten und Gebäuden) oder

---

11 Vgl. beispielsweise Arnold (1990b).

- Markt-/Kurswert bei notierten und bestimmten nicht notierten *Wertpapieren* sowie Investmentanteilen

und jeweiligem Buchwert (bilanzieller Wertansatz zuzüglich ggf. gebildeter § 340f-Reserven bei Wertpapieren).

Zur Berücksichtigung potentieller Steuerbelastungen und Wertschwankungen ist bei Grundstücken ein *Abschlag* in Höhe von 55 Prozent und bei Wertpapieren von 65 Prozent auf die ermittelte Differenz vorzunehmen.

Für die Berücksichtigung der Neubewertungsreserven als Ergänzungskapital wird eine *Mindest-Kernkapitalquote* in Höhe von 4,4 Prozent nach Grundsatz I sowie eine *Höchstgrenze* für die nicht realisierten Reserven von 1,4 Prozent der Risikoaktiva gesetzt. Damit soll – wie bereits bei der Relation Ergänzungskapital zu Kernkapital – eine bestimmte Höchstgrenze für das Mischungsverhältnis („Verwässerungshöchstgrenze") des gesamten Eigenkapitals eines Kreditinstituts gewährleistet werden.

Die Strukturregeln für das Eigenkapital (Mischungsverhältnis zwischen Kern- und Ergänzungskapital, zwischen Ergänzungskapital Klasse 1 und Klasse 2 sowie schließlich der Neubewertungsreserven) führen dazu, daß die betriebswirtschaftliche *optimale Kapitalstruktur* letztlich bei einer Gesamtkapitalquote in Höhe von genau 8 Prozent und einer Kernkapitalquote von genau 4,4 Prozent liegt. Dabei ist vorausgesetzt, daß das Kernkapital am „teuersten" ist und die Ergänzungskapitalelemente mit abnehmender Qualität auch „preiswerter" werden. Unter Berücksichtigung dieser betriebswirtschaftlichen Betrachtungsweise ergibt sich das etwas unbefriedigende Resultat, daß Kreditinstitute, die eine höhere Kernkapitalquote und damit eine höhere Widerstandsfähigkeit gegen Krisen und Kreditausfälle aufweisen, von der internen Kapitalkostenkalkulation her schlechter gestellt sind.

2.2.3 Rücklagen gemäß § 6b EStG

Rücklagen gemäß § 6b EStG können bei der Veräußerung von Grundstücken, grundstücksgleichen Rechten und Gebäuden gebildet werden. Ein eventueller Veräußerungsgewinn (Überschuß des Verkaufspreises über den Buchwert) darf voll oder teilweise auf die in § 6b EStG bezeichneten Wirtschaftsgüter eines Unternehmens übertragen werden. Soweit die Gewinnübertragung nicht mehr im gleichen Wirtschaftsjahr durchgeführt werden kann, darf eine steuerlich abzugsfähige Rücklage gebildet werden („Sonderposten mit Rücklageanteil"). Die Rücklage besteht allerdings nur aus dem Veräußerungsgewinn, nicht etwa aus dem gesamten Veräußerungserlös, wie die Formulierung in § 10 Abs. 4a Satz 1 Nr. 5 KWG irreführenderweise nahelegt.

Wegen der möglichen künftigen Steuerbelastung werden diese Rücklagen im KWG nur in Höhe von 45 Prozent als Ergänzungskapital Klasse 1 anerkannt und zwar nur insoweit, als sie aus der Veräußerung von Immobilien (Grundstücken, grundstücksgleichen Rechten und Gebäuden) entstanden sind. Die 6b-Rücklagen unterliegen nach der Formulierung des Gesetzes nicht der für nicht realisierte Reserven geltenden Höchstgrenze von 1,4 Prozent und Mindestkernkapitalquote von 4,4 Prozent, sondern sind ohne weitere Bedingungen anerkennungsfähig.

2.2.4 Genußrechtskapital

Bereits im Rahmen der Dritten KWG-Novelle 1985 wurde *Genußrechtskapital* als haftendes Eigenkapital anerkannt und zwar bis zur Höhe von 25 Prozent des haftenden Eigenkapitals. Nunmehr ist es ein Bestandteil des Ergänzungskapitals Klasse 1 und kann bis maximal 100 Prozent des Kernkapitals (= 50 Prozent des haftenden Eigenkapitals insgesamt) berücksichtigt werden (falls keine weiteren Ergänzungskapitalkomponenten hinzukommen).

Zur Anerkennung als Eigenmittelbestandteil müssen Genußrechte wie bisher mehrere *Voraussetzungen* erfüllen (§ 10 Abs. 5 Satz 1 Nr. 1-5 KWG):

- Teilnahme in voller Höhe am Verlust; bei Verlust muß ein Aufschub der Zinszahlungen erfolgen (Nr. 1),
- Rückzahlung bei Konkurs oder Liquidation erst nach Befriedigung aller nicht nachrangiger Gläubiger (Nr. 2),
- Ursprungslaufzeit von mindestens 5 Jahren; keine vorzeitige Rückzahlung auf Verlangen des Gläubigers (Nr. 2),
- Restlaufzeit von mindestens 2 Jahren (Nr. 4),
- ausdrücklicher und schriftlicher Hinweis des Gläubigers auf die folgenden Rechtsfolgen (Nr. 5): nachträglich dürfen weder die Vereinbarungen über die Verlustteilnahme geändert, die Nachrangabrede beschränkt noch die Laufzeit und die Kündigungsfrist verkürzt werden. Eine vorzeitige Rückzahlung ist zurückzugewähren, sofern nicht ein Ersatz durch mindestens gleichwertiges anderes eingezahltes Eigenkapital erfolgt (die Verwendung des Wortes „sofern" – statt „soweit" – legt nahe, daß eine Teilersetzung mit der Folge der Möglichkeit einer Teilrückzahlung nicht möglich ist). Damit wurde der Möglichkeit Rechnung getragen, daß ein Kreditinstitut, das aufgrund einer Änderung der Besteuerung von wertpapiermäßig verbrieften Genußrechten diese vorzeitig kündigt, ersatzweise andere Emissionen von Genußrechten oder nachrangigen Verbindlichkeiten begibt (Nr. 3).

Sofern ein Kreditinstitut beabsichtigt, bei in Wertpapieren verbrieften Genußrechten (Genußscheinen) *Marktpflege* zu betreiben, sind von jeder Emission, die als Ergänzungskapital anerkannt worden ist und bei der die Bank Marktpflege betreiben will, 3 Prozent des Betrages der Gesamtemission abzuziehen, also nicht anerkennungsfähig. Die Absicht, Marktpflege zu betreiben, ist anzuzeigen. Der Umfang der Marktpflege, die das Institut tatsächlich betreiben darf, ist auf maximal 3 Prozent des Gesamtemissionsbetrages beschränkt. Mit dieser Regelung wird erreicht, daß der Betrag des als haftendes Eigenkapital anerkannten Genußrechtskapitals nicht entsprechend den im Bestand des Kreditinstituts gehaltenen Marktpflegepositionen schwankt. Ohne diese Vorschrift müßte bei auch nur geringfügigen Veränderungen des Marktpflegebestands jedesmal eine explizite Kapitalfestsetzung durch das Bundesaufsichtsamt für das Kreditwesen erfolgen, was jedoch als zu aufwendig angesehen wird.

2.2.5 Nachrangige Verbindlichkeiten

Nachrangige Verbindlichkeiten gehören zum Ergänzungskapital Klasse 2. Auch sie müssen gemäß § 10 Abs. 5a Satz 1 Nr. 1-3 KWG einer Reihe von *Anforderungen* genügen, um als haftendes Eigenkapital berücksichtigt zu werden:

- Rückzahlung bei Konkurs oder Liquidation erst nach Befriedigung aller nicht nachrangiger Gläubiger (Nr. 1),
- Ursprungslaufzeit von mindestens 5 Jahren; keine vorzeitige Rückzahlung auf Verlangen des Gläubigers (Nr. 2),
- Ausschluß der Aufrechnung des Rückzahlungsanspruchs gegen Forderungen des Kreditinstituts (Nr. 3),
- keine Sicherheitsbestellung durch das Kreditinstitut oder Dritte mit Ausnahme einer nachrangigen Garantie des Mutterunternehmens für die Emission nachrangiger Verbindlichkeiten der Tochter (Nr. 3),
- ausdrücklicher und schriftlicher Hinweis des Gläubigers auf die folgenden Rechtsfolgen: nachträglich dürfen weder die Nachrangabrede beschränkt noch die Laufzeit und die Kündigungsfrist verkürzt werden. Eine vorzeitige Rückzahlung ist zurückzugewähren, sofern nicht ein Ersatz durch mindestens gleichwertiges anderes eingezahltes Eigenkapital erfolgt.

Nachrangige Verbindlichkeiten mit einer *Restlaufzeit* von weniger als zwei Jahren können im Gegensatz zu Genußrechtskapital noch zu 40 Prozent als Ergänzungskapital anerkannt werden. Die Vorschriften über *Marktpflege* bei Genußscheinen gelten analog für wertpapiermäßig verbriefte nachrangige Verbindlichkeiten, das heißt, auch hier sind 3 Prozent des Gesamtbetrages einer Emission abzuziehen und die Absicht, Marktpflege zu betreiben, ist vorher anzuzeigen.

2.2.6 Abzugsposten

Vom haftenden Eigenkapital sind zur Verhinderung einer Mehrfachbelegung des Eigenkapitals gemäß § 10 Abs. 6a Satz 1 Nr. 4 KWG folgende Positionen *abzuziehen*:

- Beteiligungen von mehr als 10 Prozent am Kapital von Kredit- und Finanzinstituten mit Ausnahme von Kapitalanlagegesellschaften (ausgenommen Rettungserwerbe, mit Zustimmung des Bundesaufsichtsamtes),
- Forderungen aus nachrangigen Verbindlichkeiten und Genußrechten vorgenannter Institute (soweit diese Forderungen vom Eigenkapital abgezogen worden sind, brauchen diese Posten nicht mehr in die Relation nach § 12 KWG einbezogen werden),
- Vorzugsaktien vorgenannter Institute.

Beteiligungen und Forderungen an sowie Vorzugsaktien von oben genannten Instituten, bei denen die Beteiligungsquote weniger als 10 Prozent beträgt, sind gemäß § 10 Abs. 6a Satz 1 Nr. 5 KWG abzuziehen, wenn der Gesamtbetrag dieser Posten 10 Prozent des haftenden Eigenkapitals des Kreditinstituts übersteigt. Ein Kreditinstitut kann die Abzüge vom haftenden Eigenkapital vermeiden, wenn es alle Beteiligungen von mindestens 10 Prozent an den genannten Instituten *konsolidiert*.

Das haftende Eigenkapital eines Kreditinstitutes muß nach Abzug dieser Positionen mindestens 8 Prozent der gewichteten Risikoaktiva betragen (Vorschrift der Solvabilitätsrichtlinie bzw. des Eigenkapitalgrundsatzes I). Daraus kann geschlossen werden, daß ein Institut, das solche Abzugsposten berücksichtigen muß, *mehr* als 8 Prozent haftendes Eigenkapital beziehungsweise mehr als 4 Prozent Kernkapital (4,4 Prozent bei Berücksichtigung der Neubewertungsreserven) der gewichteten Risikoaktiva haben muß, um die Mindestkapitalvorschrift zu erfüllen.

3. Bilanzwirksame Geschäfte

Das Risiko, das mit der Einbeziehung der bilanzwirksamen Geschäfte und bilanziellen Bestände in den Grundsatz I erfaßt und begrenzt werden soll, besteht grundsätzlich im Verlust eines Wertes. Dieser kann zum einen darin bestehen, daß der Geschäftspartner aus Bonitätsgründen seinen (Zahlungs-)Verpflichtungen nicht nachkommt (*Ausfallrisiko*). Zum anderen müssen auch mögliche Wertveränderungen bei anderen Vermögensgegenständen, die kein derartiges personenbezogenes Ausfallrisiko, sondern ein Sachwert-Ausfallrisiko beinhalten (wie Immobilien und andere Sachanlagen) durch Bereitstellung von Eigenkapital abgefangen werden.

Der unterschiedlichen Bonität der Kontrahenten und damit der unterschiedlichen Wahrscheinlichkeit eines tatsächlichen Ausfalls wird durch eine *Adressengewichtung* Rechnung getragen. Dabei werden die Geschäftspartner nicht individuell nach ihrer Bonität gewichtet, sondern die Schuldner werden in abstrakte Klassen aufgeteilt (Nicht-Banken, Banken, öffentliche Haushalte), denen jeweils bestimmte Bonitätsklassen zugeordnet sind. Mit den Gewichtungsfaktoren wird die jeweilige Bemessungsgrundlage eines Geschäftes, das heißt die Höhe des risikobehafteten Betrages, entsprechend der Bonität des Geschäftspartners reduziert.

3.1 Anrechnungspflichtige Geschäfte und Bestände

Zu den im Grundsatz I anrechnungspflichtigen Geschäften gehören alle ausfallrisikobehafteten Bankgeschäfte („*Risikoaktiva*"). Alle *Forderungen* sind in die Risikogewichtung einzubeziehen und mit Eigenkapital zu unterlegen, unabhängig davon, ob sie verbrieft sind oder nicht. Somit sind auch (forderungsrechtliche) Wertpapiere unterlegungspflichtig, was in der Geschichte der deutschen Bankenaufsicht ein Thema steter Auseinandersetzung mit den Interessenverbänden war.

Neu im 1992 novellierten Grundsatz I ist, daß zu dem erweiterten Umfang anzurechnender Geschäfte und Bestände auch *Sachanlagen* gezählt werden, obwohl bei diesen kein direktes personenbezogenes Ausfallrisiko besteht. Die dieser Regelung zugrundeliegende Vorschrift der Solvabilitätsrichtlinie schreibt vor, daß auch mögliche Wertminderungen bei diesen Anlagen durch Bereitstellung von Eigenkapital abzufangen sind.

3.2 Bonitätsgewichtung

3.2.1 Präferenzzonenregelung

Eine entscheidende Änderung im Rahmen der Umsetzung der Solvabilitätsrichtlinie bestand darin, daß das Spektrum der bei der Bonitätsgewichtung privilegierten Kontraktpartner von Kreditinstituten stark erweitert wurde. Die grundsätzliche Präferierung inländischer Adressen wurde ausgeweitet: Dem inländischen öffentlichen Sektor und den inländischen Kreditinstituten wurden die Zentralregierungen und die Kreditinstitute der *Staaten der Präferenzzone* gleichgestellt („Zone A", „OECD-Staaten", siehe Abbildung 3).

Die *Präferenzzone* setzt sich zusammen aus

- allen EU-Staaten,[12]
- allen übrigen Vollmitgliedstaaten der Organisation für wirtschaftliche Zusammenarbeit und Entwicklung (OECD), die in den letzten fünf Jahren keine Umschuldung ihrer staatlichen Auslandsschulden durchgeführt haben, und
- allen Ländern, die mit dem Internationalen Währungsfonds besondere Kreditvereinbarungen im Rahmen der „General Agreements to Borrow" getroffen haben, was bislang nur auf Saudi-Arabien zutrifft.

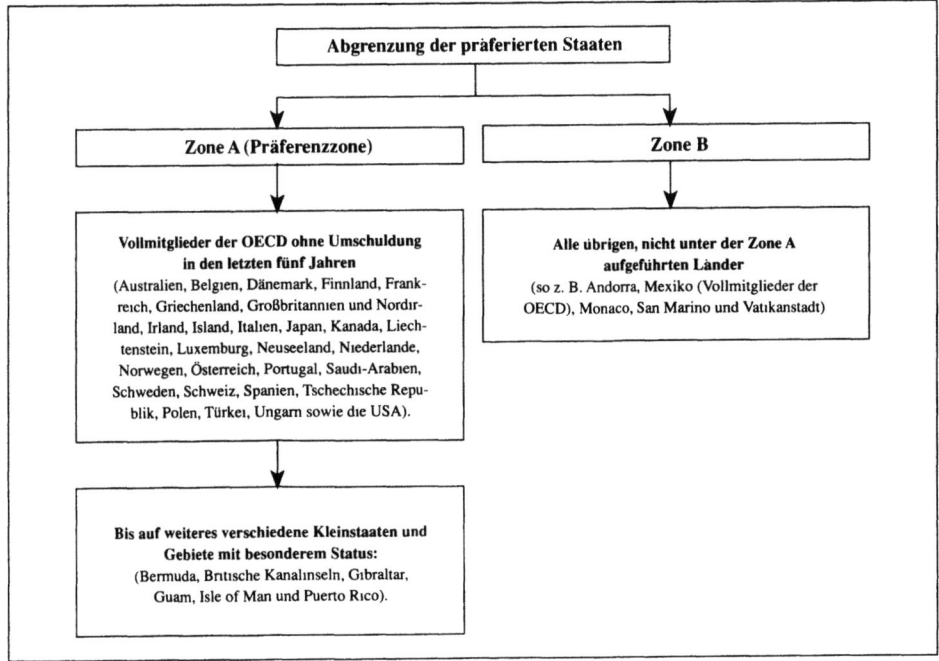

Abbildung 3: Abgrenzung der Staaten in Zone A und B

---

12 Nach der KWG-Novelle 1994 stehen bei der Definition der Zone A die Länder des Europäischen Wirtschaftsraumes (EWR) den EU-Staaten gleich.

3.2.2 Berücksichtigung von Sicherheiten

Bislang wurden Sicherheiten nur in sehr eingeschränktem Umfang bei der Anrechnung im Grundsatz I berücksichtigt: Lediglich Forderungen an Kunden, die eine staatliche Garantie trugen, wurden mit 50 anstatt mit 100 Prozent gewichtet. Nach der Novellierung im Jahre 1992 erweitert der Grundsatz die bisher beschränkte Privilegierung von besicherten Forderungen, indem die besicherten Risikoaktiva nach der Bonitätskategorie des Garanten oder Sicherungsgebers bzw. nach dem Adressengewicht des Emittenten bei als Sicherheit hinterlegten Wertpapieren eingestuft werden. Forderungen an Kunden, bei denen der Kunde beispielsweise sein aus Bundesanleihen bestehendes Depot als Sicherheit verpfändet hat, werden mit 0 Prozent angerechnet.

Bei der Anerkennung von Sicherheiten gilt im Grundsatz I das Prinzip des *„Austauschs der Bonitätsgewichte"*. Dies bedeutet, daß die Multiplikation zweier ermäßigter Gewichtungssätze nicht statthaft ist, sondern nur der jeweils geringere Faktor verwendet werden darf („Aufzehrung"). Beispielsweise sind Forderungen an ein Kreditinstitut der Zone A (Bonitätsgewichtungsfaktor 20 Prozent), die durch verpfändete Schuldverschreibungen der Europäischen Investitionsbank (Faktor 20 Prozent) gesichert werden, mit 20 und nicht mit 4 (=20 Prozent x 20 Prozent) Prozent anzurechnen.

Bei einem Depot, das Wertpapiere unterschiedlicher Art und verschiedener Emittenten enthält (wie Aktien, Bankschuldverschreibungen und Bundespapiere), kann es bei der Ermittlung des auf die damit besicherte Forderung anzuwendenden Gewichtungssatzes *erhebliche organisatorische Probleme* für ein Kreditinstitut geben. Bei der Berechnung des Grundsatzes I muß das Institut nicht nur die Bonitätskategorie des Kunden als Forderungsschuldner, sondern auch die Bonitätskategorien der Emittenten der im verpfändeten Depot liegenden Wertpapiere ermitteln, gegebenenfalls Teilbeträge der Gesamtforderung unterschiedlich gewichten, bei auf Fremdwährung lautenden Wertpapieren diese in DM umrechnen usw. Dabei ist es nach dem Wortlaut des Grundsatzes I nicht zulässig, auf die mögliche Anrechnungsvergünstigung, die mit organisatorischem Aufwand „bezahlt" werden muß, zu verzichten: Der Grundsatz gewährt *kein Wahlrecht* hinsichtlich der Berücksichtigung von Sicherheiten, sondern schreibt diese zwingend vor.

Die organisatorischen Probleme lassen sich anhand des folgenden, nicht übermäßig komplexen *Beispiels* leicht abschätzen: Liegen im Depot eines Kunden beispielsweise Aktien in Höhe von 100 Tsd. DM, Schuldverschreibungen der Europäischen Investitionsbank (Bank der Präferenzzone) von 150 Tsd. DM und Bundespapiere von 350 Tsd. DM, so wäre eine Kundenforderung von 550 Tsd. DM im Grundsatz I in der folgenden Weise anzurechnen:

- ein Teilbetrag in Höhe von 350 Tsd. DM mit 0 Prozent (gesichert durch die Bundespapiere),
- ein Teilbetrag von 150 Tsd. DM mit 20 Prozent (gesichert durch die Schuldverschreibungen),
- der letzte Teilbetrag in Höhe von 50 Tsd. DM ist gesichert durch Aktien, die aber hinsichtlich des Anrechnungssatzes nicht präferiert werden, so daß hierfür ein Anrechnungssatz von 100 Prozent gilt.

Die Reihenfolge, in der die Teilbesicherungen berücksichtigt werden, steigt von der bonitätsmäßig besten zur bonitätsmäßig schlechtesten Kategorie ab. Die Anwendung eines „Mischsatzes", also eines gewichteten Anrechnungssatzes für das Depot (im Beispiel 130 Tsd. DM / 600 Tsd. DM = 21,67 Prozent) auf die Kundenforderung, ist nach dem Grundsatztext nicht möglich.

3.2.3 Bonitätsklassen

Im Grundsatz I werden *sechs Kontrahentengruppen* (entsprechend Bonitätsklassen) unterschieden. Abbildung 4 stellt die Adressengewichtungssätze im einzelnen dar, wobei die Gliederung des Bilanzformblatts zugrundegelegt wird.[13]

3.2.3.1 100prozentige Adressengewichtung

Grundsätzlich gilt im System des Grundsatzes I: alle anzurechnenden Geschäfte oder bilanziellen Bestände, die nicht ausdrücklich einen in den Absätzen 8 bis 12 des Grundsatzes aufgeführten privilegierten Anrechnungssatz zugewiesen erhalten, werden mit 100 Prozent angerechnet. Dies sind im wesentlichen (unbesicherte) *Forderungen an Kunden* (genauer: private Nichtbanken) sowie von privaten Nichtbanken emittierte Wertpapiere. Darüber hinaus werden auch *Sachanlagen* wie Grundstücke und Gebäude, Betriebs- und Geschäftsausstattung sowie sonstige Vermögensgegenstände in vollem Umfang als Risikoaktiva angerechnet.

Eine Besonderheit gilt für *Investmentanteile*, die nach der dem Bilanzausweis folgenden Systematik ebenfalls mit 100 Prozent anzurechnen sind: Nach einer Entscheidung des Bundesaufsichtsamtes[14] dürfen diese bis auf weiteres, daß heißt bis zu einer endgültigen Klärung durch die EU-Kommission, statt mit 100 Prozent mit dem Gewichtungsfaktor entsprechend der tatsächlichen Fondszusammensetzung angerechnet werden. Damit die Kreditinstitute von dieser Erleichterung profitieren können, ist allerdings Voraussetzung, daß die Kapitalanlagegesellschaften die Bonitätsgewichte für die jeweiligen Fonds mindestens viermal im Jahr berechnet und den Kreditinstituten mitgeteilt haben. Die Berechnungen müssen von einem Wirtschaftsprüfer im Rahmen der Jahresabschlußprüfung der Fonds bestätigt werden.

3.2.3.2 70prozentige Adressengewichtung

Der Anrechnungssatz in Höhe von 70 Prozent gilt für Bauspardarlehen aus Zuteilungen und Darlehen zur Vor- und Zwischenfinanzierung von Leistungen der Bausparkassen auf Bausparverträge ihrer Bausparer. Dieser Satz stellt einen *Mischsatz* dar, den es in dieser Form in der Solvabilitätsrichtlinie nicht gibt. Die Richtlinie kennt nur den Anrechnungssatz von 100 Prozent für unbesicherte Forderungen an private Kunden und 50 Prozent für grundpfandrechtlich besicherte Wohnungsbaudarlehen. Um den Anforderungen der Solvabilitätsrichtlinie zu genügen, müssen die Bausparkassen daher nachweisen, daß der

---

13 Vgl. auch Boos/Schulte-Mattler (1992), S. 640 und (1993), S. 360.
14 Vgl. Bundesaufsichtsamt für das Kreditwesen (1993a) sowie Dürselen (1994).

Bilanzaktiva	Bonitätsgewichtungssätze (in Prozent)
1. Barreserve	
1.1 Kassenbestand	0
1.2 Guthaben bei Zentralbanken	
1.2.1 Deutsche Bundesbank	0
1.2.2 Zentralbanken der „Zone A" (OECD-Länder)	0
1.2.3 Zentralbanken der „Zone B" (sonstige Länder)	
1.2.3.1 in der Währung des Schuldnerlandes und in dieser refinanziert	0
1.2.3.2 andere Guthaben	100
1.3 Giroguthaben bei der Deutschen Bundespost Postbank[1]	0
2. Forderungen an Kreditinstitute	
2.1 Kreditinstitute im Inland	20[2]
2.2 Kreditinstitute der Zone A	20[2]
2.3 Kreditinstitute der Zone B	
2.3.1 Ursprungslaufzeit der Forderung bis einschl. 1 Jahr	20
2.3.1 Ursprungslaufzeit der Forderung von mehr als 1 Jahr	100
2.4 Spezialkreditinstitute	
2.4.1 Europäische Investitionsbank (EIB)	20
2.4.2 Multilaterale Entwicklungsbanken (incl. Weltbank)	20
3. Schatzwechsel, unverzinsliche Schatzanweisungen	
3.1 von Bund, Ländern und Gemeinden (Inland)	0
3.2 von Zentralregierungen	
3.2.1 der Zone A	0
3.2.2 der Zone B	
3.2.2.1 in der Währung des Schuldnerlandes und in dieser refinanziert	0
3.2.2.2 andere Forderungen	100
3.3 von Regionalregierungen und Gebietskörperschaften	
3.3.1 der Zone A	0/20[3]
3.3.2 der Zone B	100
4. Anleihen und Schuldverschreibungen	
4.1 von Bund, Ländern und Gemeinden (Inland)	0
4.2 von Zentralregierungen	
4.2.1 der Zone A	0
4.2.2 der Zone B	
4.2.2.1 in der Währung des Schuldnerlandes und in dieser refinanziert	0
4.2.2.2 andere Forderungen	100
4.3 von Regionalregierungen und Gebietskörperschaften	
4.3.1 der Zone A	0/20[3]
4.3.2 der Zone B	100
4.4 von Kreditinstituten	
4.4.1 öffentliche Pfandbriefe, Hypothekenpfandbriefe und Schiffspfandbriefe	10[4]
4.4.2 sonstige	analog Nr. 2
4.5 von sonstigen Nichtbanken	100

---

1 Ab 1. Januar 1995 ist die Postbank AG als inländisches Kreditinstitut zu behandeln.
2 Sofern es sich nicht um Eigenkapital des Institutes handelt.
3 0-Prozent-Gewichtung nur für Mitgliedstaaten der EU, sofern der betreffende Mitgliedstaat die Risikoaktiva entsprechend einstuft.
4 10-Prozent-Gewichtung nur für vor dem 1. Januar 1998 begebene Wertpapiere.

Abbildung 4: Bonitätsgewichtungsfaktoren für Bilanzaktiva

5. Wertpapiere, soweit sie nicht unter anderen Posten auszuweisen sind
5.1 Wertpapiere (z.B. Aktien, Genußrechte) – jedoch ohne Beteiligungen – 100
5.2 Investmentzertifikate 100 oder Gewicht nach tatsächlicher Fondszusammensetzung

6. Forderungen an Kunden (incl. Namensschuldverschreibungen)
6.1 Bund, Länder und Gemeinden (Inland) incl. Sondervermögen sowie
Eigen- und Regiebetriebe 0
6.2 Zentralregierungen
    6.2.1 der Zone A 0
    6.2.2 der Zone B
        6.2.2.1 in der Währung des Schuldnerlandes und in dieser refinanziert 0
        6.2.2.2 andere Forderungen 100
6.3 Regionalregierungen und Gebietskörperschaften
    6.3.1 der Zone A 0/20[3]
    6.3.2 der Zone B 100
6.4 Juristische Personen des öffentlichen Rechts
    6.4.1 im Besitz der öffentlichen Hand – ohne Erwerbscharakter 20
    6.4.2 im Besitz der öffentlichen Hand – Wirtschaftsunternehmen 100
    6.4.3 Kirchen 20
    6.4.4 Sozialversicherungsträger 20
    6.4.5 sonstige 100
6.5 Europäische Union 0
6.6 Realkredite
    6.6.1 Wohnungsbaukredite
        6.6.1.1 Kreditbetrag bis zur Beleihungsgrenze[5] 50
        6.6.1.2 die Beleihungsgrenze übersteigender Kreditbetrag 100
    6.6.2 sonstige (gewerbliche) Realkredite
        6.6.2.1 Kreditbetrag bis zur Beleihungsgrenze[5] 50[6]
        6.6.2.2 die Beleihungsgrenze übersteigender Kreditbetrag 100[6]
    6.6.3 Schiffshypothekarkredite 100
6.7 Bauspardarlehen der Bausparkassen 70[7]
6.8 Darlehen zur Deckung von Kommunalschuldverschreibungen –[8]
6.9 sonstige Forderungen 100

7. Ausgleichs- und Deckungsforderungen an die öffentliche Hand 0

8. Eigene Schuldverschreibungen 0

9. Durchlaufende Kredite 0

10. Beteiligungen
10.1 konsolidierte Beteiligungen 0
10.2 nicht konsolidierte Beteiligungen, sofern nicht vom Eigenkapital abgezogen 100

11. Sachanlagen (Grundstücke, Gebäude, Betriebs- und Geschäftsausstattung) 100

12. Im Einzug befindliche Werte (entsprechende Zahlungen wurden bevorschußt) 20

13. Gegenstände aus Leasingverträgen je nach Bonitätskategorie des Leasingnehmers

14. Sonstige Vermögensgegenstände (soweit nicht unter Nr. 12 und 13 erfaßt) 100

15. Rechnungsabgrenzungsposten 50[9]

---

5 Die Beleihungsgrenze nach Hypothekenbankgesetz betragt 60 Prozent des Beleihungswertes.
6 50-Prozent-Gewichtung nur bis zum 31. Dezember 1995 unabhangig vom Vertragsabschlußdatum; danach 100%.
7 Voraussetzung ist, daß mindestens 60 Prozent dieser Darlehen unter Einhaltung der Beleihungsgrenze von 80 Prozent nach Bausparkassengesetz grundpfandrechtlich gesichert sind.
8 Bonitätsgewicht des Schuldners.
9 Sofern Gegenpartei feststellbar, gilt deren Bonitätsgewicht.

Abbildung 4: Fortsetzung

Darlehensbestand, auf den der Mischsatz angewendet wird, insgesamt zu mindestens 60 Prozent unter Einhaltung der Beleihungsgrenze in Höhe von 80 Prozent gemäß den Vorschriften des Bausparkassengesetzes (§ 7 Abs. 1 Satz 3) grundpfandrechtlich gesichert ist.[15]

3.2.3.3 50prozentige Adressengewichtung

Bis zum 31. Dezember 1995 bleibt es im Grundsatz I bei der bisherigen 50prozentigen Anrechnung der *Realkredite*, soweit sie 60 Prozent des Beleihungswertes des Grundstücks nach § 11 Hypothekenbankgesetz nicht übersteigen, und zwar sowohl für den gewerblichen wie für den Wohnungsbau-Realkredit. Der Grundsatz übernimmt damit aus Vorsichtsgründen nicht die in der Solvabilitätsrichtlinie vorgesehene Regelung, den ermäßigten Anrechnungssatz von 50 Prozent für Wohnungsbaukredite bis zur vollen Höhe des Grundstücksverkehrswertes anzuwenden. Ab 1996 wird entsprechend der Richtlinie auch der gewerbliche Realkredit mit 100 Prozent anzurechnen sein, während lediglich der Wohnungsbau-Realkredit anrechnungsmäßig privilegiert bleibt.

Die in der Solvabilitätsrichtlinie vorgesehene 50-Prozent-Gewichtung für alle bis zum 1. Januar 2001 abgeschlossenen Geschäfte des gewerblichen Immobilienleasings wird im neuen Grundsatz nicht übernommmen. Ausschlaggebend für das Bundesaufsichtsamt war dabei, daß der Kredit des Leasinggebers nicht die Qualität eines Realkredites besitzt, sondern mit höheren Ausfallrisiken behaftet ist.

Als Novität, die mit der letzten Grundsatznovellierung aus der Solvabilitätsrichtlinie übernommen wurde, ist folgendes hervorzuheben: *Abgrenzungsposten*, die wirtschaftlich nicht als Korrekturposten zu einem Passivposten anzusehen sind (vorrangig abgegrenzte Zinsen), werden mit 50 Prozent in die Grundsatzberechnung einbezogen, sofern sie nicht den jeweiligen Vertragspartnern zugeordnet und mit deren Bonitätsfaktoren gewichtet werden können. Bei der Zuordnung anteiliger Zinsen auf die jeweiligen Vertragspartner ist der letzte Zwischen- oder Jahresabschluß maßgeblich. Eine unterjährige Zuordnung zwischen den Bilanzstichtagen ist nicht notwendig.

3.2.3.4 20prozentige Adressengewichtung

Es wurde bereits ausgeführt, daß OECD-Kreditinstitute anrechnungsmäßig den inländischen Banken gleichgestellt wurden. Forderungen an Kreditinstitute der Zone A werden somit durchweg zu 20 Prozent angerechnet. Forderungen an Kreditinstitute der Zone B werden nur dann zu 20 Prozent angerechnet, wenn ihre Ursprungslaufzeit nicht mehr als ein Jahr (einschließlich) beträgt. Die 20-Prozent-Gewichtung gilt allerdings nicht für Forderungen, die beim Schuldner-Kreditinstitut als haftende Eigenmittel anerkannt sind, was beispielsweise bei nachrangigen Verbindlichkeiten oder Genußrechten der Fall sein könnte. In diesem Falle kommt es gleichfalls zu einer 100-Prozent-Anrechnung.

---

15 Der Mischsatz in Höhe von 70 Prozent spiegelt die durchschnittliche Gewichtung eines Portefeuilles aus bis zur Beleihungsgrenze von 80 Prozent grundpfandrechtlich gesicherten und sonstigen Darlehen wider (70 Prozent = 60 Prozent x 50 Prozent + 40 Prozent x 100 Prozent).

Forderungen an die Europäische Investitionsbank (EIB), an multilaterale Entwicklungsbanken[16] sowie an den Europäischen Investitionsfonds erhalten ebenfalls den 20prozentigen Bonitätsgewichtungsfaktor. Der Europäische Investitionsfonds wurde aufgrund einer Richtlinie anrechnungsmäßig den multilateralen Entwicklungsbanken gleichgestellt, obwohl auch private Anteilseigner vorhanden sind.[17]

Werden Risikoaktiva einer höheren Bonitätskategorie als 20 Prozent durch Bareinlagen bei einem anderen als dem kreditgewährenden Institut, durch Geldmarktpapiere von einem anderen Kreditinstitut der Zone A als dem kreditgewährenden Institut oder durch Wertpapiere von bestimmten Emittenten der 20-Prozent-Bonitäts-Kategorie (Europäische Investitionsbank, multilaterale Entwicklungsbanken, Regionalregierungen oder örtliche Gebietskörperschaften der Zone A) vollständig oder teilweise abgesichert, sind auch diese nur zu 20 Prozent anzurechnen.

3.2.3.5 10prozentige Adressengewichtung

Pfandbriefe, Hypothekenpfandbriefe und Schiffspfandbriefe sind als Schuldverschreibungen von Kreditinstituten nach der Solvabilitätsrichtlinie grundsätzlich mit dem Faktor von 20 Prozent anzurechnen. Der Grundsatz I macht jedoch von der in der Solvabilitätsrichtlinie vorgesehenen Möglichkeit Gebrauch, derartige Schuldverschreibungen mit 10 Prozent zu gewichten. Diese Privilegierung gilt allerdings nur für Papiere, die vor dem 1. Januar 1998 begeben worden sind.

3.2.3.6 Nullprozentige Adressengewichtung

Forderungen an die Deutsche Bundesbank, an EU-Institutionen und an Zentralregierungen und Zentralbanken der Präferenzzone sind anrechnungsfrei. Forderungen an Zentralregierungen und Zentralbanken der Zone B, die im Regelfall mit 100 Prozent berücksichtigt werden müssen, sind nur dann nicht mit Eigenkapital zu unterlegen, wenn sie auf Landeswährung lauten und auch in dieser refinanziert sind („*Lokalfinanzierung*").

Die im alten Grundsatz I angewandte grundsätzliche *Nullanrechnung* von Forderungen an die öffentliche Hand, das heißt an alle inländischen juristischen Personen des öffentlichen Rechts (mit der Ausnahme öffentlich-rechtlicher Kreditinstitute, die aus Gründen der Wettbewerbsneutralität den für Kreditinstitute geltenden Anrechnungssatz erhielten) oder an Sondervermögen des Bundes, konnte nicht beibehalten werden. Nach der Solvabilitätsrichtlinie dürfen nur Forderungen an Zentralregierungen, Regionalregierungen und örtliche Gebietskörperschaften[18] anrechnungsfrei bleiben. Der Grundsatz I macht für

---

16 Die folgenden Institutionen gelten nach dem gegenwärtigen Stand als multilaterale Entwicklungsbanken: Internationale Bank für Wiederaufbau und Entwicklung (IBRD - Weltbank), Internationale Finanz-Corporation (IFC), Interamerikanische Entwicklungsbank, Asiatische Entwicklungsbank, Afrikanische Entwicklungsbank, Karibische Entwicklungsbank, Nordische Investitionsbank („Nordic Investment Bank"), Wiedereingliederungsfonds des Europarates, Europäische Bank für Wiederaufbau und Entwicklung (EBRD). Vgl. EG-Kommission (1991a, 1994a).
17 Vgl. EG-Kommission (1994a).
18 Nur für Gebietskörperschaften von EU-Mitgliedstaaten, denen der betreffende Staat selbst eine Null-Gewichtung zuerkennt; sofern andere Gewichtungen (z. B. 20 Prozent) vorgesehen sind, mussen die anderen Mitgliedstaaten dieses Gewicht übernehmen.

deutsche Länder und Kommunen von dem in der Richtlinie enthaltenen Wahlrecht einer anrechnungsmäßigen Gleichstellung von „Regionalregierungen und örtlichen Gebietskörperschaften" mit der Zentralregierung Gebrauch, da wegen des in der Verfassung vorgeschriebenen Finanzausgleichs kein Unterschied hinsichtlich des Ausfallrisikos besteht.

Allerdings haben nicht alle EU-Staaten für ihren jeweiligen Inlandsbereich von diesem Wahlrecht Gebrauch gemacht. Nach Mitteilung der Kommission, die vom Bundesaufsichtsamt für das Kreditwesen bekannt gemacht wurde, besteht eine anrechnungsmäßige *Gleichstellung* von Regionalregierungen und örtlichen Gebietskörperschaften mit der Zentralregierung (mit der Konsequenz, daß auch deutsche Kreditinstitute Forderungen an diese Stellen mit 0 Prozent gewichten dürfen) in folgenden Ländern: Belgien, Dänemark, Bundesrepublik Deutschland, Luxemburg, Niederlande und Spanien. In allen anderen EU-Staaten wurde dieses Wahlrecht nicht ausgeübt, so daß ein Bonitätsgewicht von 20 Prozent anzuwenden ist (siehe Abbildung 5).[19]

Weiter übernimmt der Grundsatz I die in der Solvabilitätsrichtlinie vorgesehene Möglichkeit, Forderungen an „*Verwaltungseinrichtungen*, die keine Erwerbszwecke verfolgen und

Mitgliedstaat	Besonderes Gewicht, wenn ja für ...	Anerkennung des besonderen Gewichts in Höhe von 0 Prozent für Forderungen inländischer Kreditinstitute gegenüber anderen Mitgliedstaaten gemäß Art. 7 Abs. 2 der Solvabilitätsrichtlinie
Belgien	belgische Regionen und Sprachgemeinschaften (ohne regionale und lokale Organe wie Provinzen und Gemeinden)	Nein, aber fallweise Ausnahmen möglich
Dänemark	Regionalregierungen und örtliche Gebietskörperschaften	Ja
Deutschland	Länder, Gemeinden und Gemeindeverbände	Ja
Frankreich	Nein	Ja
Griechenland	Nein	Ja
Irland	Nein	fallweise Entscheidung durch die Central Bank of Ireland auf Antrag des irischen Kreditinstituts
Italien	Nein	Nein
Luxemburg	Gemeinden	Ja
Niederlande	Regionalregierungen und örtliche Gebietskörperschaften	Nein
Portugal	Nein	Nein
Spanien	Autonome Regionen (Regionalregierungen)	Nein
Vereinigtes Köngreich	Nein	Nein

Abbildung 5: Gleichstellungswahlrecht nach Artikel 7 der Solvabilitätsrichtlinie

---

19 Vgl. CMBS (1954 ff.), Nr. 3.58.

Regionalregierungen oder örtlichen Gebietskörperschaften unterstehen, sowie *Unternehmen ohne Erwerbscharakter* im Besitz von Zentralregierungen, Regionalregierungen, örtlichen Gebietskörperschaften oder von Stellen, die die gleichen Aufgaben wahrnehmen wie die Regionalregierungen und örtlichen Körperschaften", den Regionalregierungen gleichzustellen. Allerdings gilt dies nur für direkte Forderungen an derartige Stellen im Geltungsbereich des Kreditwesengesetzes. Risikoaktiva, die von diesen Stellen garantiert oder anderweitig besichert sind, erhalten bestenfalls das Risikogewicht 20 Prozent. Dies leitet sich aus der Solvabilitätsrichtlinie ab, die die Anrechnungspräferierung nur für direkte Forderungen vorsieht.

Die *Sondervermögen des Bundes* sowie die *Regiebetriebe* der Länder und Gemeinden (z.B. Verkehrsbetriebe und Müllabfuhr), sofern sie keine Erwerbszwecke verfolgen, erhalten auch weiter ein Bonitätsgewicht in Höhe von 0 Prozent. Nach der beabsichtigten und teilweise bereits vollzogenen Privatisierung von Bahn und Post sind diese Adressen allerdings mit 100 Prozent zu gewichten, soweit es sich um nicht anderweitig besicherte Neuausleihungen handelt. Eine Ausnahme bildet hier die *Postbank*, die ab dem 1. Januar 1995 als Kreditinstitut den Vorschriften des KWG unterliegt. Ab diesem Zeitpunkt sind auch Forderungen an die Postbank wie an jedes andere Kreditinstitut mit 20 Prozent zu gewichten.

Forderungen an *öffentlich-rechtliche Versicherungsanstalten* und oben genannte *Unternehmen ohne Erwerbscharakter* sind mit 20 Prozent anzurechnen; hierzu zählen auch die Sozialversicherungsträger einschließlich der von ihnen betriebenen Anstalten und Einrichtungen. Forderungen an Kirchen – soweit es sich bei diesen um juristische Personen des öffentlichen Rechts handelt -, die aufgrund des Fehlens einer expliziten Anrechnungspräferierung in der Solvabilitätsrichtlinie mit dem Normalsatz von 100 Prozent anzurechnen wären, werden bis zu einer endgültigen Klärung der in der Vergangenheit aufgetauchten Fragen auf EU-Ebene ebenfalls mit 20 Prozent angerechnet.

Risikoaktiva, die durch Bareinlagen bei oder durch Geldmarktpapiere von dem kreditgewährenden Institut oder durch Wertpapiere von Zentralregierungen oder der Europäischen Union vollständig oder teilweise abgesichert sind, müssen in Höhe ihres besicherten Teils ebenfalls nicht im Grundsatz I angerechnet werden.

Anrechnungsfrei sind wie bisher Forderungen, die an eine *Börseneinrichtung* gerichtet sind oder von dieser gewährleistet werden (siehe dazu Abschnitt 4.2).

3.3 Beispiel für die Ermittlung der Eigenmittelunterlegung bilanzwirksamer Geschäfte

Abbildung 6 zeigt, daß sich die Höhe des im Grundsatz I mit 8 Prozent Eigenkapital zu unterlegenden (anrechnungspflichtigen) Betrages grundsätzlich als das Produkt des jeweiligen Bonitätsgewichtungsfaktors des Kontrahenten und des Kreditrisikobetrages, das heißt der „*Bemessungsgrundlage*" des Geschäftes („gewichtetes Risikoaktivum"), errechnet.

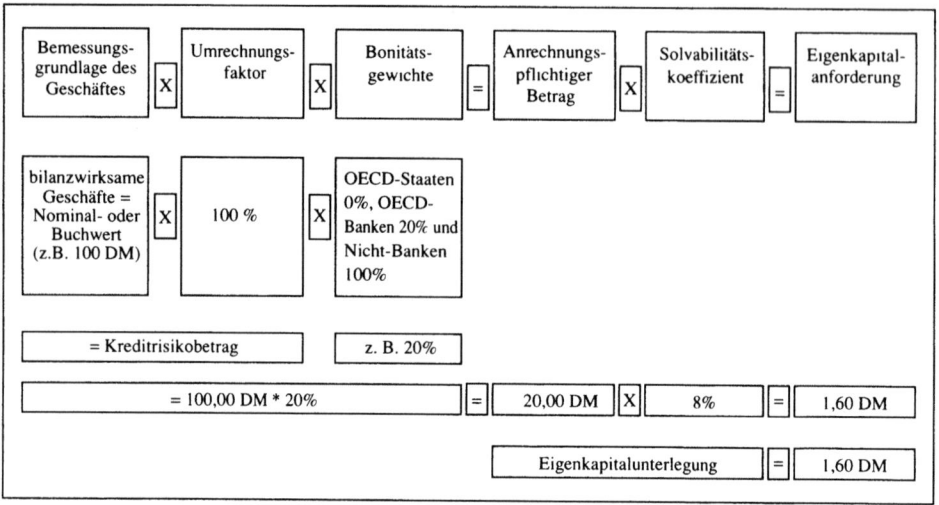

Abbildung 6: Ermittlung der Eigenmittelunterlegung bilanzwirksamer Geschäfte

4. Nicht bilanzwirksame Geschäfte

Bei den nicht bilanzwirksamen Geschäften besteht ein Kreditrisiko nicht grundsätzlich – wie bei den bilanzwirksamen Aktiva – in Höhe des Nominalbetrags des Geschäftes. Sie werden deshalb in Beträge mit identischem Risiko umgerechnet. Der resultierende Betrag, der mit dem Verlustrisiko eines bilanzwirksamen Geschäftes direkt vergleichbar ist, wird gewöhnlich als *Kreditäquivalenzbetrag* bezeichnet, obwohl sich dieser Begriff nicht ausdrücklich im Grundsatz I findet. Das Umrechnungsverfahren ist notwendig, um ein einheit-

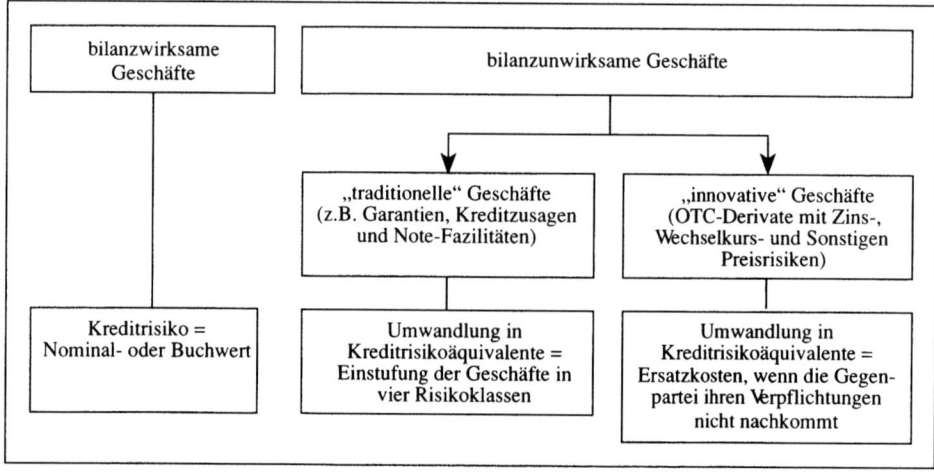

Abbildung 7: Kreditäquivalenzbeträge („Bemessungsgrundlagen") für bilanzunwirksame Geschäfte

liches Schema zur Ermittlung des im Grundsatz I anrechnungspflichtigen Betrages für alle Risikoaktiva zu erreichen.

Die bilanzunwirksamen Geschäfte werden in *zwei Gruppen* unterteilt:

- die „traditionellen" Geschäfte (wie Bürgschaften, Garantien, Akkreditive) und
- die „innovativen" Geschäfte (wie Termin- und Optionsgeschäfte, Finanzswaps).

Zur Berechnung der Kreditäquivalenzbeträge werden für die bilanzunwirksamen Geschäfte bestimmte *Verfahren* angewandt, die für „traditionelle" und für „innovative" Geschäfte verschieden sind (siehe Abbildung 7).

4.1 „Traditionelle" bilanzunwirksame Geschäfte

Bei den *„traditionellen" bilanzunwirksamen Geschäften* liegt das Kreditrisiko einmal darin, aus einer Garantie, Gewährleistung oder Bürgschaft in Anspruch genommen zu werden, was im Regelfall dann geschieht, wenn an der Bonität des Garantiebegünstigten Zweifel bestehen oder dieser schon nicht mehr in der Lage ist, seinen Verpflichtungen nachzukommen. Insofern stellt die in einer solchen Situation übernommene Garantie nur ein Substitut für einen direkt an den Begünstigten vergebenen Kredit dar. Zudem – und dies ist eine für den Grundsatz I neue Überlegung aus der Solvabilitätsrichtlinie – entsteht ein Kreditrisiko bereits mit der Verpflichtung des Kreditinstituts, nicht erst bei der Erfüllung. Dies bezieht Kreditzusagen, Terminkäufe von Risikoaktiva sowie Plazierungen von Termineinlagen in den Kreis der anrechnungspflichtigen Geschäfte ein.

Den einzelnen traditionellen Geschäften wird jeweils eine von *vier Risikoklassen* mit unterschiedlichen Risikoumrechnungsfaktoren zugeordnet (siehe Abbildung 8):

- hohes Risiko (100 Prozent),
- mittleres Risiko (50 Prozent),
- niedriges bis mittleres Risiko (20 Prozent) und
- niedriges Risiko (0 Prozent).

Bei den traditionellen außerbilanziellen Geschäften wird im Unterschied zur Vorgehensweise bei den Bonitätsgewichtungen explizit eine 100-Prozent-Kategorie aufgeführt. Das bei den Adressengewichtungen angewandte Prinzip, daß die 100-Prozent-Gewichtung der Normalfall ist und nur die davon abweichenden Spezialfälle ausdrücklich zu nennen sind, wird in diesem Fall – in enger Anlehnung an die Solvabilitätsrichtlinie – nicht verfolgt. Diese „Mischung" zweier unterschiedlicher Vorgehensweisen bei gleichem zugrundeliegendem Sachverhalt trägt mit dazu bei, daß sich der Grundsatz I nicht jedem Leser sofort und in vollem Umfang erschließt.

Nicht bilanzwirksame Geschäfte	Risikoklasse (in Prozent)
1. Bürgschaften und Garantien für Bilanzaktiva sowie unwiderrufliche Kreditsicherungsgarantien (Kreditsubstitute)	100
2. Bestellung von Sicherheiten für fremde Verbindlichkeiten	100
3. Terminkäufe von Aktiva mit fester Abnahmeverpflichtung	100
4. Plazierung von Termineinlagen (Forward Forward Deposits)	100
5. Akzepte und Indossamentsverbindlichkeiten	100
6. Eigene Ziehungen im Umlauf (den Kreditnehmern abgerechnet)	100
7. Unbedingte Verpflichtung der Bausparkassen zur Ablösung fremder Vorfinanzierungs- und Zwischenkredite ihrer Bausparer	100
8. Verpensionierte Aktiva	100
9. Erfüllungsgarantien und andere als die in Nr. 1 genannten Garantien (z. B. Steuer- und Zollbürgschaften)	50
10. Eröffnung und Bestätigung von Akkreditiven (Kreditbriefe)	50
11. Verpflichtungen aus „Note Issuance Facilities" (NIFs) und „Revolving Underwriting Facilities" (RUFs)	50
12. Noch nicht in Anspruch genommene Kreditzusagen und Kreditlinien, welche eine Ursprungslaufzeit von mehr als 1 Jahr haben und nicht jederzeit und vorbehaltlos von dem Kreditinstitut gekündigt werden können	50
13. Dokumentenakkreditive (ausdrücklich durch Warenpapiere gesichert)	20
14. Noch nicht in Anspruch genommene Kreditzusagen und Kreditlinien, welche eine Ursprungslaufzeit von bis zu 1 Jahr haben oder jederzeit und vorbehaltlos von dem Kreditinstitut gekündigt werden können	0

Abbildung 8: Risikoklassen für „traditionelle" bilanzunwirksame Geschäfte

4.1.1 Risikoklassen

4.1.1.1 Hohes Kreditrisiko (Risikoklasse 100 Prozent)

In vollem Umfang, daß heißt in Höhe von 100 Prozent ihrer Bemessungsgrundlage, sind Geschäfte anzurechnen, bei denen das Kreditinstitut eine bereits bestehende Verbindlichkeit eines Kunden garantiert. Bei Ausfall des Hauptschuldners kann das Kreditinstitut in Anspruch genommen werden („*Kreditsubstitutscharakter*") und trägt folglich das gesamte Ausfallrisiko („hohes Risiko").

Hierzu zählen *zwei Kategorien* von Geschäften:

- Bürgschaften und Garantien für Bilanzaktiva (soweit sie Kreditsubstitutscharakter haben),[20] Bestellung von Sicherheiten für fremde Verbindlichkeiten, Geschäfte mit Rück-

---

20 Kreditsubstitutscharakter ist anzunehmen, wenn die Garantie oder Bürgschaft für Bilanzaktiva übernommen wurden, die ihrerseits im Grundsatz I zu 100 Prozent ihres Nominalwertes als Bemessungsgrundlage anzurechnen wären. Da es sich um Garantien und Bürgschaften für „Bilanzaktiva" handelt, beziehen sie sich auf die in Abs. 3 des Grundsatzes I genannten Vermögensgegenstände und Risikoaktiva.

griff, unwiderrufliche Kreditsicherungsgarantien, Akzepte und Indossamentsverbindlichkeiten, Verkäufe mit Rückgriffsverpflichtungen, Ablöseverpflichtungen für Bausparkassen auf Vor- oder Zwischenfinanzierungen;

- Terminkäufe von Bilanzaktiva mit unbedingter Abnahmeverpflichtung, „unechte" Pensionsgeschäfte, Plazierungen von Termineinlagen (das heißt Kreditgewährung) auf Termin.

Bei diesen Geschäften steht das Kreditinstitut nach Ausfall des Begünstigten oder Kontraktpartners und nach Befriedigung des Gläubigers genauso da, als ob es das Kreditgeschäft direkt mit dem Kontraktpartner abgeschlossen hätte (Fall 1) oder die risikobehafteten Bilanzaktiva bereits jetzt und nicht erst in der Zukunft besitzen und das ihnen innewohnende Risiko tragen würde (Fall 2). Aus diesem Grund ist im Fall 2 auch das *Bonitätsgewicht* für den dem Geschäft zugrundeliegenden Gegenstand und nicht das Risikogewicht des Vertragspartners für die Grundsatzanrechnung maßgebend. Die zugrundeliegende Risikobetrachtung erklärt auch, warum die Erfassung von Terminkäufen auf solche Geschäfte beschränkt ist, bei denen das erwerbende Kreditinstitut eine unbedingte Abnahmeverpflichtung des Liefergegenstandes hat. Bei Geschäften mit Differenzausgleich, wie sie bei einem Großteil der „innovativen" Termingeschäfte anzutreffen sind, mangelt es nämlich an einem in der Zukunft hereinzunehmenden Risikoaktivum.

Eine *Sonderregelung* besteht für Übernahmeverpflichtungen aus dem Emissionsgeschäft zwecks Plazierung am Markt. In der Regel werden hier nur kassamarktähnliche Erfüllungsfristen zu beobachten sein, so daß diese Geschäfte bereits aus diesem Grund nicht als Terminkäufe qualifiziert werden. Um das Emissionsgeschäft in der Bundesrepublik Deutschland nicht zu beeinträchtigen, sind aber selbst bei Überschreiten der für Kassageschäfte üblichen Erfüllungsfrist derartige Übernahmeverpflichtungen nicht als Terminkäufe anzurechnen.

4.1.1.2 Mittleres Kreditrisiko (Risikoklasse 50 Prozent)

Mit 50 Prozent ihrer Bemessungsgrundlage sind die folgenden Geschäfte anzurechnen, deren Risikogehalt als mittelgroß angesehen wird:

- Garantien für die Erfüllung der vertraglichen Leistungsverpflichtung des Begünstigten gegenüber einem Dritten (Erfüllungsgarantien),
- eröffnete und bestätigte Akkreditive,
- nicht ausgeschöpfte unwiderrufliche Kreditlinien mit einer Ursprungslaufzeit von mehr als einem Jahr ohne unbedingte Kündigungsmöglichkeit,
- alle Verpflichtungen aus Absicherungsfazilitäten und aus Fazilitäten für revolvierend emittierte Geldmarktpapiere („Note Issuance Facilities" und „Revolving Underwriting Facilities").

Die Wahrscheinlichkeit einer Inanspruchnahme aus diesen Geschäften ist für ein Institut geringer als bei den direkten Kreditsubstituten, da zu der potentiellen Bonitätsverschlechterung des Kontraktpartners in der Regel noch ein weiteres Ereignis (z.B. Inanspruchnahme der Kreditlinie) kumulativ hinzukommen muß.

An dieser Stelle ist hervorzuheben, daß *Gewährleistungen für Finanz-Swaps, Terminge-schäfte und Optionsrechte* keineswegs als Gewährleistungen mit mittlerem Kreditrisiko zu betrachten sind.[21] Abs. 4 des Grundsatzes I, der die Risikoklassen für traditionelle bilanz-unwirksame Geschäfte aufstellt, beschränkt sich durch seinen Bezug auf Abs. 1 Satz 1 Nr. 2 ausdrücklich auf die *traditionellen* außerbilanziellen Geschäfte. Das heißt, er schließt die genannten „innovativen" Geschäfte aus. Gewährleistungen für diese Geschäftsarten sind demgegenüber – wie Abs. 6 Satz 1 eindeutig klarstellt – in gleicher Weise wie die ge-währleisteten Transaktionen anzurechnen.

4.1.1.3 Mittleres bis niedriges Kreditrisiko (Risikoklasse 20 Prozent)

Ausdrücklich durch Warenpapiere und damit durch die zugrundeliegende Fracht gesicherte *Dokumentenakkreditive,* daß heißt handelsbezogene Eventualverbindlichkeiten, werden nur in Höhe von 20 Prozent ihrer Bemessungsgrundlage angerechnet (niedrige bis mittle-re Risikoklasse). Ausschlaggebend hierfür ist die Überlegung, daß das Risiko sowohl be-traglich wie zeitlich begrenzt ist und eine zusätzliche Sicherheit in Form der Fracht vor-liegt.

4.1.1.4 Niedriges Kreditrisiko (Risikoklasse 0 Prozent)

Im Grundsatz I unberücksichtigt bleiben *Kreditzusagen,* die auf ein Jahr oder weniger be-fristet sind, sowie länger laufende und unbefristete Kreditzusagen, sofern sie vorbehaltlos und fristlos gekündigt werden können (der verbleibende Teil aus der Gesamtmenge der Kreditzusagen wird, wie gesehen, in der 50-Prozent-Kategorie erfaßt). In diesem Fall wird die Wahrscheinlichkeit, daß sich ein Risiko für die Bank realisiert, wegen der Kürze der Zeit oder der leichten Ausstiegsmöglichkeit als nur niedrig eingestuft.

Zu diesen Kreditzusagen der niedrigen Risikoklasse gehören in der Praxis Dispositions- oder Überziehungskredite und Kreditzusagen „bis auf weiteres". Zwar sind die Kredit-institute nach der derzeitigen BGH-Rechtsprechung zu den Allgemeinen Geschäftsbedin-gungen gehalten, auch bei einer fristlosen Kündigung den Grundsatz von Treu und Glau-ben (§ 242 BGB) zu beachten, das heißt, nicht „zur Unzeit" zu kündigen. Die insoweit eingeschränkte Möglichkeit des Kreditinstituts, sich eines möglichen Kreditrisikos zu entledigen, wird jedoch nicht anrechnungsverschärfend berücksichtigt. Die Nichtanrech-nung der genannten Kreditzusagen steht aber unter der Bedingung, daß die Bonität des Kunden mindestens einmal pro Jahr förmlich überprüft wird.

4.1.2 Beispiel für die Ermittlung der Eigenmittelunterlegung traditioneller bilanzunwirksamer Geschäfte

Die Multiplikation der Bemessungsgrundlage des betrachteten Geschäftes (nach Abs. 5 des Grundsatzes I der Buchwert) mit dem geschäftsspezifischen Umrechnungsfaktor der Risikoklasse ergibt den Kreditäquivalenzbetrag des Geschäftes (siehe Abbildung 9).

---

21 Wie dies beispielsweise Scharpf (1993), S. 62 und 80, behauptet. Auf den S. 82 und 87 widerspricht sich der Autor allerdings und stellt die Verhältnisse en passant richtig dar.

Durch die anschließende Gewichtung des Kreditäquivalenzbetrages mit dem Bonitätsgewicht des Kontraktpartners[22] erhält man den im Grundsatz I anzurechnenden Betrag. Dieser ist dann mit 8 Prozent Eigenmitteln zu unterlegen.

Aufgrund der Bonitätsklassen ist beispielsweise eine Garantie für eine Forderung an ein ausländisches Kreditinstitut der Präferenzzone zu 20 Prozent anzurechnen (= Risikoklasse Garantie 100 Prozent x Bonitätsgewicht des Garantiebegünstigten 20 Prozent). Umgerechnet auf das Erfordernis, zu jeder Zeit mindestens 8 Prozent Eigenkapitalquote aufzuweisen, errechnet sich eine Kapitalunterlegung von 1,6 Prozent (20 Prozent x 8 Prozent).

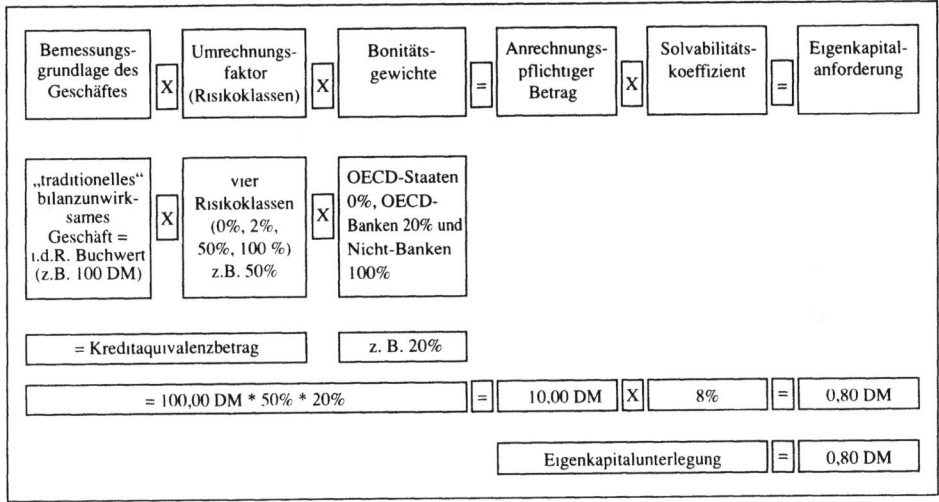

Abbildung 9: Ermittlung der Eigenmittelunterlegung „traditioneller" bilanzunwirksamer Geschäfte

4.2 „Innovative" bilanzunwirksame Geschäfte

An der Erfassung des Adressenausfallrisikos der „innovativen" (nicht bilanzwirksamen fremdwährungs-, zins- und aktienkursbezogenen) Geschäfte in Form von Finanzswaps, Termingeschäften und Optionsrechten mußte bei der letzten Grundsatznovellierung nichts geändert werden, da die Regelungen für diese Geschäfte im Vorgriff auf die Umsetzung der Solvabilitätsrichtlinie schon im Oktober 1990 eingeführt worden waren. Durch die Berücksichtigung der „innovativen" Kontrakte mit Sonstigen Preisrisiken (insbesondere Aktienkursrisiken) geht der Grundsatz I über die Regelungen der Solvabilitätsrichtlinie hinaus, die nur Kontrakte mit Zins- und Wechselkursrisiken erfaßt.[23]

---

22 Bei Terminkäufen von Aktiva mit fester Abnahmeverpflichtung und unechten Pensionsgeschäften ist das Bonitätsgewicht des jeweiligen Vertragsgegenstandes zu verwenden.

23 Vgl. Arnold/Schulte-Mattler (1992) und insbesondere zu den Regelungen für OTC-Geschäfte Arnold/Schulte-Mattler (1990), Traber (1990a) oder Schulte-Mattler (1990, 1993, 1994d und 1994f).

4.2.1 Anrechnungspflichtige Geschäfte

Das Adressenausfall- oder Kreditrisiko besteht bei diesen Geschäften nicht in Höhe des Nominalbetrages, sondern in Höhe der *Ersatzkosten* („Replacement Cost"), die sich ergeben würden, wenn die durch den hypothetischen Ausfall des Geschäftspartners entstehende offene Position durch ein vergleichbares Neugeschäft geschlossen, das heißt, das betrachtete Geschäft durch ein gleichartiges (mit denselben Konditionen) ersetzt werden müßte. Die Ersatzkosten bemessen sich dementsprechend an dem Wert, den das hypothetischerweise zu ersetzende Geschäft zu den aktuellen Marktkonditionen aufweist.

„Innovative" Finanzprodukte sind keine eigenständigen Anlageinstrumente, sondern von Basisinstrumenten „abgeleitete" Geschäfte (*„Finanzderivate"*). Der Preis und das Risikoprofil eines derivativen Instrumentes leitet sich aus dem Wert eines dem Geschäft zugrundeliegenden Instruments ab (z. B. Vermögensgegenstand, Referenzpreis oder Index). Der Marktwert eines Derivativgeschäfts und damit seine potentiellen Ersatzkosten werden also von den Zinssätzen, Aktien- und Wechselkursen bestimmt (bzw. von den Abweichungen der relevanten Marktpreise von den in dem Geschäft festgeschriebenen Konditionen).

Zur Veranschaulichung kann man sich den *Marktpreis* eines Derivativgeschäfts vorstellen als den Betrag, den ein Dritter unter Vernachlässigung von Transaktionskosten zu zahlen bereit wäre, um in den Genuß der in dem Geschäft fixierten Konditionen zu kommen. Dieser Dritte würde regelmäßig nur dann etwas zahlen, wenn die Geschäftskonditionen günstiger sind als die aktuellen Marktpreise, er also beispielsweise einen Vermögensgegenstand zu einem geringeren als den Marktpreis erwerben oder zu einem höheren als dem Marktpreis veräußern könnte. In dieser Situation spricht man von einem „positiven" Marktwert.

Neben der Höhe des von einem Ausfall betroffenen Betrages (des Kreditäquivalenzbetrages, siehe dazu den folgenden Abschnitt) ist für die Grundsatz-I-Anrechnung von Bedeutung, bei welcher *Art von Geschäften* und bei welchen *Geschäftspartnern* ein Bonitätsrisiko besteht. Bei den Geschäftsarten nimmt der Grundsatz I diejenigen Optionsgeschäfte aus, bei denen die Bank als Stillhalter fungiert. In diesem Fall besteht für die Bank ein asymmetrisches Rechte/Pflichten-Verhältnis: Der Stillhalter hat die Verpflichtung zur Geschäftserfüllung bei einer Optionsausübung, der Optionsberechtigte hingegen hat das Recht, ist aber nicht verpflichtet, die Option auszuüben. Daher kann mit dem Optionsgeschäft kaum ein positiver Marktwert verbunden sein. Dies bedeutete für die Gegenseite nämlich, bei Ausübung der Option ungünstigere als die Marktkonditionen erfüllen zu müssen, so daß der Optionsberechtigte in aller Regel auf eine Optionsausübung verzichten wird. Nur im Falle eines Optionsrechtes, bei dessen Ausübung durch die Bank der Stillhalter verpflichtet wäre, auch zu für ihn ungünstigeren als den Marktbedingungen zu erfüllen, kann für die Bank ein Ausfallrisiko entstehen. Aus diesem Grund sieht der Grundsatz I auch *nur für Optionsrechte*, nicht aber für Stillhalterverpflichtungen aus Optionen eine *Grundsatzanrechnung* vor.

Bei den Geschäftspartnern in Derivativkontrakten zeichnet der Grundsatz I die Options- und Futuresbörsen dadurch aus, daß er bei mit ihnen abgeschlossenen Geschäften kein Risiko annimmt und diesen Einrichtungen eine Nullgewichtung zuerkennt. Die *Nullge-*

wichtung gilt allerdings nur *für Direktgeschäfte mit Börseneinrichtungen*, nicht aber für börsengehandelte Options- oder Futurekontrakte, die mit Dritten abgeschlossen werden, da hierbei unabhängig von der Art des Geschäftsgegenstandes (Börsenkontrakt) ein Adressenrisiko in der Person des Kontrahenten besteht.

Geschäfte mit Kunden über Börsenkontrakte, die in der Regel als *Kommissionsgeschäfte mit Selbsteintritt* abgewickelt und „durchgehandelt" werden, stellen zwei separate Transaktionen dar, von denen eine, nämlich die Kundenseite, mit einem Ausfallrisiko behaftet und folgerichtig im Grundsatz I mit Eigenkapital zu unterlegen ist (sofern es sich hierbei nicht um die Stillhalterseite aus einem Optionsgeschäft handelt).[24] In der Anfangszeit nach der Neufassung des Grundsatzes I im Jahre 1990 konnte von einer Einbeziehung der Kunden-Kommissionsgeschäfte abgesehen werden, wenn sie in nur geringem Umfang betrieben wurden. Unter die Bagatellgrenze fielen maximal 50 Kontrakte mit einem Gesamtvolumen von höchstens 10 Mio. DM. „Echte Botengeschäfte" waren ebenfalls nicht unterlegungspflichtig. Diese erleichternde Bagatellregelung konnte aber angesichts der zwingenden Vorgaben der Solvabilitätsrichtlinie nicht aufrechterhalten werden und wurde vom Bundesaufsichtsamt im Juli 1994 zurückgenommen.

4.2.2 Kreditäquivalenzbeträge

In der Solvabilitätsrichtlinie und folgend im Grundsatz I sind die – ursprünglich vom Baseler Ausschuß für Bankenaufsicht entwickelten – Berechnungsverfahren vorgeschrieben, die die Höhe der möglichen Verluste aus Derivativgeschäften bei Ausfall der Geschäftspartner mit den klassischen Kreditrisiken vergleichbar machen. Die *Kreditäquivalenzbeträge* machen erfahrungsgemäß nur einen Bruchteil des Nominalbetrages der Finanzderivate aus und dürften im Durchschnitt im unteren einstelligen Prozentbereich liegen.

Auch bei den derivativen Geschäften ist der Bonitätsgewichtungsfaktor des Kontrahenten und der Kreditäquivalenzbetrag des Geschäftes maßgebend für die Höhe des mit Eigenkapital zu unterlegenden *anrechnungspflichtigen Betrages*. Den Kreditäquivalenzbetrag eines derivativen Geschäftes erhält man durch die Multiplikation der Bemessungsgrundlage mit einem Umrechnungsfaktor, der von der (Rest-) Laufzeit und der Risikoart des Geschäftes abhängt. Die Bemessungsgrundlage ist bei Finanzswaps der Kapitalbetrag, bei Termingeschäften und Optionsrechten der mit dem Marktpreis (Kassakurs) des Liefergegenstandes am Meldestichtag bewertete Anspruch auf Lieferung oder Abnahme des Geschäftsgegenstandes (Lieferseite des Geschäftes). Dies gilt auch, wenn keine effektive Lieferung, sondern nur ein Differenzausgleich zwischen dem in dem Geschäft vereinbarten Preis und dem Abrechnungspreis vereinbart oder möglich ist. Lautet die Bemessungsgrundlage auf fremde Währung (z.B. bei Devisentermingeschäften, Swaps in fremder Währung, Termingeschäften mit ausländischen Wertpapieren), so ist diese nach den Vorschriften des Grundsatzes I mit dem Kassakurs am Stichtag in DM umzurechnen.

---

24 Dies unter der Voraussetzung, daß das Kreditinstitut Börsenmitglied ist und mit einer Börseneinrichtung, dem Clearing House, direkt in Geschäftsbeziehung steht. Kreditinstitute ohne Börsenmitgliedschaft können derartige Kundengeschäfte nur durch Einschaltung eines Börsenmitglieds, das heißt in der Regel eines anderen Kreditinstituts, durchführen, was für diese Banken eine zweimalige Anrechnung im Grundsatz I bedeutet.

Nach ihrer *Risikoart* werden die Geschäfte in *zwei Kategorien* eingeteilt. In die erste Gruppe fallen alle Geschäfte, die ausschließlich ein Zinsänderungsrisiko besitzen. Alle Geschäfte mit anderen, das heißt Wechselkursrisiken oder Sonstigen Preisrisiken (allein oder in Kombination mit Zinsrisiken wie bei Zins-/Währungsswaps), bilden die zweite Gruppe. Grundlage für die Unterscheidung ist die Annahme, daß die Schwankungsanfälligkeit der Währungs- und Aktienkurse und auch die Breite der beobachteten Schwankungen höher ist als die von Zinssätzen, so daß unter sonst gleichen Umständen in längeren Zeiträumen die Wahrscheinlichkeit einer größeren Abweichung von Ursprungskurs und aktuellem Kurs bei den Währungs- und Aktienkursen höher ist als bei Zinssätzen. Entsprechend ziehen längerfristige Geschäfte auch höhere Umrechnungsfaktoren nach sich. In die gleiche Logik paßt die Vorschrift, daß wechselkursrisikobehaftete Geschäfte mit einer Ursprungslaufzeit von bis zu 14 Tagen einschließlich von einer Grundsatzanrechnung ausgenommen sind.

Nach dem Grundsatz I stehen zur Bestimmung der äquivalenten Kreditbeträge von Finanzderivaten zwei Methoden zur Verfügung: ein Kreditinstitut kann zwischen der *Laufzeit- und der Marktbewertungsmethode* wählen. Ein späterer Methodenwechsel ist jedoch nur als Einbahnstraße, von der Laufzeit- zur Marktbewertungsmethode zulässig. Nach dem Grundsatz I muß die Wahl einheitlich ausgeübt werden, um zu verhindern, daß „Gestaltungsmöglichkeiten" in der Weise entstehen, daß bestimmte Geschäfte, die nach der Marktbewertungsmethode wegen hoher Ersatzkosten ungünstigere Anrechnungen erhalten, nach der Laufzeitmethode, alle anderen aber nach der Marktbewertungsmethode angerechnet werden.

Nachfolgend werden die beiden Verfahren vorgestellt und anhand eines Beispiels verdeutlicht.

4.2.3 Laufzeitmethode

Bei der Laufzeitmethode („*Original Exposure Method*") wird die Höhe des mit einem potentiellen Adressenausfall verbundenen finanziellen Risikos für jede Geschäftsart auf Grundlage des ursprünglichen Engagements („Original Exposure") geschätzt. Der jeweils aktuelle Marktwert des Geschäftes spielt bei der Berechnung keine Rolle.

Zur *Ermittlung des Kreditäquivalenzbetrages* ist die Bemessungsgrundlage des jeweiligen Geschäftes (in DM ausgedrückter Kapitalbetrag, Liefer- oder Abnahmeanspruch) mit dem Umrechnungsfaktor zu multiplizieren. Dieser hängt seinerseits von der Risikoart des Geschäftes und seiner Laufzeit ab. Im Hinblick auf die Risikoart wird – wie erwähnt – zwischen zwei Typen unterschieden: reine Zinsgeschäfte werden anrechnungsmäßig günstiger behandelt als Geschäfte, die entweder kein Zinsrisiko aufweisen oder bei denen eine zusätzliche Risikoart beigemischt ist.

Bei reinen Zinsgeschäften besteht nach der Solvabilitätsrichtlinie ein *Wahlrecht*, auf die Ursprungs- oder auf die Restlaufzeit abzustellen. Im Grundsatz I wurde dieses Wahlrecht mit tendenziell entlastender Wirkung ausgenutzt. So sind die Umrechnungsfaktoren für Zinsgeschäfte restlaufzeitbezogen, bei Geschäften mit Wechselkurs- und Sonstigen Preisrisiken wird auf die Ursprungslaufzeit abgestellt (siehe Abbildung 10).

Laufzeit	bis zu 1 Jahr	mehr als 1 Jahr
Zinsrisiko (Restlaufzeit)	0,5 Prozent	1,0 Prozent für jedes volle und nicht vollendete Jahr, abzüglich 1 Prozent
Wechselkurs- oder Sonstige Preisrisiken (Ursprungslaufzeit)	2,0 Prozent	3,0 Prozent für jedes volle und nicht vollendete Jahr, abzüglich 1 Prozent

Abbildung 10: Umrechnungsfaktoren der Laufzeitmethode

Der Faktor für Geschäfte, die ausschließlich ein *Zinsänderungsrisiko* besitzen, beträgt bei Laufzeiten bis zu einem Jahr 0,5 Prozent. Bei darüber hinausgehenden Laufzeiten wird 1 Prozent für jedes weitere (vollendete und nicht vollendete) Jahr in Ansatz gebracht und von der Gesamtsumme 1 Prozentpunkt abgezogen. Ein Zinsgeschäft mit einer zugrundezulegenden Restlaufzeit von 10 Jahren, wie z.B. der Terminverkauf eines Wertpapiers, das in 10 Jahren zur Rückzahlung fällig wird, hat einen Kreditäquivalenzbetrag in Höhe von (10 Jahre x 1 Prozent) − 1 Prozent = 9 Prozent der Bemessungsgrundlage des Buchwerts des Wertpapiers.

Bei Geschäften mit *Wechselkurs- und Sonstigen Preisrisiken* betragen die Konversionsfaktoren für Laufzeiten von bis zu einem Jahr 2 Prozent und bei längeren Laufzeiten 3 Prozent für jedes weitere volle und nicht vollendete Jahr, abzüglich 1 Prozentpunkt. Ein Zins-/Währungsswap mit 15 Jahren Ursprungslaufzeit erhält daher einen Kreditäquivalenzbetrag von (15 Jahre x 3 Prozent) − 1 Prozent = 44 Prozent des Kapitalbetrages.

Nehmen wir beispielsweise an, ein Kreditinstitut hat die drei Fremdwährungstermingeschäfte in der Abbildung 11 mit einer inländischen Bank abgeschlossen. Für das Geschäft Nr. 1 mit einer Ursprungslaufzeit von 3,5 Jahren ergibt sich ein Umrechnungsfaktor in Höhe von 11 Prozent (= 4 Jahre x 3 Prozent -1 Prozent). Der anrechnungspflichtige Betrag vor Adressengewichtung ist durch Multiplikation der Bemessungsgrundlage des Geschäftes mit dem Umrechnungsfaktor zu ermitteln (siehe Abbildung 12). Er beträgt für das erste Geschäft 19 250 DM (siehe Abbildung 13, Spalte 13).

Die Anrechnung auf den Grundsatz I erfolgt, indem das Kreditäquivalent oder der anrechnungspflichtige Betrag zunächst entsprechend der *Bonität* des Geschäftspartners gewichtet wird. Geschäfte, bei denen eine bonitätsmäßig einwandfreie Börseneinrichtung Schuldner oder Garant für das Kreditinstitut ist, erhalten – wie erwähnt – ein Bonitäts-

Nr	Geschaft	Nominal-betrag	Wahrung	Kontrakt-Termin-preis	Abschluß-Datum	Erfullungs-Datum	Ursprungs-Laufzeit	Rest-Laufzeit	Heutiges Datum: 1.4.1995 Termin-preis	Kassa-preis
									Heutiges Datum: 1.4.1995	
	(1)	(2)	(3)	(4)	(5)	(6)	(7)	(8)	(9)	(10)
1	Terminkauf	100.000	US-$	1,70	01 07 1994	31.12.1997	3,50	2,75	1,80	1,75
2	Terminverkauf	90.000	US-$	1,80	01.04.1995	31.12.1997	2,75	2,75	1,80	1,75
3	Terminkauf	50.000	Pfund	2,70	01.07.1992	28 02 1996	3,66	0,91	2.55	2,60

Abbildung 11: OTC-Fremdwährungstermingeschäfte mit einer inländischen Bank

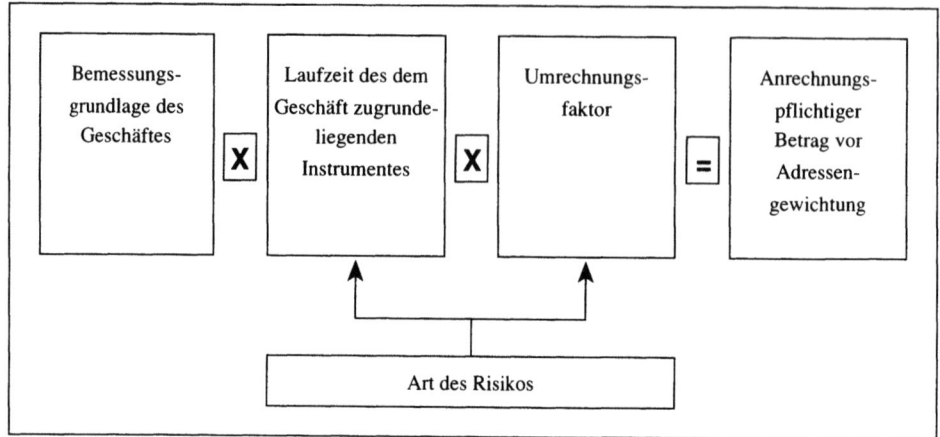

Abbildung 12: Ermittlung der Kreditrisikoäquivalente nach der Laufzeitmethode

gewicht von 0 Prozent. Bei Geschäften mit privaten Nichtbanken gilt eine weitere Besonderheit: maximal kann ein Bonitätsgewichtungsfaktor in Höhe von 50 Prozent in Ansatz gebracht werden („*50-Prozent-Cap*").

Daran anschließend müssen die gewichteten anrechnungspflichtigen Beträge mit 8 Prozent Eigenkapital unterlegt werden (Solvabilitätskoeffizient). Für die Beispielgeschäfte in Abbildung 13 ergibt sich eine Kapitalanforderung in Höhe von 739 DM (siehe Spalte 13 und 16).

Nr.	Bemessungs-Grundlage in DM (Nominalbetrag in DM umgerechnet)	Ursprungs-Laufzeit	Umrech-nungs-faktor	Anrechnungs-pflichtiger Betrag/ Kredit-äquivalent	Bonitäts-gewicht inländische Bank	Solvabilitäts-koeffizient	Kapital-anforderung
	(11) = (2)x(10)	(7)	(12)	(13)=(11)x(12)	(14)	(15)	(16)=(13)x(14)x(15)
1	175.000	3,50	11,00 %	19.250	20 %	8 %	308
2	157.500	2,75	8,00 %	12.600	20 %	8 %	202
3	130.000	3,66	11,00 %	14.300	20 %	8 %	229
						Summe =	**739**

Abbildung 13: Berechnung der Kapitalanforderung nach der Laufzeitmethode

4.2.4 Marktbewertungsmethode

Bei der Marktbewertungsmethode („*Current Exposure Method*") ergibt sich der Kreditäquivalenzbetrag eines derivativen Geschäfts aus der Höhe des derzeit bereits eingetretenen Risikos (aktueller Marktwert, gegenwärtige Ersatzkosten, „Current Exposure"), vermehrt um eine Schätzung der während der Restlaufzeit des Kontraktes möglichen Risikoerhöhung (Zuschlagswert, „Add-on" für das „Potential Future Exposure").

48

Zur Bestimmung des *Zuschlagswertes* wird – analog zur Laufzeitmethode – die Bemessungsgrundlage aller Geschäfte mit einem Umrechnungsfaktor multipliziert. Es gilt derzeit noch die gleiche Zweiteilung zwischen reinen Zinsrisiken und den übrigen Risikoarten-Geschäften wie bei der Laufzeitmethode (siehe Abbildung 14):[25]

- Zinskontrakte mit (Rest-) Laufzeiten bis zu einem Jahr bleiben anrechnungsfrei. Für Zinsgeschäfte mit (Rest-) Laufzeiten von mehr als einem Jahr gilt einheitlich ein Zuschlagsfaktor in Höhe von 0,5 Prozent.
- Bei allen anderen Geschäften gelten Sätze von 1 Prozent und 5 Prozent.

(Rest-) Laufzeit	bis zu 1 Jahr	mehr als 1 Jahr
Zinsrisiko	0,0 Prozent	0,5 Prozent
Wechselkurs- oder Sonstige Preisrisiken	1,0 Prozent	5,0 Prozent

Abbildung 14: Umrechnungsfaktoren der Marktbewertungsmethode

Für das Fremdwährungstermingeschäft Nr. 2 in dem Beispiel mit einer Restlaufzeit von 2,75 Jahren ergibt sich demnach ein Umrechnungsfaktor in Höhe von 5 Prozent (siehe Abbildung 15, Spalte 8 und 18).

Zur Bestimmung der *Ersatzkosten* werden die Geschäfte zu den aktuellen Marktpreisen bewertet; sie werden mit ihren potentiellen Wiederbeschaffungskosten angerechnet, die bei einem Ausfall des Vertragspartners entstehen (siehe Abbildung 15). Es werden nur Geschäfte mit „*positivem Wert*" berücksichtigt, bei denen für den Fall einer aktivischen Position (z. B. Terminkauf einer Währung) die Differenz zwischen den (ungünstigeren) Marktkonditionen zum Bewertungsstichtag und den vertraglichen Bedingungen positiv ist. In diesem Fall würde mit dem Ausfall des Kontrahenten ein potentieller Gewinn des Kreditinstitutes entfallen: Es könnte zu einem günstigeren Kurs als dem Marktkurs beispielsweise Dollars kaufen. Nicht angerechnet werden die Marktwerte von Geschäften mit „*negativem Wert*", bei denen für das Institut durch den Ausfall des Geschäftspartners ein potentieller Verlust vermieden wird: Das Institut müßte zu einem ungünstigeren als dem Marktkurs Dollars kaufen. Diese Geschäfte dürfen nicht gegen Geschäfte mit positivem Wert aufgerechnet werden (siehe Abbildung 15, Spalten 21, 22 und 23), sofern nicht die weiter unten dargestellten Nettingvereinbarungen anwendbar sind.

Die Anrechnung auf den Grundsatz I erfolgt, indem das Kreditäquivalent als Summe des Zuschlagsfaktors und der Ersatzkosten entsprechend der Bonität des Geschäftspartners ge-

---

25 Im Baseler Ausschuß für Bankenaufsicht werden Überlegungen angestellt, zur besseren Erfassung der unterschiedlichen Risikoarten künftig zwischen fünf Risikoarten (Zinsänderungsrisiko, Wechselkurs- und Goldpreisrisiken, Aktienkursrisiken, Sonstige Edelmetallpreisrisiken und Sonstige Risiken) und drei Laufzeitbereichen (weniger als ein Jahr, ein bis zu fünf Jahren und fünf Jahre und mehr) zu unterscheiden. Die erweiterte „Add-on-Matrix" sieht für die neu hinzugekommenen Risiken und Laufzeiten höhere Sätze als bisher vor (von 6 bis 15 Prozent).

Schritt 1: Berechnung des Zuschlagswertes (Add-on)							
Nr.	Bemessungs- grundlage in DM (Nominalbetrag in DM umgerechnet)	Rest- laufzeit	Umrech- nungs- faktor	Anrechnungs- pflichtiger Betrag/ Kredit- äquivalent	Bonitäts- gewicht inländische Bank	Solvabilitäts- koeffizient	Zuschlags- faktor (Add-on)
	(17) = (2)x(10)	(8)	(18)	(19)=(17)x(18)	(14)	(15)	(20)=(19)x(14)x(15)
1	175.000	2,75	5 %	8.750	20 %	8 %	140
2	157.500	2,75	5 %	7.875	20 %	8 %	126
3	130.000	0,91	1 %	1.300	20 %	8 %	21
						Summe =	287

Schritt 2: Berechnung der Ersatzkosten							
Nr.	Kontraktwert zu Vertrags- konditionen	zu aktuellen Marktkond. für einen vergleichbaren Kontrakt	Bewertungs- gewinn/ -verlust	Anrechnungs- pflichtiger Betrag = Kontrakte mit positivem Wert	Bonitäts- gewicht inländische Bank	Solvabilitäts- koeffizient	Ersatz- kosten
	(21) = (2)x(4)	(22)=(2)x(9)	(23)=(22)–(21)	(24)	(14)	(15)	(25)=(24)x(14)x(15)
1	170.000	180.000	10.000	10.000	20 %	8 %	160
2	162.000	162.000	0	0	20 %	8 %	0
3	135.000	127.500	–7.500	0	20 %	8 %	0
						Summe =	160

Schritt 3: Berechnung der Eigenkapitalanforderung			
Eigenkapitalanforderung = Add-on + Ersatzkosten =	287 +	160 =	447

Abbildung 15: Berechnung der Kapitalanforderung nach der Marktbewertungsmethode

wichtet wird und mit 8 Prozent Eigenkapital zu unterlegen ist. Die Nullgewichtung für Bör-seneinrichtungen und der „50-Prozent-Cap" gelten auch hier.

Für die Geschäfte in unserem Beispiel ergibt sich nach der Marktbewertungsmethode eine deutlich geringere Kapitalanforderung in Höhe von 447 DM als bei der Laufzeit-methode (siehe Abbildung 15, Schritt 3).

Bei der Marktbewertungsmethode berechnet sich der Kreditäquivalenzbetrag eines inno-vativen Geschäftes somit aus der Addition des Betrages des derzeit bereits eingetretenen Risikos und des Schätzwertes für das mögliche künftige Risiko, während die Laufzeitme-thode das gesamte Kreditrisiko mit konstanten Faktoren auf der Grundlage des ur-sprünglichen Geschäftswertes schätzt (siehe Abbildung 16 und 17).

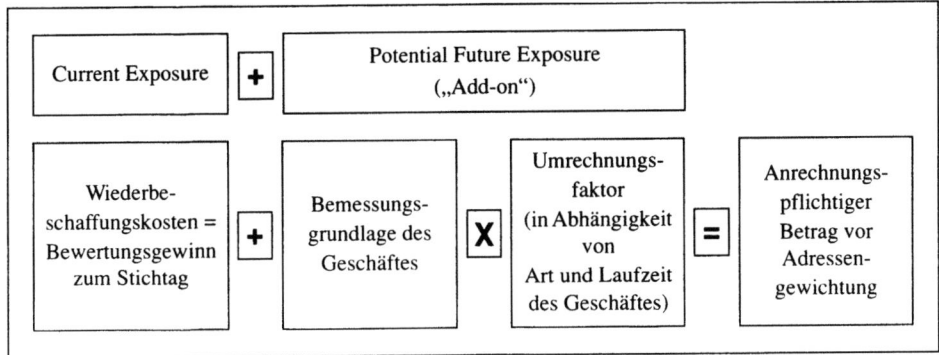

Abbildung 16: Ermittlung der Kreditrisikoäquivalente nach der Marktbewertungsmethode

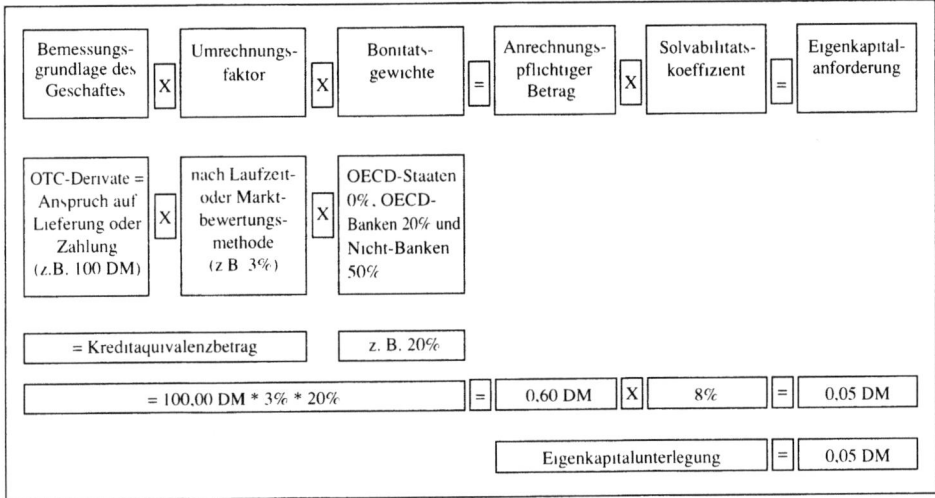

Abbildung 17: Ermittlung der Eigenmittelunterlegung „innovativer" bilanzunwirksamer Geschäfte

4.2.5 Nettingverfahren

Unter „*Netting*" versteht man im Rahmen der Risikobetrachtung des Grundsatzes I das Verrechnen zweier gegenläufiger Zahlungs- und/oder Lieferansprüche aufgrund bestehender gesetzlicher Vorschriften oder einzelvertraglicher Bestimmungen. Das Adressenausfallrisiko aus den Geschäften eines Kreditinstituts mit demselben Geschäftspartner wird durch eine rechtsverbindliche Nettingvereinbarung von einem Brutto- auf einen *Nettobetrag* reduziert. Aus diesem Grund ist es auch unter bankaufsichtlichen Aspekten gerechtfertigt, diesen Nettobetrag – und nicht mehr die Summe der Bruttobeträge der in das „Netting" eingehenden Geschäfte – im Grundsatz I (oder auf internationaler Ebene im Kapitalkoeffizienten nach der Baseler Eigenmittelübereinkunft) anzurechnen.

Grundlage und *Voraussetzung* ist allerdings, daß Nettingvereinbarungen auch tatsächlich risikoreduzierend wirken, das heißt, daß im Konkurs des Geschäftspartners die Nettingvereinbarungen auch vor Gericht Bestand haben. Es darf nicht sein, daß ein Konkursverwalter das Recht hat – wie bis in jüngster Zeit in der deutschen Konkursordnung –, sich die „Rosinen aus dem Kuchen" zu picken („*Cherry Picking*"), also nur die für die Konkursmasse günstigen Geschäfte zu erfüllen und bei allen anderen die Erfüllung abzulehnen.

Der Grundsatz I berücksichtigt – wie die Baseler Eigenkapitalübereinkunft und die Solvabilitätsrichtlinie – nur das bilaterale „*Novationsnetting*" („Netting by Novation") als risikoreduzierend und folglich anrechnungsmindernd. Im April 1993 hat der Baseler Ausschuß für Bankenaufsicht den internationalen Banken und Bankenverbänden eine Änderung der Baseler Eigenkapitalübereinkunft unter dem Titel „Aufsichtliche Anerkennung des Nettings bei der Eigenkapitalberechnung"[26] („Netting-Konsultationspapier") vorgelegt, die dann nach Auswertung der Konsultationsergebnisse mit einem weiteren Baseler Papier Mitte 1994[27] vollzogen wurde. Ziel der Änderung ist es, zusätzlich zum „Novationsnetting" auch das „Netting durch Close-out" bei der Anrechnung von Risikoaktiva, insbesondere bei außerbörslichen (OTC-) Finanzderivaten, zu berücksichtigen.

4.2.5.1 Netting durch Novation

Beim bilateralen „*Netting durch Novation*" werden bestehende und neu abgeschlossene Kontrakte zwischen zwei Parteien, die Liefer- oder Zahlungsansprüche in derselben Währung am selben Erfüllungstag zum Gegenstand haben, durch einen einzigen „*Nettokontrakt*" ersetzt. Die in das Novationsnetting eingehenden Geschäfte gehen juristisch unter und bestehen nicht mehr. Konkursrechtliche Probleme entstehen nicht.

Die Wirkungsweise des Novationsnettings wird aus Abbildung 18 deutlich. Nur die Geschäfte 1 und 2 unseres Beispiels erfüllen die genannten Bedingungen, da sie auf dieselbe Währung (US-Dollar) lauten und dasselbe Erfüllungsdatum (31. Dezember 1997) aufweisen, und können deshalb in einen Novationskontrakt überführt werden. Die ursprünglichen Geschäfte 1 und 2 gehen unter und werden in allen ihren Ansprüchen und Verpflichtungen für beide beteiligten Parteien durch den Novationskontrakt 1/2 ersetzt. Seine konkrete Ausgestaltung, insbesondere sein Nominalbetrag und die bei Erfüllung bestehenden Leistungspflichten (welche Partei muß Dollars liefern, welche Partei muß DM zahlen und welcher „Terminpreis" des Novationskontraktes ergibt sich hieraus) wird durch die Saldierung der Zahlungsströme (Cash-flows) der Einzelkontrakte bestimmt:

Geschäft Nr. 1	Kauf	+100.000 US-$	für	– 170.000 DM
Geschäft Nr. 2	Verkauf	– 90.000 US-$	für	+162.000 DM
Novation Nr. 1/2	Kauf	+ 10.000 US-$	für	– 8.000 DM

---

26 Vgl. Baseler Ausschuß für Bankenaufsicht (1993) und Schulte-Mattler (1994c).
27 Vgl. Baseler Ausschuß für Bankenaufsicht (1994c).

Nr.	Geschäft	Nominal-betrag	Währung	Kontrakt-Termin-preis	Abschluß-Datum	Erfüllungs-Datum	Ursprungs-Laufzeit	Rest-Laufzeit	Heutiges Datum: 1.4.1995 Termin-preis	Kassa-preis
(1)	(2)	(3)	(4)	(5)	(6)	(7)	(8)	(9)	(10)
1/2*	Terminkauf	10.000	US-$	0,80	01.04.1995	31.12.1997	2,75	2,75	1,80	1,75
3	Terminkauf	50.000	Pfund	2,70	01.07.1992	28.02.1996	3,66	0,91	2,55	2,60
* Verrechnung der Zahlungsströme der Geschäfte Nr. 1 und 2										

Abbildung 18: OTC-Fremdwährungstermingeschäfte nach Novation mit inländischer Bank

Für das Kreditinstitut ergibt sich aus dem Novationskontrakt ein Abnahmeanspruch in Höhe von 10 000 US-Dollar und eine Lieferverpflichtung von 8 000 DM. Rechnerisch ist also für jeden gekauften US-Dollar ein Terminpreis in Höhe von 0,80 DM in dem Novationskontrakt festzusetzen. Diese Angaben sind für die grundsatzmäßige Anrechnung des Novationskontrakts im Grundsatz I letztlich maßgebend. Die Zusammenfassung von 1 und 2 im Novationskontrakt führt dazu, daß der zum Zeitpunkt des letzten Geschäftsabschlusses, das heißt der letzten Veränderung des Novationskontraktes, bestehende Marktwert (Netto-Bewertungsgewinn oder -verlust) für alle in die Novation einbezogenen Kontrakte zur Bemessungsgrundlage wird.

Bei Anwendung der *Laufzeitmethode* wird aufgrund der verminderten Bemessungsgrundlage und der Verkürzung der anzusetzenden Ursprungslaufzeit die Eigenkapitalanforderung deutlich reduziert (siehe Abbildung 13, Spalte 16 und Abbildung 19, Spalte 16).

Nr.	Bemessungs-grundlage in DM (Nominalbetrag in DM umgerechnet)	Ursprungs-laufzeit	Umrech-nungs-faktor	Anrechnungs-pflichtiger Betrag/Kredit-äquivalent	Bonitäts-gewicht inländische Bank	Solvabilitäts-koeffizient	Kapital-anforderung
	(11) = (2)x(10)	(7)	(12)	(13)=(11)x(12)	(14)	(15)	(16)=(13)x(14)x(15)
1/2	17.500	2,75	8,00 %	1.400	20 %	8 %	22
3	130.000	3,66	11,00 %	14.300	20 %	8 %	229
						Summe =	**251**
Veränderung gegenüber Kapitalanforderungen ohne Netting							– 66,01%

Abbildung 19: Berechnung der Kapitalanforderung nach der Laufzeitmethode (Netting durch Novation)

Bei der *Marktbewertungsmethode* kommt es in ähnlicher Weise zu einer Anrechnungsverminderung: aufgrund der geringeren Bemessungsgrundlage verringert sich der Zuschlagsfaktor. Der Marktwert und damit die Höhe der Ersatzkosten bleiben hingegen unverändert. Dies liegt darin begründet, daß das Geschäft Nr. 2 am Abschlußtag (1. April 1995) keinen Bewertungsverlust aufweist, der den Bewertungsgewinn aus dem Geschäft Nr. 1 und damit den anrechnungspflichtigen Betrag des Novationskontraktes vermindern könnte (siehe Abbildung 15, Spalte 25, und Abbildung 20, Spalte 24).

Schritt 1: Berechnung des Zuschlagswertes (Add-on)							
Nr.	Bemessungs- grundlage in DM (Nominalbetrag in DM umgerechnet)	Rest- laufzeit	Umrech- nungs- faktor	Anrechnungs- pflichtiger Betrag/ Kredit- äquivalent	Bonitäts- gewicht inländische Bank	Solvabilitäts- koeffizient	Zuschlags- faktor (Add-on)
	$(17) = (2)\times(10)$	(8)	(18)	$(19)=(17)\times(18)$	(14)	(15)	$(20)=(19)\times(14)\times(15)$
1/2	17.500	2,75	5 %	875	20 %	8 %	14
3	130.000	0,91	1 %	1.300	20 %	8 %	21
						Summe =	35

Schritt 2: Berechnung der Ersatzkosten							
Nr.	Kontraktwert zu Vertrags- konditionen	zu aktuellen Marktkond. für einen vergleichbaren Kontrakt	Bewertungs- gewinn/ -verlust	Anrechnungs- pflichtiger Betrag = Kontrakte mit positivem Wert	Bonitäts- gewicht inländische Bank	Solvabilitäts- koeffizient	Ersatz- kosten
	$(21) = (2)\times(4)$	$(22)=(2)\times(9)$	$(23)=(22)-(21)$	(24)	(14)	(15)	$(25)=(24)\times(14)\times(15)$
1/2	8.000	18.000	10.000	10.000	20 %	8 %	160
3	135.000	127.500	−7.500	0	20 %	8 %	0
						Summe =	160

Schritt 3: Berechnung der Eigenkapitalanforderung		
Eigenkapitalanforderung = Add-on + Ersatzkosten =	35 + 160 =	195
Veränderung gegenüber Kapitalanforderungen ohne Netting		−56,40%

Abbildung 20: Berechnung der Kapitalanforderung nach der Marktbewertungsmethode (Netting durch Novation)

4.2.5.2 Netting durch „Close-out"

Nach der Baseler Erweiterung der Eigenkapitalübereinkunft ist eine *Voraussetzung* für die Zulassung weitergehender, zu Anrechnungsminderung oder -freistellung führender Nettingverfahren, daß diese entsprechend den „Minimum Standards for Netting Schemes" des „Lamfalussy-Reports"[28] in allen beteiligten Ländern rechtlich anerkannt, das heißt konkursfest sind. Dies wird dahingehend präzisiert, daß jedes andere Nettingverfahren neben dem „Netting durch Novation" von der jeweils zuständigen Aufsichtsbehörde nur dann zugelassen werden soll, wenn das Kreditinstitut nachweist,[29] daß

- den Geschäften mit einem Kunden eine Nettingvereinbarung zugrundeliegt, die alle vertraglich vereinbarten, noch nicht fälligen Verbindlichkeiten und Forderungen gegenüber einer Bank durch eine einzige Zahlung ausgleicht, sobald eines von mehreren genau festgelegten Ereignissen eintritt (z.B. die Bestellung eines Liquidators),
- es „Legal Opinions" hat, die in den jeweiligen Ländern der Geschäftspartner von den zuständigen Gerichten anerkannt werden,

---

28 Vgl. Bank für Internationalen Zahlungsausgleich (1990), Anhang I.
29 Vgl. Baseler Ausschuß für Bankenaufsicht (1994c), Anhang I, Seite 1 f.

● es Verfahren gibt, die im Hinblick auf mögliche gesetzliche Änderungen eine Aktualisierung der Nettingvereinbarungen sicherstellen.

Der Baseler Ausschuß für Bankenaufsicht erkennt insbesondere das „*Netting by Close-
out*" bankaufsichtlich an, das heißt Nettingverfahren mit Liquidationsklauseln. Dieses Verfahren sieht das automatische Glattstellen der Kontrakte durch Saldierung vor, sobald eines von mehreren genau festgelegten Ereignissen eintritt (z.B. die Zahlungsunfähigkeit eines Teilnehmers, Bestellung eines Liquidators o.ä.). In diesem Falle werden alle vertraglich
vereinbarten, noch nicht fälligen Ansprüche und Verpflichtungen durch eine einzige Zahlung ausgeglichen.

Bei der *Laufzeitmethode* ist eine stichtagsbezogene Saldenverrechnung der Kontrakte nicht
möglich, da keine aktuelle Marktbewertung stattfindet, sondern nur ein Abschätzen des
Ausfallrisikos mittels der ursprünglich vereinbarten Nominalbeträge der Geschäfte. Diese
Schwierigkeit mit der Laufzeitmethode, die ohnehin im internationalen Vergleich als sehr
rohes und eher ungeeignetes Risikomeßverfahren angesehen wird, hat den Baseler Ausschuß dazu bewogen, diese Methode für die Ermittlung der Eigenkapitalunterlegung für
Finanzderivate entfallen zu lassen, sobald die angestrebten Regelungen für die Eigenmittelunterlegung von Marktrisiken in Kraft gesetzt worden sind, wobei dann nationale Übergangsfristen von maximal einem Jahr erlaubt sind. In der Zwischenzeit soll der risikoreduzierende Effekt eines erweiterten Nettings, der auf Grundlage von Rechnungen mit verschiedenen repräsentativen Portefeuilles aus OTC-Geschäften abgeschätzt wurde, in den
Umrechnungssätzen berücksichtigt werden. Vorgesehen ist, die bestehenden Umrechnungssätze pauschal um rund 25 Prozent zu senken (siehe Abbildung 21).

Laufzeit	bis zu 1 Jahr	mehr als 1 Jahr
Zinsrisiko (Restlaufzeit)	0,35 Prozent	0,75 Prozent für jedes volle und nicht vollendete Jahr, abzüglich 0,75 Prozent
Wechselkurs- oder Sonstige Preisrisiken (Ursprungslaufzeit)	1,5 Prozent	2,25 Prozent für jedes volle und nicht vollendete Jahr, abzüglich 0,75 Prozent

Abbildung 21: Umrechnungsfaktoren der Laufzeitmethode beim Close-out-Netting

Die verminderten Sätze wären in unserem Beispiel auf die Bemessungsgrundlagen
der Geschäfte anzuwenden. Für das Geschäft Nr. 3 mit der Ursprungslaufzeit von 3,66
Jahren (siehe Abbildung 22, Spalte 7) ergibt sich ein Umrechnungsfaktor in Höhe von
8,25 Prozent (= 4 Jahre x 2,25 Prozent – 0,75 Prozent). Es ergibt sich eine weitere
Reduzierung der Eigenkapitalanforderung gegenüber der Berechnung mit Netting
durch Novation um 25 Prozent auf 188 DM.

Bei der *Marktbewertungsmethode* werden beim Close-out-Netting die Ersatzkosten von
gegenläufigen Kontrakten mit einem Kontrahenten miteinander saldiert. Es werden also die
Netto- anstatt der Brutto-Wiederbeschaffungskosten berücksichtigt, sofern diese positiv
sind.

Nr.	Bemessungsgrundlage in DM (Nominalbetrag in DM umgerechnet)	Ursprungslaufzeit	reduzierter Umrechnungsfaktor	Anrechnungspflichtiger Betrag/ Kreditäquivalent	Bonitätsgewicht inländische Bank	Solvabilitätskoeffizient	Kapitalanforderung
	(11) = (2)x(10)	(7)	(12)	(13)=(11)x(12)	(14)	(15)	(16)=(13)x(14)x(15)
1/2	17.500	2,75	**6,00 %**	1.050	20 %	8 %	17
3	130.000	3,66	**8,25 %**	10.725	20 %	8 %	172
						Summe =	**188**
Veränderung gegenüber Kapitalanforderungen ohne Netting							− 74,51%

Abbildung 22: Berechnung der Kapitalanforderung nach der Laufzeitmethode (Netting durch Close-out)

In dem Beispiel wären bei der Berechnung der Ersatzkosten positive und negative Kontrakte, also Bewertungsgewinne und -verluste, gegeneinander aufzurechnen. Nur ein positiver Nettowert (insgesamt ergeben alle Kontrakte mit dem Geschäftspartner „inländische Bank" zusammengefaßt einen potentiellen Gewinn am Bewertungsstichtag) wird in den weiteren Berechnungen berücksichtigt (siehe Abbildung 23, Spalte 23 und 24).

Die Berechnung der *Zuschläge* für zuünftige Risikoerhöhungen in der *Marktbewertungsmethode* („Add-on") auf der Grundlage der zugrundeliegenden nominalen Bruttokapitalerträge soll nach den Vorstellungen des Baseler Ausschusses zu einem späteren Zeitpunkt ebenfalls geändert werden. Die bestehenden Zuschlagsfaktoren sollen – einem Vor-

Schritt 1: Berechnung des Zuschlagswertes (Add-on)							
Zuschlagswert (siehe Abbildung 20) =							**35**
Schritt 2: Berechnung der Ersatzkosten							
Nr.	Kontraktwert zu Vertragskonditionen	zu aktuellen Marktkond. für einen vergleichbaren Kontrakt	Bewertungsgewinn/ -verlust	Anrechnungspflichtiger Betrag = Kontrakte mit positivem Wert	Bonitätsgewicht inländische Bank	Solvabilitätskoeffizient	Ersatzkosten
	(21)=(2)x(4)	(22)=(2)×(9)	(23)=(22)–(21)	(24)	(14)	(15)	(25)=(24)x(14)x(15)
1/2	8.000	18.000	10.000				
3	135.000	127.500	−7.500				
		Netto =	2.500	2.500	20 %	8 %	40
						Summe =	**40**
Schritt 3: Berechnung der Eigenkapitalanforderung							
Eigenkapitalanforderung = Add-on + Ersatzkosten =				35 +	40 =		**75**
Veränderung gegenüber Kapitalanforderungen ohne Netting							−83,26%

Abbildung 23: Berechnung der Kapitalanforderung nach der Marktbewertungsmethode (Netting durch Close-out)

schlag der International Swaps und Derivatives Association (ISDA) folgend – mit einer „*Netto-Brutto-Verhältniszahl*" („Net-Gross-Ratio") abgesenkt werden. Die „*NBV-Zahl*" setzt die Nettoersatzkosten in ein Verhältnis zu den Bruttoersatzkosten. Die *Nettoersatzkosten* ergeben sich auf der Grundlage eines vereinbarten Nettingvertrages mit einem Kunden durch die Verrechnung der anrechnungspflichtigen Geschäfte mit „positivem Wert" mit den nicht anrechnungspflichtigen Geschäften mit „negativem Wert". Die *Bruttoersatzkosten* berücksichtigen hingegen nur die anrechnungspflichtigen Geschäfte mit „positivem Wert". Die NBV-Zahl, genauer die um Eins verminderte Zahl, beschreibt damit die prozentuale Reduzierung der Ersatzkosten durch das Netting der bestehenden gegenseitigen Forderungen und Verbindlichkeiten mit einem Kunden (siehe Abbildung 24[30]).

Transaktionen	Kunde A		Kunde B		Kunde C	
	Nominalwert des Geschäftes	Marktwert des Geschäftes	Nominalwert des Geschäftes	Marktwert des Geschäftes	Nominalwert des Geschäftes	Marktwert des Geschäftes
Geschäft 1	100	10	50	8	30	–3
Geschäft 2	100	–5	50	2	30	1
a) Bruttoersatzkosten (BEK)		10		10		1
b) Nettoersatzkosten (NEK)		5		10		0
c) NBV pro Kunde = NEK/BEK	0,5 (=5 / 10)		1,0 (=10 / 10)		0,0 (=0 / 1)	
d) NBV aggregiert	$\sum$ NEK /$\sum$ BEK = 15 /21 = 0.71					

Abbildung 24: Bestimmung der „Netto-Brutto-Verhältniszahl" (NBV) in der Marktbewertungsmethode

Der „*modifizierte Zuschlagswert*" für die Gesamtheit der „*genetteten*" Geschäfte (ZWG) mit einem Kunden ergibt sich als die Summe der Zuschlagswerte der Einzelgeschäfte ZW (unter Zugrundelegung der bisherigen Berechnungssystematik, siehe Schritt 1 in Abbildung 20) vermindert um 60 Prozent der prozentualen Reduzierung der Ersatzkosten durch das Netting. Formelmäßig läßt sich dieser Sachverhalt wie folgt darstellen (siehe Abbildung 25):

$$ZWG = 0,4 \times ZW + 0,6 \times ZW \times NBV = ZW \times (0,4 + 0,6 \times NBV)$$

Man erkennt, daß der modifizierte Zuschlagswert ZWG regelmäßig kleiner als die Summe der Zuschlagsfaktoren ZW ist. Der Reduzierungseffekt beträgt 60 Prozent mal NBV. Ist beispielsweise NBV = 50 Prozent, so wäre der Entlastungseffekt auf den bisherigen „alten" Zuschlagswert 30 Prozent (= 60 Prozent × 50 Prozent). Offen ist noch die Frage, ob dieses Verfahren nur pro Kunde (wie hier beschrieben) oder auch auf einer aggregierten Basis angewendet werden kann (siehe Abbildung 24, Zeile d und 25, Zeile h).

---

30 Vgl. Baseler Ausschuß für Bankenaufsicht (1994c), Seite 3.

Transaktionen	Kunde A		Kunde B		Kunde C	
	Nominal-wert des Geschäftes	Zuschlags-faktor (Add-on)	Nominal-wert des Geschäftes	Zuschlags-faktor (Add-on)	Nominal-wert des Geschäftes	Zuschlags-faktor (Add-on)
Geschäft 1	100	0,5	50	0,4	30	0,1
Geschäft 2	100	0,7	50	0,2	30	0,1
a) Summe der Zu-schlagswerte (ZW)		1,2		0,6		0,2
b) ZW aggregiert	2,0					
c) 40 Prozent x ZW		0,48		0,24		0,08
d) 40 Prozent x ZW aggregiert	0,8					
e) NBV pro Kunde	0,5		1,0		0,0	
f) NBV aggregiert	0,71					
g) Modifizierter Zuschlagswert pro Kunde ZWG = (c) + 0,6 x (a) x (e)	0,84 (= 0,48 + 0,6 x 1,2 x 0,5 = 0,48 + 0,36)		0,60 (= 0,24 + 0,6 x 0,6 x 1,0 = 0,24 + 0,36)		0,08 (= 0,08 + 0,6 x 0,2 x 0)	
h) Modifizierter Zuschlagswert aggregiert ZWG = (d) + 0,6 x (b) x (f)	1,652 (= 0,8 + 0,6 x 2,0 x 0,71 = 0,8 + 0,852)					

Abbildung 25: Bestimmung der „modifizierten Zuschlagswerte" in der Marktbewertungsmethode

Diese nur *anteilsmäßige Berücksichtigung* des Nettingeffektes ist keine genaue Erfassung, sondern nur eine grobe Schätzung des Effektes, den eine Verringerung des derzeitigen Risikos aufgrund von Nettingvereinbarungen auf das zukünftige Risiko hat. Ein Institut muß zudem immer Eigenkapital für das künftige Risiko vorhalten, auch wenn sich die betrachteten Geschäfte vollständig kompensieren. Der Zuschlagswert für die Gesamtheit der „genetteten" Geschäfte kann also niemals Null werden.

Die Anrechnung der genetteten Geschäfte auf die Baseler Eigenkapitalnorm erfolgt, indem das Kreditäquivalent als Summe des Zuschlagsfaktors und der Ersatzkosten entsprechend der Bonität des Geschäftspartners gewichtet und mit 8 Prozent Eigenkapital unterlegt wird (siehe Abbildung 23, Schritt 2 und 3). Für die Geschäfte ergibt sich eine Kapitalanforderung in Höhe von 75 DM; dies ist eine risikoadäquate Reduzierung der Eigenkapitalanforderung gegenüber der Berechnung ohne Netting um mehr als 80 Prozent.

Von der Änderung der Nettingvorschriften der Baseler Eigenkapitalübereinkunft sind zunächst nur international tätige Banken betroffen. Eine gleichlautende Änderung der Solvabilitätsrichtlinie wird in Brüssel – parallel zu den Baseler Arbeiten – schon vorbereitet.[31] Nach der Richtlinienänderung können dann die erweiterten Nettingmöglichkeiten auch im Rahmen des Grundsatzes I nach entsprechender Ergänzung berücksichtigt werden.

---

31 Vgl. EG-Kommission (1994b).

4.2.6 Beispiel für die Ermittlung der Eigenmittelunterlegung für innovative bilanzunwirksame Geschäfte

Zusammenfassend soll die Berechnung der Eigenmittelanforderung für „innovative" bilanzunwirksame Geschäfte anhand eines Beispiels sowohl unter Anwendung der Laufzeit- als auch der Marktbewertungsmethode verdeutlicht werden.

Geschäftsvorfall: Terminverkauf festverzinslicher Wertpapiere, Nominalbetrag 10 Mio. DM zu 98 Prozent, Kontraktpartner amerikanische Bank, Kassakurs am Meldestichtag 96 Prozent, Ursprungslaufzeit sechs Jahre, Restlaufzeit vier Jahre.

Laufzeitmethode:

Schritt 1: *Bestimmung des Kreditäquivalents*
a) Bemessungsgrundlage = Nominalbetrag (10 Mio. DM) x Kassakurs (96 Prozent) = 9,6 Mio. DM
b) Umrechnungsfaktor (4 Jahre Restlaufzeit) = 4 x 1 Prozent – 1 Prozent = 3 Prozent
c) Kreditäquivalent = Bemessungsgrundlage (9,6 Mio. DM) x Umrechnungsfaktor (3 Prozent) = 288 000 DM

Schritt 2: *Bestimmung der Eigenmittelunterlegung*
a) Anrechnungspflichtiger Betrag = Kreditäquivalent (288 000 DM) x Bonitätsgewichtungsfaktor Bank der Präferenzzone (20 Prozent) = 57 600 DM
b) Eigenmittelunterlegungsbetrag = anrechnungspflichtiger Betrag (57 600 DM) x Kapitalunterlegungssatz (8 Prozent) = 4 608 DM

Marktbewertungsmethode:

Schritt 1: *Bestimmung des Kreditäquivalents*
a) Bestimmung der potentiellen Wiederbeschaffungskosten

aa) Vertragskondition = Nominalbetrag (10 Mio. DM) x Terminkurs des Grundgeschäftes (98 Prozent) = 9,8 Mio. DM
ab) Marktkondition = Nominalbetrag (10 Mio. DM) x Kassakurs des Ersatzgeschäftes (96 Prozent; als Ersatz für fehlenden Terminkurs) = 9,6 Mio. DM
ac) positiver Wert des Geschäftes (= potentieller Verlust) = (a) – (b) = 200 000 DM
b) Bestimmung des Zuschlagswertes (Add-on)
ba) Add-on = Bemessungsgrundlage (9,6 Mio. DM) x Umrechnungsfaktor (0,5 Prozent, 4 Jahre) = 48 000 DM
bb) Kreditäquivalent = Wiederbeschaffungskosten (200 000 DM) + Zuschlagswert (48.000 DM) = 248 000 DM

Schritt 2: *Bestimmung der Eigenmittelunterlegung*
a) Anrechnungspflichtiger Betrag = Kreditäquivalent (248 000 DM) x Bonitätsgewichtungsfaktor Bank der Präferenzzone (20 Prozent) = 49 600 DM
b) Eigenmittelunterlegungsbetrag = anrechnungspflichtiger Betrag (49 600 DM) x Kapitalunterlegungssatz (8 Prozent) = 3 968 DM

5. Eigenkapitalunterlegungsfaktor

Die Risikoaktiva werden – wie bereits erwähnt – mit Bonitätsgewichten versehen und in ihrer (gewichteten) Summe dem haftenden Eigenkapital gegenübergestellt. Nach dem Grundsatz I ist dabei ein „*Solvabilitätskoeffizient*" in Höhe von 8 Prozent einzuhalten (Eigenmittelsatz). Dieser Koeffizient wird definiert als der Prozentsatz, mit dem ein Kreditinstitut seine gewichteten anrechnungspflichtigen Geschäfte mit Eigenkapital, das heißt mit Kern- und Ergänzungskapital, mindestens unterlegen muß. Die Höhe des Eigenkapitals muß also mindestens 8 Prozent der gewichteten Risikoaktiva betragen:

Kernkapital + Ergänzungskapital $\geq$ 8 Prozent $\times$ Risikoaktiva.

Diese Relation kann auch dahingehend ausgedrückt werden, daß die Summe der Risikoaktiva das 12,5fache (= 1/0,08) des haftenden Eigenkapitals nicht übersteigen darf:

12,5 $\times$ (Kernkapital + Ergänzungskapital) $\geq$ Risikoaktiva.

Ergänzungskapital wird nur bis maximal in Höhe des Kernkapitals anerkannt, das heißt, ergänzend zu der 8-Prozent-Gesamtkapitalnorm gilt immer auch eine 4-Prozent-Norm, die auf das Kernkapital bezogen ist:

Kernkapital $\geq$ 4 Prozent $\times$ Risikoaktiva

oder

25 $\times$ Kernkapital $\geq$ Risikoaktiva.

Die 4-Prozent-Kernkapitalnorm im Grundsatz I gilt jedoch – im Unterschied zu der Solvabilitätsrichtlinie – nur dann, wenn Neubewertungsreserven nicht als Eigenkapitalbestandteil genutzt werden. Werden stille Reserven bei einem Institut als Ergänzungskapital anerkannt (bis maximal 1,4 Prozent der Risikoaktiva), so gilt für dieses Institut eine verschärfende 4,4-Prozent-Kernkapitalnorm:

Kernkapital $\geq$ 4,4 Prozent $\times$ Risikoaktiva

oder

22,73 $\times$ Kernkapital $\geq$ Risikoaktiva.

Will ein Kreditinstitut beispielsweise einen Kredit in Höhe von 100 Einheiten an einen Privatkunden ausreichen, so muß es dazu 8 Einheiten Eigenmittel vorhalten. Hat sich das Institut Neubewertungsreserven als Eigenkapital anerkennen lassen, so müssen von den 8 Einheiten mindestens 4,4 Einheiten Kernkapital sein. Wenn es nur über diese 8 Einheiten verfügt, dürfte es kein anderes mit Adressenausfallrisiken behaftetes Geschäft betreiben.

D. Eigenkapitalgrundsatz Ia

1. Limitierung von Preisrisiken

Im vorherigen Teil wurde gezeigt, wie der Eigenkapitalgrundsatz I das Ausfallrisiko (insbesondere das Kreditrisiko) erfaßt und bankaufsichtlich regelt. Unabhängig von den Eigenkapitalanforderungen nach dem Grundsatz I stehen im Eigenkapitalgrundsatz Ia die Risiken der Kreditinstitute aus offenen Marktrisikopositionen, das heißt mögliche Verluste bei für das Kreditinstitut ungünstigen Marktpreisentwicklungen im Mittelpunkt.[1]

Dabei bilden nicht nur die seit der Aufstellung des Grundsatzes im Jahre 1974[2] einbezogenen Fremdwährungspositionen und die im Jahre 1980[3] hinzugekommenen Edelmetallpositionen den Gegenstand der Grundsatzregelung. Mit der grundlegenden Neufassung im Jahr 1990 wurden auch Zinsänderungs- und Sonstige Preisrisiken einbezogen, allerdings nicht in dem weiten Umfang wie die Fremdwährungs- und Edelmetallpreisrisiken. Während im Fremdwährungs- und Edelmetallbereich nahezu alle Posten, die ein derartiges Preisrisiko aufweisen, vom Grundsatz Ia erfaßt werden, beschränkt er sich im Bereich der Zinsänderungsrisiken und der Sonstigen Preisrisiken auf offene Positionen, soweit sie durch die „innovativen" Geschäftsarten „Finanztermingeschäft"[4] und „Optionsgeschäft" risikoerhöhend (also nicht positionsschließend oder -vermindernd) begründet wurden.

Im Grundsatz Ia wird das sogenannte *Limitsystem* angewendet, das heißt, es wird getrennt nach Risikoarten für das Gesamtvolumen der offenen Positionen aus den einbeziehungspflichtigen Geschäften, die durch eine bestimmte Risikoart gekennzeichnet sind, ein spezifisches Limit festgesetzt, das sich regelmäßig am haftenden Eigenkapital des Institutes orientiert.[5] Eine Eigenkapitalunterlegung ist – im Unterschied zum Grundsatz I – also nicht erforderlich. Bei der Festlegung der Limite kommt es in aller Regel zu einer *„Mehrfachbelegung" des haftenden Eigenkapitals.* Teile der Eigenmittel eines Institutes, die zur Abdeckung von Ausfallrisiken im Grundsatz I zur Verfügung stehen müssen, können gleichzeitig auch als Bezugsgröße für die Limite im Grundsatz Ia verwendet werden. Damit ist ein Limitverfahren nicht in der Lage, die mögliche Kumulation von verschiedenartigen Ri-

---

1 Vgl. hierzu Deutsche Bundesbank (1990a, 1990b) sowie Rehm/Geiger (1990), Schulte-Mattler (1991) und Traber (1990b).
2 Nach dem Zusammenbruch des Kölner Bankhauses I.D. Herstatt aufgrund von Fremdwährungsspekulationen. Der Herstatt-Fall war das erste weithin sichtbare Signal für die Existenz neuer Gefahren und Risiken nach der Aufhebung des Wechselkurssystems von Bretton Woods mit seinen fixierten und von den Zentralbanken zu verteidigenden Wechselkursen und dem Übergang zum „Floating" im Jahre 1973.
3 Nach den Turbulenzen im Goldmarkt insbesondere im Januar 1980, wo am Londoner Goldmarkt Preissprünge von über 100 US-Dollar für die Unze Feingold von einem Tag auf den anderen zu verzeichnen waren (z.B. 17./18. Januar 1980: Preis + 97.25 US-Dollar. 22./23. Januar 1980 Preis -113,00 US-Dollar).
4 Wie beim Grundsatz I entscheidet die Marktusance über die Abgrenzung von Kassa- und Termingeschäften.
5 Vgl. beispielsweise Wiebke (1992), S. 440 ff. und Bitz (1988).

siken adäquat zu begrenzen.[6] Der Baseler Ausschuß für Bankenaufsicht hat trotz dieser methodischen Schwäche die Aufsichtsbehörden zur weiteren Anwendung des Limitverfahrens ermutigt, solange keine international einheitlichen Eigenkapitalunterlegungsnormen für mit Preisrisiken behaftete Geschäfte vereinbart sind.[7] Da zwischenzeitlich auf EU-Ebene Eigenkapitalnormen für Preisrisiken verabschiedet wurden, die im nächsten Teil E des vorliegenden Buches eingehend erörtern werden, kann die derzeitige Fassung des Grundsatzes Ia als Interimslösung angesehen werden.

Im Hinblick auf die Risikobegrenzung unterscheidet der Grundsatz Ia nach der *Art des Risikos*. Die anzurechnenden offenen Positionen dürfen

- im Fremdwährungs- und Edelmetallrisikobereich 21 Prozent,
- im Zinsrisikobereich 14 Prozent und
- im Bereich Sonstiger Preisrisiken 7 Prozent

der haftenden Mittel des Kreditinstitutes nicht überschreiten. Insgesamt gilt als Obergrenze die Summe der Einzelkontingente von 42 Prozent.[8]

Die Limite sind *täglich bei Geschäftsschluß* einzuhalten.[9] Mit dem Grundsatz Ia werden somit nur die „Overnight"-Positionen begrenzt, während für die Höhe der im Tagesverlauf eingegangenen offenen Positionen keine bankaufsichtlichen Normen existieren. Dies wird für bankaufsichtlich vertretbar gehalten, weil ein Kreditinstitut während des Tages, bei aktiven Märkten in seiner Zeitzone, ausreichend Möglichkeiten zum Eingreifen und Steuern besitzt, um auf ungünstige Marktpreisbewegungen umgehend zu reagieren.

Der Grundsatz Ia ist zwar täglich einzuhalten, die Kennziffern des Grundsatzes, also die Auslastung der Limite, ist jedoch nur zum Monatsultimo der Bankenaufsicht per Vordruck zu melden. Dabei besteht im Sinne einer „Bagatellregelung" eine *Meldepflicht* für die einzelnen Risikobereiche nur dann, wenn die Summe der Nominalbeträge

- der Aktiv- und Passivpositionen in fremden Währungen und Edelmetallen den Betrag von 1 Mio. DM,
- der Zinsgeschäfte den Betrag von 4 Mio. DM und
- von Geschäften mit Sonstigen Preisrisiken den Betrag von 500 000 DM

überschreitet. Zu melden ist auf jeden Fall, wenn die Gesamtheit der offenen Positionen des Grundsatzes Ia insgesamt mehr als 10 Prozent der haftenden Mittel ausmacht.

---

6 Vgl. Professoren-Arbeitsgruppe (1987), S. 286. Offene Marktrisikopositionen konkurrieren auch unter einem Limitsystem um die „knappe Ressource" Eigenkapital, wobei hier sogar die Größe des verteilbaren Eigenkapitals betragsmäßig genau bestimmbar ist. Aus welchem Grund die „Kapitalbindungskosten", die hier wie dort als Opportunitätskosten bestimmt werden, nur bei einem bankaufsichtlichen Regime der Eigenkapitalunterlegung offener Positionen für die Kreditinstitute relevant sein soll, bleibt in vielen Veröffentlichungen derzeit noch offen. Zu diesem Themenbereich vgl. Rudolph (1991) und Schaefer (1987).

7 Vgl. Baseler Ausschuß für Bankenaufsicht (1990).

8 Wegen der Änderung des Eigenmittelbegriffs im Rahmen der Vierten Novelle des Kreditwesengesetzes zum 1. Januar 1993, die insbesondere eine Ausweitung der dem haftenden Eigenkapital zuzurechnenden Komponenten brachte, wurden die alten Limite des Grundsatzes Ia proportional von 30 Prozent / 20 Prozent / 10 Prozent für die einzelnen Risikobereiche und 60 Prozent als Gesamtlimit abgesenkt. Die Bagatellregelung für die Abgabe von Meldungen blieb jedoch unverändert. Vgl. Bundesaufsichtsamt für das Kreditwesen (1992).

9 Beim Handeln „rund um die Uhr", also ohne eigentlichen Geschäftsschluß, gilt Mitternacht als Geschäftsschluß.

Überschreitungen der Einzellimite oder des Gesamtlimits müssen am nächsten Geschäftstag dem Bundesaufsichtsamt und der zuständigen Landeszentralbank angezeigt werden; die organisatorischen Einzelheiten einer solchen Anzeige regelt die Anordnung des Bundesaufsichtsamtes vom 18. September 1992.[10]

In den drei Risikobereichen werden die auf das Limit *anzurechnenden Beträge* prinzipiell wie folgt bestimmt: Zunächst werden die einbeziehungspflichtigen Geschäfte in Höhe ihrer Bemessungsgrundlagen entsprechend ihrer aktivischen oder passivischen Wirkungsweise gegenübergestellt und die offene Position als Saldo der aktivischen und passivischen Beträge ermittelt. Der Risikogehalt der offenen Positionen spiegelt sich – gegebenenfalls nach einer möglichen Verrechnung mit gegenläufigen, nicht anrechnungspflichtigen Geschäftspositionen – im anrechnungspflichtigen Betrag wider.

Bei der Ermittlung der offenen Positionen in den drei genannten Risikobereichen sind seit der Neufassung des Grundsatzes Ia im Jahre 1990 auch *Optionsgeschäfte* zu berücksichtigen. Diese unterscheiden sich hinsichtlich ihrer Risikoverlaufskurve (Veränderung des Risikos bei Veränderung des Marktpreises des der Option zugrundeliegenden Gegenstandes, des „Underlyings") ihrer Natur nach deutlich von den entsprechenden Kurven für im Bestand gehaltene marktrisikobehaftete Posten oder für klassische Termingeschäfte: im Gegensatz zu diesen weisen Optionen eine nichtlineare Risikoverlaufskurve auf, das heißt, das ihnen innewohnende Risiko steigt oder fällt nicht proportional zur Marktpreisänderung des Underlyings. Um dieses nichtlineare Verhalten adäquat zu berücksichtigen, bedarf es einer Sonderregelung für die Einbeziehung von Optionsgeschäften in die Ermittlung der offenen Risikopositionen. Bevor die Regelungen in den drei Risikobereichen im einzelnen vorgestellt werden, soll im nächsten Abschnitt das im Grundsatz Ia angewendete Prinzip bei der Einbeziehung von Optionen verdeutlicht werden. Dieses Prinzip gilt für alle Optionsgeschäfte, ohne Rücksicht darauf, welchem Risikobereich das Geschäft zuzuordnen ist.

2. Methodik der Einbeziehung von Optionen

Bei *Optionsgeschäften* handelt es sich um eine besondere Form von Termingeschäften. Im Unterschied zur klassischen Form eines Termingeschäfts, bei dem beide Vertragspartner zur Erfüllung verpflichtet sind (symmetrische Verteilung von vertraglichen Rechten und Pflichten) erwirbt der Käufer einer Option gegen Zahlung des Optionspreises (Optionsprämie) das Recht, eine bestimmte Menge eines Geschäftsgegenstandes (Basistitel, Underlying) zu einem bei Geschäftsabschluß festgelegten Preis (Basispreis, „Strike Price") innerhalb einer bestimmten Zeitspanne (Option amerikanischen Stils) oder zu einem bestimmten späteren Zeitpunkt (Option europäischen Stils) zu erwerben (Call-Option) oder zu veräußern (Put-Option). Für den Käufer besteht aber keine Verpflichtung, dieses Recht auszuüben. Der Verkäufer einer Option hingegen veräußert dieses Recht. Im Gegensatz zum Käufer übernimmt der Verkäufer nur Pflichten, denn er muß auf Anforderung des Käufers eine Leistung erbringen. Aus diesem Grund ist für den Käufer auch die Bezeichnung „Wähler", für den Verkäufer ist die Kennzeichnung als „Stillhalter"

---

10) Vgl. CMBS (1954 ff.). Nr. 3.17.

gebräuchlich. Die *asymmetrische Beziehung* zwischen den beiden Vertragsparteien ist charakteristisch für Optionskontrakte und bestimmend für ihre Risikoverlaufskurve.

Der Markt hat darüber hinaus noch allgemein verwendete Bezeichnungen zur Kennzeichnung einer Optionsposition. Danach ist ein Kreditinstitut „long" in der Option, wenn es das Recht erworben, und „short", wenn es das Recht verkauft hat. Entsprechend bezeichnet man den Kauf einer Kaufoption mit „Long Call", den Kauf einer Verkaufsoption mit „Long Put", den Verkauf oder das „Schreiben" einer Kaufoption mit „Short Call" und den Verkauf einer Verkaufsoption mit „Short Put".

Bei der Diskussion der Risiken aus Optionsgeschäften herrscht teilweise große Verwirrung vor, die aus der Verwendung unterschiedlicher *Risikobegriffe* resultiert. Zum einen steht in der Risikobetrachtung die Frage im Vordergrund, welche Beträge Käufer und Verkäufer gewinnen/verlieren (bzw. umsonst aufgewendet haben) können, wenn man in der Betrachtung auf den Zeitpunkt der Optionsausübung abstellt. Bei dieser *„naiven" Betrachtung* besteht das Risiko für den Optionskäufer darin, die gezahlte Optionsprämie umsonst aufgewendet zu haben. Dies wird dann der Fall sein, wenn der Käufer die Option ungenutzt verfallen lassen wird (unter der Annahme eines rationalen „homo oeconomicus"), weil sie „aus dem Geld" ist, das heißt, weil der Marktpreis des Underlyings bei einer Call-Option unter, bei einer Put-Option über dem Basispreis der Option liegt und daher die Optionsausübung weniger erbringen würde als bei Kauf/Verkauf des Underlyings auf dem Markt. In dieser Betrachtung wird für den Stillhalter, sofern er sich nicht abgesichert hat, das Risiko bei einer Call-Option grundsätzlich unbegrenzt sein, weil der Preis des Underlyings auf dem Markt theoretisch unbegrenzt steigen kann. Bei einer Put-Option besteht sein Risiko in Höhe des Basispreises, da er zu diesem Preis abnehmen muß, der Marktpreis aber theoretisch nur bis auf Null fallen kann.

Auf der anderen Seite stellt sich das Risiko aus Optionen für *professionelle Optionshändler* in einer anderen Weise dar. Hier steht die Frage im Vordergrund, wie sich der Wert einer erworbenen oder geschriebenen Option ändert, wenn sich der Marktpreis für das Underlying verändert, und welche Auswirkungen eine Marktpreisänderung auf den jeweils aktuellen Wert des Händler*portefeuilles* von Optionen zeitigt. Bei dieser Betrachtungsweise ist es notwendig, Optionen einerseits, Bestände und Termingeschäfte andererseits hinsichtlich ihres Preisänderungsverhaltens „gleichnamig" und damit vergleichbar zu machen. Es ist erforderlich, das einer Option innewohnende Risiko im Sinne der Wirkung einer Marktpreisänderung auf den Gesamtwert des Portefeuilles in „Einheiten" des Risikos von Beständen und klassischen Termingeschäftspositionen auszudrücken, mithin das „Kassarisiko" der Option zu ermitteln. Hierzu greift man auf das „Optionsdelta" zurück.

Mit „*Delta*" bezeichnet man die prozentuale Änderung des Optionspreises (der Optionsprämie) als Reaktion auf eine (sehr) geringe Preisänderung des zugrundeliegenden Basistitels.[11] Optionspreis und Deltawert werden mit Hilfe von Optionspreismodellen ermittelt, die im wesentlichen auf die grundlegende Arbeit der Autoren *Fischer Black* und *Myron Scholes* zurückgehen.[12] Die Autoren zeigten, daß es unter bestimmten Annahmen

---

11 Wegen der Verwendung von Differentialgleichungen bei der Berechnung der Optionspreise und der Deltas darf die Änderung einer Variablen nur infinitesimal klein sein.

12 Vgl. Black/Scholes (1973).

möglich ist, Optionen ohne Berücksichtigung der individuellen Risikopräferenzstruktur der Wirtschaftssubjekte zu bewerten. Dies stellte eine wesentliche Weiterentwicklung der seinerzeit gängigen Optionspreistheorie dar, die bis dahin die subjektive Risikopräferenz mit in die Betrachtung einbeziehen mußte und daher für eine „objektive" Bewertung und damit für eine allgemeine Verwendung im Optionsmarkt ungeeignet war. Ausgangspunkt ihrer Überlegungen war die Frage, wie man ein Aktienportefeuille durch Optionen gegen Kursänderungen so absichert, daß das risikolose Portefeuille aus Aktien und Optionen im Kapitalmarktgleichgewicht eine Rendite erzielt, die von „risikolosen" Anlagen (wie Staatsanleihen) geboten werden (Arbitrageaspekt). In der Black-Scholes-Formel ist der richtige Optionspreis derjenige, der dem Gesamtportefeuille eine dem „risikolosen" Zinsertrag vergleichbare Rendite sichert. Die praktische Bedeutung der Formel liegt darin, daß bei einer vorgegebenen Schätzung der Volatilität des Kurses des zugrundeliegenden Geschäftsgegenstandes der Optionspreis für unterschiedliche Basispreise und Laufzeiten berechnet werden kann.

„Delta" ist mathematisch gesehen die erste partielle Ableitung der Optionspreisformel nach dem Preis des Geschäftsgegenstandes. Kaufoptionen haben positive, Verkaufsoptionen negative Deltawerte. Delta ist allerdings nur eine lineare Approximation des nichtlinearen Zusammenhangs zwischen dem Marktpreis des Optionsgegenstandes und dem Optionspreis. Zur exakten Beschreibung des Preisänderungsverhaltens und des Risikoprofils werden in der Praxis noch weitere Kennziffern herangezogen.[13] Der Deltawert ist keine Konstante, sondern hängt von verschiedenen Variablen ab, das heißt von anderen Geschäfts- und Marktparametern (wie aktueller Marktpreis, Basispreis, Restlaufzeit der Option, Nettofinanzierungskosten/Geldzinssätze und Volatilität der Marktpreise). Das heißt auch, daß der Deltawert höchst veränderlich ist. In der Praxis werden zur Berechnung des Deltas wegen der Komplexität der mathematisch teilweise anspruchsvollen Optionspreismodelle durchweg computergestützte Programme verwendet.[14]

Im Grundsatz Ia findet sich eine *Mischung* aus beiden Risikobetrachtungsweisen. Der „naiven" Betrachtungsweise folgt der Grundsatz Ia in der Bestimmung, daß nur Stillhalterpositionen aus Optionsgeschäften in die Berechnung der offenen Position eingehen, während erworbene Optionsrechte (wegen des Ausübungswahlrechts des Optionskäufers und der Beschränkung des Verlustrisikos auf die aufgewendete Optionsprämie) als nicht positionsöffnend angesehen werden. Sie sind nur dann in die Berechnung der offenen Position einzubeziehen, wenn sie geeignet sind, eine sonst bestehende offene Position zu vermindern oder zu schließen.

---

13 Vgl. Kesting/Schulte-Mattler (1992a). So kennzeichnet „Gamma" die erwartete Veränderung von „Delta" bei einer Preisänderung des zugrundeliegenden Geschäftsgegenstandes (zweite partielle Ableitung der Optionspreisformel nach dem Preis des zugrundeliegenden Gegenstandes). „Theta" beschreibt die erwartete Veränderung des Optionspreises bei einer Verringerung der Laufzeit der Option (partielle Ableitung der Optionspreisformel nach der Laufzeit). „Epsilon" (auch mit Eta, Vega, Omega oder Kappa bezeichnet) beschreibt die Reaktion des Optionspreises auf Volatilitätsänderungen des Preises des Geschäftsgegenstandes (partielle Ableitung der Optionspreisformel nach der Volatilität, die in der Regel als Standardabweichung der Marktpreisänderungen angegeben wird). „Rho" kennzeichnet die Optionspreisänderung im Verhältnis zu einer Änderung des Zinssatzes (partielle Ableitung der Optionspreisformel nach dem risikolosen Zinssatz).

14 Vgl. Kesting/Schulte-Mattler (1992b), wo sich ein einfaches Tabellenkalkulationsmakro einer binomialen Optionspreisformel findet.

Der „*professionellen*" Risikoauffassung wird im Grundsatz Ia dadurch gefolgt, daß die Optionen bei der Ermittlung der offenen Position in Höhe ihrer „deltagewichteten" Bemessungsgrundlage zu berücksichtigen sind. Die Verfahren, die angewendet werden müssen, um zu bestimmen, ob ein erworbenes Optionsrecht positionsvermindernd oder -schließend wirkt, unterscheiden sich je nach dem betroffenen Risikotyp. Von diesem unabhängig ist jedoch die Verpflichtung, den Gesamtbetrag der erworbenen Optionsrechte einschließlich der dafür aufgewendeten Prämien nachrichtlich zu melden. Auf diese Weise sollen dem Bundesaufsichtsamt für das Kreditwesen Informationen darüber verfügbar gemacht werden, ob ein Kreditinstitut übermäßige Risiken durch Erwerb von Optionsrechten eingeht.

Aufgrund der Komplexität der Berechnung des Deltawertes ist im Grundsatz Ia ein vereinfachtes Verfahren gewählt worden, das nur fünf feste Werte für Delta vorsieht („*Delta-Stufenraster*"). Die Grundlage des Delta-Stufenrasters bildet der sogenannte Anrechnungskoeffizient, der die wesentlichen Bestimmungsfaktoren für den Deltawert einbezieht und die grundlegende Optionspreisformel sehr vereinfachend nachbildet. Der Koeffizient ergibt sich aus dem mit der Restlaufzeit der Option gewichteten Verhältnis zwischen dem Basispreis der Option und dem maßgeblichen Terminkurs des Optionsgegenstandes.

Damit erfaßt der *Anrechnungskoeffizient* vier der fünf relevanten Faktoren, die entweder feste Kontraktkonditionen des Optionsgeschäfts sind oder sich wie die Restlaufzeit aus diesen herleiten. Er läßt nur die Volatilität außer Betracht, da diese ein ausschließlicher Marktfaktor ist, bei dem bankaufsichtlich kaum mehr nachvollzogen werden kann, ob bei der Deltaberechnung realistische Werte herangezogen wurden. Dies kann zu nicht unbeträchtlichen Verzerrungen und Abweichungen führen, da die Volatilität eine der wichtigsten Bestimmungsgrößen für den Optionspreis und mithin für das Delta darstellt.

Der *Anrechnungskoeffizient* errechnet sich nach den folgenden Formeln:

- bei Kaufoptionen (Calls) und aktivischen Zinsoptionen:

$$\text{Anrechnungskoeffizient} = \frac{\text{Terminkurs} - \text{Basispreis}}{\text{Basispreis}} \times \frac{360 \text{ Tage}}{\text{Restlaufzeit}}$$

- bei Verkaufsoptionen (Puts) und passivischen Zinsoptionen:

$$\text{Anrechnungskoeffizient} = \frac{\text{Basispreis} - \text{Terminkurs}}{\text{Basispreis}} \times \frac{360 \text{ Tage}}{\text{Restlaufzeit}}$$

Leicht ersichtlich ist, daß mathematisch beide Formeln durch die Multiplikation mit dem Faktor −1 ineinander überführbar sind.

Die *Höhe des Stufendeltas* ergibt sich in Abhängigkeit vom Anrechnungskoeffizienten nach einer im Grundsatz Ia vorgegebenen Beziehung (siehe Abbildung 26). Die danach berechneten Stufendeltas sind zur Gewichtung der Nominalbeträge aller Arten von Optionsgeschäften heranzuziehen, das heißt, es wird nicht zwischen verschiedenen Risikotypen differenziert. Das Stufendelta für eine Währungsoption ist nach demselben Schema zu bestimmen wie das Stufendelta für eine Aktienoption oder eine Zinsoption. Der Grad der Vereinfachung, daß heißt die Abweichung des Stufendeltas vom „realistischen" Delta ist sehr unterschiedlich. Für Devisenoptionen stellt das Stufenraster eine befriedigende Annäherung an die „wahren Werte" dar, da die Delta-Stufenwerte in der Regel unter den mit einem Optionspreismodell berechneten Werten liegen (siehe Abbildung 27). Allerdings konnte dieses Ergebnis nur dadurch gewährleistet werden, daß als Mindestrestlaufzeit bei der Berechnung des Anrechnungskoeffizienten die Zeitdauer von 30 Tagen festgelegt wurde. Bei Unterschreitung der 30-Tages-Restlaufzeitgrenze ergeben sich wegen des dann sehr stark an Gewicht gewinnenden Einflusses des Optionsthetas und seines nichtlinearen Verlaufs unvertretbar große Abweichungen.

Anrechnungskoeffizient				Stufendelta
		bis unter	−0,02	0 Prozent
von	−0,02	bis unter	0	20 Prozent
von	0	bis unter	+0,08	50 Prozent
von	+0,08	bis unter	+0,14	70 Prozent
von	+0,14	und mehr		95 Prozent

Abbildung 26: Deltawerte in Abhängigkeit vom Anrechnungskoeffizienten im Grundsatz Ia-Stufenraster

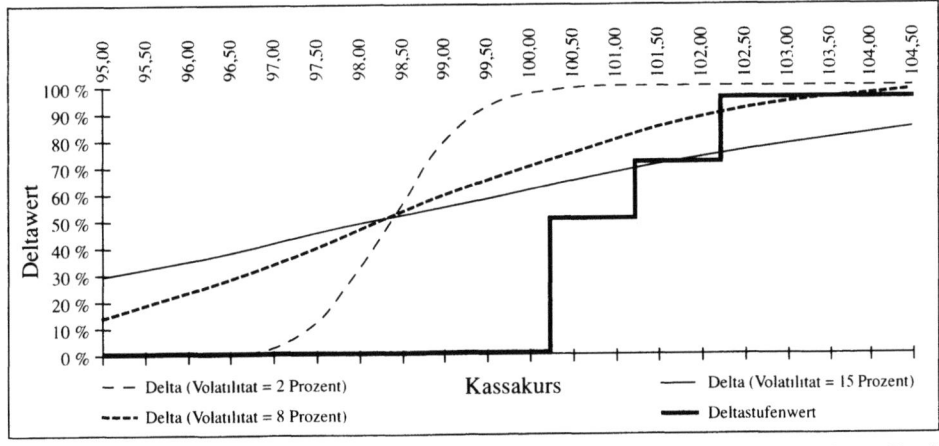

Abbildung 27: Deltawerte in Abhängigkeit vom Kassakurs und von der Volatilität (Kauf einer Kaufoption auf eine Aktie, Basispreis 100, Restlaufzeit 60 Tage, Zins 10 Prozent)

Die Ausgestaltung der Beziehung zwischen der Höhe des Anrechnungskoeffizienten und dem Stufendelta war im Rahmen der Neufassung der Grundsätze im Jahre 1990 Gegenstand intensiver Erörterungen des Bundesaufsichtsamtes für das Kreditwesen mit Optionsexperten von Kreditinstituten.[15] Hierbei wurde es auch für vertretbar gehalten, das in Abbildung 26 dargestellte Schema ohne Abänderung auf alle Risikotypen anzuwenden.

---

15 Vgl. CMBS (1954 ff.), Nr. 3.48, Schreiben des Amtes I 3 - 4215 - 1/92 vom 23. Juni 1992.

Es hat sich jedoch gezeigt, daß der *Abweichungsgrad* zwischen Stufendelta und „wahrem" Delta, das heißt dem Deltawert, der mit Hilfe computergestützter Optionspreismodelle errechnet wird, bei anderen Risikoarten sehr viel größer als angenommen ist. Wegen des eindeutigen Grundsatztextes wäre eine Korrektur dieser Abweichungen nur über eine förmliche Grundsatzänderung möglich, die das Bundesaufsichtsamt aber – in Anbetracht der anstehenden vollständigen Umgestaltung des Systems der Eigenkapitalgrundsätze im Rahmen der Umsetzung der Kapitaladäquanzrichtlinie – ablehnt.

Anhand eines *Beispiels* sollen die Berechnung des Anrechnungskoeffizienten, die Ermittlung des Stufendeltas und des deltagewichteten Betrages, der in die offene Position einzubeziehen ist, kurz erläutert werden. Unterstellen wir den Kauf einer Verkaufsoption (Long Put) über 10 Mio. US-Dollar gegen Deutsche Mark mit einer Optionsfälligkeit in 11 Monaten zum Basispreis 1,80 DM bei einem Kassakurs von 1,70 DM und einem Terminkurs von 1,60 DM. Dann errechnet sich der deltagewichtete Betrag mittels der folgenden Rechenschritte:

$$\bullet \quad \text{Anrechnungskoeffizient} = \frac{\text{Basispreis} - \text{Terminkurs}}{\text{Basispreis}} \quad \times \quad \frac{360 \text{ Tage}}{\text{Restlaufzeit}}$$

$$= \frac{0,20 \text{ DM}}{1,80 \text{ DM}} \times \frac{360}{330} = 0,11 \times 1,1 = 0,121$$

- Delta in Abhängigkeit vom Stufenraster = 70 Prozent,
- gewichteter Betrag = 10 Mio. US-Dollar x 70 Prozent (Stufendelta) = 7 Mio. US-Dollar
- umgerechnet in DM = 7 Mio. US-Dollar x 1,70 DM/US-Dollar (Kassakurs) = 11,9 Mio. DM.

Die Option ist also in Höhe von 7 Mio. US-Dollar in die Berechnung der offenen Fremdwährungsposition in der Währung US-Dollar einzubeziehen. Wären ansonsten keine weiteren auf US-Dollar lautenden positionsrelevanten Gegenstände oder Geschäfte vorhanden, würde die Option das Limit mit 11,9 Mio. DM oder – bei einem angenommenem haftenden Eigenkapital des Kreditinstitutes von 200 Mio. DM – mit 5,95 Prozent belasten.

Wegen der in der Vereinfachung des Stufendeltaansatzes liegenden Abweichungen zwischen Stufendelta und „wahrem" Delta kann es dazu kommen, daß der Grundsatz Ia bei umfangreicheren Optionsbüchern eine offene Position zeigt, die bei Verwendung der Computerdeltas sich als geschlossen erweisen würde. Um diese Ungenauigkeiten zu vermeiden, gleichzeitig aber „*Gestaltungsspielräume*" weitgehend auszuschließen, erlaubt der Grundsatz Ia die Verwendung der Deltas von bankinternen Optionspreismodellen, sofern der ermittelte Deltawert *über* dem Stufendelta liegt. Das Kreditinstitut, das von diesem Wahlrecht Gebrauch macht, muß allerdings diese Werte auf Dauer verwenden; nicht erlaubt ist die Heranziehung der Computerdeltas nur in Einzelfällen, weil ein Mißbrauch des Wahlrechtes dann nicht mehr auszuschließen wäre.

In Einzelfällen, wenn also bei einem Kreditinstitut die Abweichungen zwischen Computerdelta und Stufendelta nicht mehr vernachlässigbar kleine Auswirkungen auf die Risikoposition und die Limitauslastung für den entsprechenden Risikobereich aufweist, hat sich das Bundesaufsichtsamt bereit erklärt, im Rahmen der Berücksichtigung *positiver Sonderverhältnisse* zuzulassen, daß der Nachweis quasi pauschal erbracht wird, indem nachgewiesen wird, daß für die Gesamtheit aller Optionsgeschäfte innerhalb der drei Risikobereiche das Computerdelta über dem Stufendelta liegt. Voraussetzung ist allerdings, daß die Anrechnungsbeträge für alle Optionsgeschäfte pro Risikobereich nicht niedriger als bei Anwendung des Stufenmodells ausfallen, das heißt, wenn positionsreduzierend wirkende Optionsrechte im Optionsbestand nicht überwiegen.[16] Die Berücksichtigung positiver Sonderverhältnisse setzt im übrigen voraus, daß das Kreditinstitut einen entsprechenden Antrag beim Bundesaufsichtsamt gestellt hat.

3. Fremdwährungs- und Edelmetallpreisrisiko

In diesem Risikobereich werden bilanzielle und außerbilanzielle Geschäfte eines Kreditinstitutes erfaßt, soweit sie einem Wechselkurs- bzw. Edelmetallpreisrisiko ausgesetzt sind, das heißt alle Geschäfte mit einem Verlustrisiko aus der unvorteilhaften Veränderung der Edelmetallpreise oder der zwischen zwei Währungen bestehenden Preis- oder Kursrelation.[17] *Edelmetalle* sind im Kontext des Grundsatzes Ia die Elemente Gold und Silber und die Platinmetalle, das heißt die in der VIII. Nebengruppe des Periodensystems stehenden Elemente Ruthenium, Rhodium und Palladium (leichte Platinmetalle) sowie Osmium, Iridium und Platin (schwere Platinmetalle).

3.1 Anrechnungspflichtige Geschäfte

Neben den bilanziellen Positionen mit Fremdwährungsrisiko,[18] die im großen und ganzen bereits seit 1974 der Limitierung des Grundsatzes Ia unterworfen sind, werden seit 1990 Finanzderivate in Form von Finanzswaps, Termingeschäften und Optionen einbezogen (siehe Abbildung 28). Anzumerken ist, daß traditionelle Devisentermingeschäfte („Outright"-Termingeschäfte und Devisenswaps) auch schon vorher im Grundsatz Ia erfaßt wurden. Andere außerbilanzielle Geschäfte wie Garantien oder Kreditzusagen werden nicht in der Fremdwährungsposition erfaßt.

Bei der Neufassung des Grundsatzes Ia im Jahr 1990 sind die vormaligen Absätze 2 und 3, die die Swapsatzrisiken zum Gegenstand hatten, ersatzlos gestrichen worden. Ansonsten wurde außer der zusätzlichen Einbeziehung von Finanzswaps sowie Termin- und Optionsgeschäften keine Änderung vorgenommen. Das heißt insbesondere, daß nach wie vor *auf*

---

16 Vgl. CMBS (1954 ff.), Nr. 3.48, Schreiben des Amtes I 3 - 4215 - 1/92 vom 23. Juni 1992.
17 „Fremdwährungsrisiko" und „Wechselkursrisiko" werden im folgenden synonym verwendet, anders als beispielsweise Steiner/Bruns (1994), S. 86 ff.
18 Vgl. Grundsatz Ia Abs. 3.

Aktivpositionen	Passivpositionen
1. Forderungen an Kreditinstitute, an Kunden und aus Währungskonten bei der Deutschen Bundesbank	1. Verbindlichkeiten gegenüber Kreditinstituten und anderen Gläubigern
2. Wechsel	2. Schuldverschreibungen
3. Schatzwechsel und unverzinsliche Schatzanweisungen	3. eigene Akzepte und Solawechsel im Umlauf
4. Wertpapiere, ausgenommen Aktien und sonstige Beteiligungspapiere	
5. Bestände an Gold, Silber und Platinmetallen	
6. Liefer- und Zahlungsansprüche aus Kassa- und Termingeschäften, Ansprüche auf Zahlung von Kapitalbeträgen aus Finanzswaps	4. Liefer- und Zahlungsverpflichtungen aus Kassa- und Termingeschäften, Verpflichtungen zur Zahlung von Kapitalbeträgen aus Finanzswaps
7. Ansprüche und Eventualansprüche auf Rückgabe von in Pension gegebenen Gegenständen der Aktivpositionen Nr. 1-6, soweit diese Gegenstände nicht dort erfaßt sind	5. Verbindlichkeiten und Eventualverbindlichkeiten zur Rückgabe von in Pension genommenen Gegenständen der Aktivpositionen Nr. 1-6, soweit diese Gegenstände dort erfaßt sind
8. als Stillhalter zustehende Zahlungsansprüche (aus Kaufoptionen) und Lieferansprüche (aus Verkaufsoptionen)	6. als Stillhalter zu erfüllende Lieferverpflichtungen (aus Kaufoptionen) und Zahlungsverpflichtungen (aus Verkaufsoptionen)

Abbildung 28: Anrechnungspflichtige Positionen im Bereich Fremdwährungs- und Edelmetallpreisrisiko

fremde Währung lautende Aktien nicht als Aktivposition erfaßt werden. Auch an der Behandlung *noch nicht fälliger Zinsen* hat sich nichts geändert. Kreditinstitute, die noch nicht fällige Zinsen in Fremdwährung durch Termingeschäfte absichern, können von der Sonderregelung Gebrauch machen, diese Termingeschäfte bei der Berechnung der Kennziffer für das Fremdwährungsrisiko außer Ansatz zu lassen.[19]

Finanzswaps werden mit ihren Fremdwährungskomponenten nur dann erfaßt, wenn die getauschten und per Termin wieder zurückzuzahlenden Kapitalbeträge auch effektiv zwischen den beiden Swappartnern geflossen sind. Dies bedeutet, daß ein reiner Zinsswap in einer Währung im Fremdwährungsrisikobereich des Grundsatzes Ia nicht zu erfassen ist. Bei einem Zinsswap handelt es sich nämlich um den Austausch von (Zins-) Zahlungen (etwa Festzins gegen variablen Zins), für den charakteristisch ist, daß in der Regel kein Austausch der zugrundeliegenden Kapitalbeträge erfolgt. Gleiches gilt auch für ein Termingeschäft auf einen Zinsswap (Forward Swap) in Fremdwährung. Zins-/Währungs- und reine Währungsswaps sind im Grundsatz Ia anrechnungspflichtig, da bei ihnen regelmäßig Kapitalbeträge ausgetauscht werden. Ein Forward Swap auf einen Zins-/Währungsswap mit Austausch von Kapitalbeträgen wäre dementsprechend unter Fremdwährungstermingeschäften zu erfassen.

---

19 Vgl. CMBS (1954 ff.), Nr. 3.18, Schreiben des Bundesaufsichtsamtes I 3 - 4216 - 3/74 vom 3. September 1974 sowie Schreiben IV 20.13.8 (1) vom 9. März 1979.

Der Grundsatz Ia erfaßt neben den klassischen Devisentermingeschäften auch solche standardisierten Termingeschäfte, bei denen – wie bei börsenmäßig gehandelten „Currency Futures" – *keine effektive Lieferung des Geschäftsgegenstandes* vorgesehen ist. Damit das Fremdwährungsrisiko dieser Geschäfte sachgerecht berücksichtigt werden kann, wird jedoch von einer fiktiven Lieferung des Geschäftsgegenstandes ausgegangen, die im Falle eines Kaufes eines Devisenterminkontraktes in der Aktivposition A6, die korrespondierende Verpflichtung in der anderen Währung in der Passivposition P4 des Katalogs der Aktiv- und Passivkomponenten zu erfassen wäre.

Neben den reinen Fremdwährungstermin- und -optionsgeschäften einschließlich der „Currency Futures" werden im Grundsatz Ia auch solche Termin- und Optionsgeschäfte erfaßt, die nicht unmittelbar auf fremde Währung (oder Edelmetalle), sondern auf *Geschäftsgegenstände* lauten, die *in fremder Währung denominiert* sind. Darunter fallen beispielsweise Termingeschäfte über US-Treasury Bonds, wenngleich sich aus der Erfassung in der Regel ein nur geringer Einfluß auf die offene Fremdwährungsposition ergibt: dem Liefer-/Zahlungsanspruch steht eine Zahlungs-/Lieferverpflichtung in derselben Währung gegenüber. Von nennenswertem Einfluß kann dies nur sein, wenn sich der im Termingeschäft festgeschriebene Preis deutlich vom Marktpreis des zu liefernden Gegenstandes unterscheidet; in diesem Fall entsteht in Höhe der Differenz eine offene Fremdwährungsposition, wie aus dem folgenden Beispiel deutlich wird.

Unterstellen wir den Kauf von 100 Stück US-Treasury Bonds mit einem Nominalwert von 100 000 US-Dollar per Termin 3 Monate zum Kurs von 97,65 Prozent. Der Kaufpreis beträgt dann 100 x 100 000 US-Dollar x 97,65 Prozent = 9,765 Mio. Dollar. Im Grundsatz Ia wäre der Kaufpreis als Zahlungsverpflichtung in die Passivposition P4 einzustellen. Der Lieferanspruch des Kreditinstituts, zu erfassen in der Aktivposition A6, lautet über 100 Stück US-Treasury Bonds, die mit dem jeweils aktuellen Marktpreis zu bewerten sind. Steigt der Marktpreis für das festverzinsliche US-Wertpapier infolge von Zinsrückgängen über den kontrahierten Preis, beispielsweise auf 99,80 Prozent, so wäre in der Aktivposition A6 jetzt ein Wert von 100 x 100 000 x 99,80 Prozent = 9,98 Mio. US-Dollar einzustellen. Es hätte sich eine offene aktivische Position in Höhe von 215 000 US-Dollar eingestellt, die mit dem aktuellen Kassakurs des US-Dollar in DM umgerechnet auf das Fremdwährungslimit des Kreditinstitutes anzurechnen wäre.

Dieselbe Behandlung erfahren prinzipiell auch *Zinstermin- und Zinsoptionsgeschäfte*, sofern sie über einen auf fremde Währung denominierten Betrag abgeschlossen wurden, wie beispielsweise US-Treasury-Futures oder US-Dollar-Forward-Rate-Agreements. Da bei diesen Geschäften in aller Regel nur synthetische Geschäftsgegenstände zugrundeliegen, die nicht effektiv ge- oder verkauft werden und bei denen daher ein Fremdwährungsrisiko im eminenten Sinne nicht vorhanden ist, hat sich das Bundesaufsichtsamt damit einverstanden erklärt, von der generell anzuwendenden Bruttoerfassung in diesem Falle abzuweichen. Reine Zinstermingeschäfte wie Interest Rate Futures oder Forward Rate Agreements können daher bei der Erfassung der Komponenten der Währungspositionen vernachlässigt werden.

Dasselbe gilt für Termin- und Optionsgeschäfte über auf fremde Währung lautende Aktien, die auch in dem Fall, daß sich die Geschäftsgegenstände im Bestand des Kreditinstituts befinden, nicht in die Berechnung der Fremdwährungsposition einbezogen werden und daher nicht zu einer Grundsatzanrechnung führen.

Die Einbeziehung von Optionsgeschäften über auf fremde Währung lautende Geschäftsgegenstände in die Ermittlung der Fremdwährungsposition hat wegen der Vermischung der „naiven" und der „professionellen" Risikobetrachtung bei Optionen und der daraus resultierenden systematischen Ungleichbehandlung von geschriebenen und erworbenen Optionen (Einbeziehung von Stillhalteroptionen in die Risikoposition, Berücksichtigung erworbener Optionen nur im positionsreduzierenden Ausmaß) eine Reihe von *unbefriedigenden Konsequenzen*. So ist es möglich, eine offene Fremdwährungsposition „künstlich" über erworbene Optionen zu schließen, wie insbesondere bei „Cross Currency Optionen" deutlich wird. Dies sind Optionen, bei denen Lieferanspruch und Zahlungsverpflichtung jeweils über eine Fremdwährung lauten (beispielsweise US-Dollar gegen Pfund Sterling). Weist ein Kreditinstitut in beiden betroffenen Währungen eine gleichgerichtete Position auf, ist also in beiden Währungen „long" oder „short", so kommt es zu dem Effekt, daß die Option in einer Währung zwar positionsreduzierend wirken kann, ihre tatsächliche Ausübung aber zwingend zu einer Vergrößerung der Position in der anderen Währung führt.

Das folgende *Beispiel* macht dies deutlich: Unterstellen wir Long-Positionen im US-Dollar und im Pfund Sterling in Höhe von jeweils 100 und den Erwerb einer Cross Currency Option, bei der das Kreditinstitut bei Ausübung 50 US-Dollar erhält und 25 Pfund Sterling zahlen muß. Die Berücksichtigung dieser erworbenen Option bei der Pfund-Sterling-Position reduziert diese auf 25. Die Option würde bei der US-Dollar-Position nicht risikoreduzierend wirken, weil sie dieselbe (nämlich aktivische) Ausrichtung aufweist. Im Falle der Ausübung würde aber die US-Dollar-Position zwingend um 50 US-Dollar vergrößert werden, da die Abnahmeverpflichtung über 50 US-Dollar die Kehrseite des Rechtes zur Andienung von 25 Pfund Sterling ist. Die 50 US-Dollar wären also eigentlich in der US-Dollar-Position (risikoerhöhend) zu berücksichtigen, womit die Ungleichbehandlung geschriebener und erworbener Optionen aufgehoben würde. Diese Konsequenz wird aber vom Grundsatz Ia nicht gezogen.

Dasselbe Phänomen taucht auch bei der Einbeziehung von erworbenen Optionsrechten mit *auf fremde Währung lautenden Geschäftsgegenständen* auf. In diesem Fall wird – da in der Regel der zu entrichtende Kaufpreis auf dieselbe Währung lautet, beispielsweise werden US-Treasury Bonds in US-Dollar zu bezahlen sein – die der Ausrichtung der offenen Position gleichgerichtete Seite aus der Option „zu Unrecht" in ihrer Positionswirkung vernachlässigt.

Nehmen wir an, ein Kreditinstitut weise eine aktivische offene US-Dollar-Position von +120 auf und verfüge über eine erworbene Verkaufsoption (Put) über US-Treasury Bonds mit einem deltagewichteten Betrag von 40, deren Kaufpreis ebenfalls in US-Dollar zu entrichten ist. In diesem Fall könnte die Lieferverpflichtung aus der Option über US-Treasury Bonds mit -40 der offenen Währungsposition von +120 gegenübergestellt und mit dieser verrechnet werden, so daß sich die anzurechnende offene Position auf +80 vermindert. Unberücksichtigt bleibt hierbei, daß der positionsreduzierenden Lieferverpflichtung ein Zahlungsanspruch von +40 gegenübersteht, so daß die Lieferverpflichtung von der offenen Fremdwährungsposition eigentlich nicht abgezogen werden dürfte, da durch die Option eigentlich nur ein Aktivtausch, aber keine Positions- und Risikoreduzierung bewirkt wird. Diese Ungereimtheiten sind Fol-

ge der (nach der reinen Lehre unstatthaften) Vermischung zweier unvereinbarer Risikobegriffe, die der Grundsatz Ia zugunsten der Kreditinstitute in Kauf nimmt.

Im Hinblick auf die *nachrichtlichen Meldungen* erhebt sich ein weiteres Problem: Erworbene Optionsrechte werden – wie ausgeführt – im Grundsatz Ia nicht in die Ermittlung der
anrechnungspflichtigen offenen Position einbezogen, sondern sind zur Positionsreduzie-
rung für den jeweiligen Risikobereich heranzuziehen, das heißt für die jeweilige Risikoart.
Sie sind mit ihrem Nominalbetrag, ihrem deltagewichteten Betrag sowie mit dem für sie
entrichteten Prämienaufwand nachrichtlich auf den Grundsatz-Meldebögen anzugeben.
Diese auf das *Instrument* „Option" bezogene Meldepflicht kann aber in Einzelfällen mit
dem auf die *Risikoart* ausgerichteten Anrechnungs- und Meldesystem des Grundsatzes Ia
kollidieren, etwa in dem Fall, in dem eine auf Fremdwährungswertpapiere bezogene Option auch im Risikobereich „Fremdwährungsrisiko" berücksichtigt wird. In diesem Fall stellt
sich die Frage, für welchen Risikobereich die nachrichtliche Meldung der Option vorzunehmen ist, wenn man eine Doppelerfassung (im Fremdwährungsrisikobereich und im Risikobereich Zinsrisiko/Sonstige Preisrisiken) und damit eine die Meldung wertlos ma-
chende Doppelzählung vermeiden will. Das Bundesaufsichtsamt hat für diese Fälle vorgesehen, daß die Meldung für den Risikobereich vorzunehmen ist, für den das „*Hauptrisiko*"
des der Option zugrundeliegenden Geschäftsgegenstandes zutrifft.

3.2 Offene Fremdwährungsposition und Limitierung

Die Grundlage zur Bestimmung des auf das Grundsatz-Ia-Limit anzurechnenden Betrages
bildet die offene Fremdwährungsposition. Alle auf fremde Währung lautenden Bestände und
schwebenden Geschäfte werden mit ihrer Bemessungsgrundlage gegenübergestellt, um die
offene Position zu ermitteln. Als *Bemessungsgrundlage* gelten dabei die im Grundsatz I festgelegten Werte (siehe Teil C), mit der Besonderheit, daß Einzelwertberichtigungen unabhängig davon, ob sie in DM oder in Fremdwährung gebildet und gebucht wurden, von den
zugehörigen Aktivpositionen abzuziehen sind. Bei Optionen wird die Bemessungsgrundlage
noch zusätzlich mit dem jeweiligen Deltawert gewichtet (Stufen- oder Computerdelta).

Für die *Umrechnung in DM* schreibt der Grundsatz Ia – wie auch der Grundsatz I – die Verwendung der amtlichen Mittelkurse an der Frankfurter Devisenbörse bzw. der Mittelkurse
aus festzustellenden An- und Verkaufskursen bei nicht amtlich notierten Währungen vor
(Grundsatz Ia Abs. 4). Für Gold ist die Notierung der Frankfurter Goldbörse, für die anderen Edelmetalle die Notierung der Londoner Metallbörse maßgebend.

3.3 Anrechnungspflichtiger Betrag

Nur die offenen Positionen aus bilanziellen Beständen, Finanzswaps, Termin- und Still-
halteroptionsgeschäften mit Wechselkursrisiko, die nicht durch gegenläufige Optionsrechte vom Kursrisiko her gedeckt sind, werden auf das *Grundsatz-Ia-Limit in Höhe von 21
Prozent* angerechnet.

Abbildung 29 faßt beispielhaft die Ermittlung des *anrechnungspflichtigen Betrages* im Fremdwährungsrisikobereich zusammen: Zunächst werden die anrechnungspflichtigen Bestände und Geschäfte entsprechend ihrer aktivischen oder passivischen Ausrichtung zusammengefaßt und die jeweilige Summe gebildet. Der Unterschiedsbetrag zwischen beiden Summen bildet die *vorläufige offene Position.* Zur Bestimmung des anrechnungspflichtigen Betrages, das heißt der *endgültigen offenen Fremdwährungsposition*, dürfen die erworbenen Verkaufsoptionen in Höhe von -50 bis zur Höhe der vorläufigen Fremdwährungsposition (Aktivüberhang) aus den verpflichtenden Kontrakten in Höhe von +450 verrechnet werden. Läge ein Passivüberhang vor, gälte dies entsprechend für die erworbenen Kaufoptionen. Die nicht zur Schließung der vorläufigen Fremdwährungsposition verrechenbaren, „überschüssigen" Optionsrechte („Excess Options") müssen einschließlich der für ihren Erwerb aufgewandten Optionsprämien nachrichtlich gemeldet werden.

US-Dollar (in DM umgerechnet)	aktivische Positionen (Long)	passivische Positionen (Short)
Anrechnungspflichtige Geschäfte		
– bilanzielle Bestände	+800	– 600
– Termingeschäfte	+500	– 300
– Finanzswaps	+200	– 100
– Stillhalteroptionen	+100	– 150
Summe	+1.600	– 1.150
a) Vorläufige offene Position	**+450**	
b) Verrechnung mit nicht anrechnungs-pflichtigen Optionsrechten	+20	**– 50**
c) Offene Fremdwährungsposition	**+400**	
Nicht verrechenbare Optionsrechte	+20	– 0
d) Anrechnungspflichtiger Betrag	400	

Abbildung 29: Berechnung des anrechnungspflichtigen Betrages im Fremdwährungsrisikobereich

4. Zinsänderungsrisiko

Das Zinsänderungsrisiko ist *das* Schwerpunktrisiko der Kreditinstitute, das vor dem Hintergrund zunehmender Schwankungen des Zinsniveaus, immer häufigeren Änderungen der Struktur von kurz- zu langfristigen Zinssätzen (Zinsstrukturkurve) und dem verstärkten Einsatz von Zinsinstrumenten ohne oder mit nur geringfügigem Kapitaleinsatz (Zinsderivate mit enormer Hebelwirkung) mehr und mehr an Bedeutung gewinnt – sowohl für die interne Steuerung als auch für die Bankenaufsicht. Allgemein gefaßt beinhaltet das Zinsänderungsrisiko die Möglichkeit von Verlusten, die durch Zinsänderungen verursacht werden können. Eine Bank ist dem Zinsänderungsrisiko praktisch permanent ausgesetzt, weil sie Aktiva und Passiva mit unterschiedlichen Zinsbindungsfristen und -beträgen hält. So kann eine Zinssteigerung einem Kreditinstitut dann gefährlich werden, wenn seine zinstragenden Aktiva in größerem Umfang oder für eine längere Frist zinsfixiert sind als seine Passiva (offene Zinsposition), so daß die aus den Aktiva erlösten Zinsen unter Umständen nicht mehr für die Zahlung der Zinsen der Refinanzierung ausreichen.

4.1 Anrechnungspflichtige Geschäfte

Der Grundsatz Ia begrenzt nicht das gesamte zinsabhängige Geschäft eines Kreditinstituts einschließlich Kredite und Einlagen, sondern beschränkt sich auf die Erfassung von *Zinstermingeschäften*[20] und *Stillhalterzinsoptionen*[21], mit denen aufgrund ihrer „Hebelwirkung" ein besonders hohes Zinsänderungsrisiko verbunden ist. Mit diesen Geschäften können offene Zinspositionen begründet werden; sie können auch dazu verwendet werden, vorhandene offene Positionen zu schließen. Deshalb werden in die Limitregelung des Grundsatzes Ia auch nur solche Zinstermin- und Zinsoptionsgeschäfte aufgenommen, die das Zinsrisiko aus dem traditionellen Geschäft eines Kreditinstitutes, das heißt im wesentlichen das aus bilanziellen Festzinssatzpositionen resultierende Zinsrisiko, erhöhen („*risikoerhöhende Positionen*"), also unter Arbitrage- oder Spekulationsgesichtspunkten abgeschlossen werden.

4.2 Offene Zinsrisikoposition

Theoretische Grundlage und praktischer Ausgangspunkt für die Ermittlung der risikoerhöhenden Positionen und des im Grundsatz Ia anrechnungspflichtigen Betrages bildet ein *Risikoerfassungssystem* in Form einer traditionellen *Zinsbindungsbilanz*.[22] Sie dient dazu, die Höhe des Risikos aus offenen Positionen sowohl für den Bereich der bilanziellen (und sonstigen) Festzinssatzpositionen als auch für die Aktiv- und Passivkomponenten der Grundsatz-Ia-relevanten Zinstermin- und Zinsoptionsgeschäfte, das heißt den aktivischen oder passivischen Überhang, zu ermitteln. Zu diesem Zweck werden in einer Zinsbindungsbilanz die Festzinsposten mit dem Zeitpunkt ihrer Zinsfälligkeit, das heißt dem Ablauf der Frist ihrer Zinsfixierung (dem Rückzahlungstermin oder dem Zeitpunkt der nächsten Zinsfestsetzung), in einer Übersicht erfaßt. Diese zeigt für jede Periode die Beträge an Aktiva und Passiva einschließlich der Höhe ihrer Verzinsung an, die (noch) zinsgebunden sind. Die Gegenüberstellung der aktivischen und passivischen Beträge zeigt den Betrag des Aktiv- oder Passivüberhangs und seine Verzinsung.

Auf der Grundlage der „*zeitlichen Erstreckung*" risikoerhöhender Positionen werden im Grundsatz Ia die anrechnungspflichtigen Beträge errechnet. Die Zinsrisikopositionen werden dabei – entsprechend der generellen Herangehensweise des Grundsatzes Ia – für jede Währung einzeln berechnet, das heißt, es besteht keine Möglichkeit, Zinspositionen zwischen verschiedenen Währungen miteinander zu verrechnen.

---

20 Zinsterminkontrakte (Interest Rate Futures), Forward Rate Agreements (FRAs), Terminvereinbarungen auf einen Swap (Forward Swaps auf einen Zinsswap), Forward Forward Deposits (FFDs) sowie Terminkäufe und -verkäufe von festverzinslichen Wertpapieren.

21 Stillhalterverpflichtungen aus Optionsscheinen (Warrants) auf festverzinsliche Wertpapiere, Zinsoptionskontrakten und -geschäften, Optionen auf einen Zins-Swap (Swaptions) sowie Zinsbegrenzungsvereinbarungen (Caps, Floors und Collars).

22 Auch „Zinsablaufbilanz" und „Zinsänderungsbilanz" genannt. Sie gehen zurück auf die Ansätze von Stützel (1964) und deren Weiterentwicklungen wie beispielsweise Krümmel (1968). Vgl. dazu insbesondere Büschgen (1989) und Scholz (1979).

Das Erfassungssystem ist in *vier zeitliche Anrechnungsbereiche* gegliedert:

- den *kurzfristigen* Bereich, bestehend aus dem „laufenden" und dem folgenden Kalenderjahr,
- den *mittelfristigen* Bereich, bestehend aus dem Zeitraum zwischen dem dritten und dem siebten Kalenderjahr,
- den *längerfristigen* Bereich, das heißt dem Zeitraum zwischen dem achten und dem zwölften Kalenderjahr sowie
- den *langfristigen* Bereich, dem Zeitraum ab dem dreizehnten Kalenderjahr.

Theoretisch sollte eine Zinsänderungsbilanz und ein darauf aufbauendes Risikoerfassungssystem „nach oben offen" sein, das heißt alle Zeitperioden erfassen, in denen Zinsfälligkeiten liegen. Aus Vereinfachungsgründen und weil sehr langfristige Zinsbindungsfristen insbesondere im zu erfassenden Bereich der Zinstermin- und -optionsgeschäfte vergleichsweise wenig verbreitet sind, setzt der Grundsatz Ia die *zeitliche Obergrenze* beim fünfzehnten Kalenderjahr an. Dies bedeutet, daß offene Zinspositionen, die in Zeiträumen ab dem fünfzehnten Kalenderjahr liegen, im Risikoerfassungssystem des Grundsatzes Ia nicht mehr abgebildet und daher auch nicht von der Positionsbegrenzung erfaßt werden.

Aus Praktikabilitätsgründen wurde im zeitlichen Risikoerfassungssystem des Grundsatzes Ia auf *kalendarisch bestimmte Zeiträume* abgestellt und nicht auf gleichsam „rollende" Zeitfenster, da die Kreditinstitute in diesem Fall gezwungen wären, täglich alle relevanten Geschäfte und Positionen entsprechend ihrer zeitlichen Lage neu den Anrechnungsbereichen zuzuordnen.

Der *kurzfristige Anrechnungsbereich* umfaßt zwei Kalenderjahre, wobei die Zählung mit dem Quartal beginnt, das als erstes Quartal in das Risikoerfassungssystem einbezogen ist. Das jeweils aktuelle Kalenderquartal, also das Quartal, in das der Berechnungsstichtag fällt, wird im Risikoerfassungssystem des Grundsatzes Ia nicht berücksichtigt. Je nach der Lage des aktuellen und davon abgeleitet des ersten einzubeziehenden Quartals weist der kurzfristige Anrechnungsbereich zwischen fünf und acht Quartale auf (siehe Abbildung 30): so wird beispielsweise im November eines Jahres das aktuelle, vierte Quartal im Risikoerfassungssystem vernachlässigt, das erste Quartal des Folgejahres ist einzubeziehen. Dieses und das darauf folgende Jahr bilden den kurzfristigen Anrechnungsbereich, der dementsprechend aus acht Kalenderquartalen zusammengesetzt ist. Liegt der Berechnungsstichtag im dritten Quartal, so ist dieses anrechnungsfrei, das vierte Quartal ist wie die Vierteljahre des Folgejahres einzubeziehen. Der kurzfristige Anrechnungsbereich besteht in diesem Fall aus lediglich fünf anzurechnenden Vierteljahren. Diese *Schwankung*

Berechnungsstichtag im	kurzfristiger Anrechnungsbereich	Anzahl Quartale
1. Quartal Jahr 01	2. Quartal 01 bis 4. Quartal 02	7
2. Quartal Jahr 01	3. Quartal 01 bis 4. Quartal 02	6
3. Quartal Jahr 01	4. Quartal 01 bis 4. Quartal 02	5
4. Quartal Jahr 01	1. Quartal 02 bis 4. Quartal 03	8

Abbildung 30: Zeitliche Erstreckung des kurzfristigen Anrechnungsbereichs

im Umfang des kurzfristigen Anrechnungsbereichs ist notwendige Folge des Abstellens auf Kalenderzeiträume anstatt auf „rollende" Zeitfenster vorgegebener Länge und dient der Anpassung an die jahresmäßige Aufteilung der folgenden Anrechnungsbereiche.

In den vier Anrechnungsbereichen können gegenläufige Positionen vollständig gegeneinander aufgerechnet werden; aus diesem Grund werden sie auch als „*Hedgeblöcke*" bezeichnet. Bei der Wahl der zeitlichen Lage der Hedgeblöcke ließ man sich von der Überlegung leiten, daß in den jeweiligen Bereichen eine weitgehende Parallelität der Zinsen für Geschäfte mit Zinsfälligkeiten in diesen Perioden besteht, so daß dadurch potentielle Zinsänderungsrisiken abgesichert oder neudeutsch „*gehedged*" werden können.

4.3 Anrechnungspflichtiger Betrag

Der Risikogehalt der Zinstermin- und Zinsoptionsgeschäfte und damit der im Grundsatz Ia zu berücksichtigende *anrechnungspflichtige Betrag* wird bestimmt, indem für jeden relevanten Zeitraum (Einheiten der Hedgeblöcke, also Kalenderquartale und -jahre) und für jede Währung die folgenden vier Werte ermittelt werden:

- offene Festzinssatzposition aus bilanziellen und sonstigen Festzinsgeschäften,
- offene Zinsgeschäftsposition aus Zinstermin- und Zinsoptionsgeschäften,
- risikoerhöhender Betrag als Unterschied zwischen beiden,
- Risiko- und Zuschlagswert.

Die auf den ersten Blick komplex erscheinende Vorgehensweise soll im folgenden erläutert und anhand von Beispielen illustriert werden.

4.3.1 Offene Festzinssatzpositionen

Wie oben bereits ausgeführt wurde, werden die offenen Festzinssatzpositionen als Bezugsgröße zur Feststellung der risikoerhöhenden Beträge aus Zinstermin- und Zinsoptionsgeschäften mit Hilfe einer Zinsbindungsbilanz ermittelt (der Grundsatz Ia spricht hier von einer „*Festzinsübersicht*"). Die Bemessungsgrundlage für alle zu berücksichtigenden Festzinssatzgeschäfte ist der jeweilige Nominalwert.[23] Valutierende Finanzswaps sind als sonstige, nicht bilanzielle Festzinsposten in der Festzinsübersicht zu berücksichtigen. Bei der Einstellung in die Zinsbindungsbilanz geht man dabei von fiktiven Aktiv- und Passivwerten aus, da das Kreditinstitut bei einem Swap mit Bezug auf das Zinsrisiko so gestellt wird, als ob es einen Aktivwert (Anspruch auf Zinszahlung) erworben bzw. einen Passivwert (Verpflichtung zur Zinszahlung) hereingenommen hätte. Die Aktiv- und Passivkomponenten bei währungsübergreifenden Swaps sind in den Festzinsübersichten der jeweils berührten Währung getrennt zu erfassen.

Die aktivischen und passivischen Festzinsposten sind mit ihren *(Zins-) Fälligkeitsterminen* in die Zinsbindungsbilanz einzustellen. Bei variabel verzinslichen Bilanzposten wie Floa-

---

23 Vgl. Grundsatz Ia Abs. 7 Satz 2.

ting Rate Notes oder den Floatingseiten von Finanzswaps ist daher nicht der Rückzahlungstermin, sondern der nächstfolgende Zinsanpassungstermin maßgeblich.

Ein *Zahlenbeispiel* soll die Ermittlung der offenen Festzinssatzpositionen verdeutlichen. Ein Kreditinstitut weist zum Meldestichtag 31. Dezember 1994 die folgenden, für das Risikoerfassungssystem relevanten DM-Positionen auf:

- Aktivkomponenten aus Bilanzposten
    - G-1: *Bundesanleihen* (BUN), fällig am 4. Januar 1999 (Aktivkomponte), Restlaufzeit 4,01 Jahre,[24] Nominalwert 150 Mio. DM,
    - G-2: *Bankschuldverschreibung* (BSV), fällig am 1. Dezember 1995 (Aktivkomponente), Restlaufzeit 0,92 Jahre, Nominalwert 100 Mio. DM,
    - G-3: *Nullkupon-Anleihe der Weltbank* (ZER), fällig am 15. September 2015 (Aktivkomponente), Restlaufzeit 20,71 Jahre, Nominalwert 100 Mio. DM,
    - G-4: *Kredit* (KR1), fällig am 1. Dezember 1995, Nominalwert 200 Mio. DM,
    - G-5: *Kredit* (KR2), fällig am 3. Dezember 2007, Nominalwert 50 Mio. DM,
- Passivkomponenten aus Bilanzposten
    - G-6: *Dreimonatsgeld* (DMG), fällig am 3. April 1995, Nominalwert 200 Mio. DM,
    - G-7: *mittelfristige Termineinlage* (MTE), fällig am 1. Juli 1998, Nominalwert 300 Mio. DM.
- Aktiv- und Passivkomponenten aus sonstigen Festzinsgeschäften
    - G-8: *Zinsswap* „Fixed-to-Floating" (SWAP), abgeschlossen am 1. Juli 1993, Laufzeit 9 Jahre, Anspruch auf Empfang eines festen Zinssatzes in Höhe von 8 Prozent (Aktivkomponente), Verpflichtung zur Zahlung eines Sechs-Monats-FI-BOR-Satzes in Höhe von derzeit 7 Prozent (Passivkomponente, nächste Zinsanpassung 3. Juli 1995), Nominalbetrag 100 Mio. DM.
    Der Swap wird in zwei fiktive Positionen in Staatspapieren mit den entsprechenden Fälligkeiten zerlegt. Da das Institut einen festen Zins erhält und einen variablen Zins zahlt, entspricht dies einer Kaufposition in einem festverzinslichen Instrument mit einer Laufzeit, die der Restlaufzeit des Swaps entspricht (7,5 Jahre), und einer Verkaufsposition in einem variabel verzinslichen Instrument mit einer Laufzeit, die dem Zeitraum bis zur nächsten Zinsneufestsetzung entspricht (0,5 Jahre).

In die Festzinsübersicht werden die Positionen nach ihren Fälligkeiten und ihrer aktivischen/passivischen (Zins-) Ausrichtung eingestellt (siehe Abbildungen 31 und 32, Spalte 1). Die Nullkupon-Anleihe der Weltbank (G-3) wird aufgrund der zeitlichen Obergrenze im Grundsatz Ia nicht erfaßt.

Der Grundsatz Ia geht nach dem „*Bestandsgrößenkonzept*" vor, das heißt, die in einer Periode fälligen Festzinsposten werden als Bestände in sämtliche ihrer Fälligkeit vorausgehenden Zeitabschnitte eingeordnet (siehe Abbildung 32). Der am Ende der jeweiligen Periode bestehende aktivische oder passivische Festzinsüberhang, die offene Festzinssatzposition, ergibt sich durch Saldierung der aktivischen und passivischen Festzinsbestände (siehe Abbildung 32, Spalte 2). Die Zinsbindungsbilanz zeigt somit, in welcher Höhe am Ende der je-

---

24 Zur Berechnung der Laufzeit wird eine marktübliche Vereinfachungsregel verwendet: Das Jahr wird mit 360 Tagen und jeder Monat mit 30 Tagen angesetzt, obwohl das Jahr tatsächlich entweder 365 oder 366 Tage hat.

Zeitraum	Betrag (in Mio. DM)	Transaktion
Quartal 2 (1995)	− 200	DMG
Quartal 3 (1995)	− 100	SWAP
Quartal 4 (1995)	+ 300	BSV+KR 1
1998	− 300	MTE
1999	+ 150	BUN
2002	+ 100	SWAP
2007	+ 50	KR 2

Abbildung 31: Einstellung der Festzinsposten in das Zeitraster des Risikoerfassungssystems gemäß ihrer Zinsfälligkeit und ihrer Zinsausrichtung

weiligen Periode aktivische und passivische Festzinsposten vorhanden sind, mit anderen Worten, wie Festzinsbestände im Zeitablauf „abschmelzen". Hierbei bezeichnen – entsprechend der banküblichen Praxis – ein positives Vorzeichen eine Aktivkomponente (aktivischer Überhang), ein negatives Vorzeichen eine Passivkomponente (passivischer Überhang).

Anrechnungsbereiche		Festzinssatzpositionen (bilanzielle und sonstige) Stichtag 31.12.1994 / vierteljährlich / in Mio. DM			
		(1)			(2)
Nr.	Zeitraum	Zinsfälligkeiten (+) aktiv (−) passiv	kumulierte Bestände am Ende der Periode aktiv	passiv	offene Festzinssatz- position
1	Quartal 1 (1995)	0	600	-600	**0**
	Quartal 2 (1995)	-200	600	-400	**200**
	Quartal 3 (1995)	-100	600	-300	**300**
	Quartal 4 (1995)	300	300	-300	**0**
	Quartal 5 (1996)	0	300	-300	**0**
	Quartal 6 (1996)	0	300	-300	**0**
	Quartal 7 (1996)	0	300	-300	**0**
	Quartal 8 (1996)	0	300	-300	**0**
2	3. Jahr (1997)	0	300	-300	**0**
	4. Jahr (1998)	-300	300	0	**300**
	5. Jahr (1999)	150	150	0	**150**
	6. Jahr (2000)	0	150	0	**150**
	7. Jahr (2001)	0	150	0	**150**
3	8. Jahr (2002)	100	50	0	**50**
	9. Jahr (2003)	0	50	0	**50**
	10. Jahr (2004)	0	50	0	**50**
	11. Jahr (2005)	0	50	0	**50**
	12. Jahr (2006)	0	50	0	**50**
4	13. Jahr (2007)	50	0	0	**0**
	14. Jahr (2008)	0	0	0	**0**
	15. Jahr max.	0	0	0	**0**

Abbildung 32: Bestimmung der offenen Festzinspositionen im Zinsrisikobereich

In dem *Beispiel* ergibt sich für das Kreditinstitut eine aktivische offene Festzinspositon in Höhe von +200 Mio. DM im zweiten und von +300 Mio. DM im dritten Quartal 1995, da die Interbankrefinanzierung (Dreimonatsgeld) abläuft und die variable Zahlungsseite aus dem Swap neu festgesetzt wird. Ab dem vierten Quartal 1995 bis Ende 1997 besteht für die Bank kein Zinsänderungsrisiko, die offene Festzinssatzposition beträgt Null. Ab dem Jahr 1998 besteht wegen des Auslaufens der mittelfristigen Kundeneinlage erneut ein Aktivüberhang in Höhe von +300 Mio. DM, der sich in den Jahren 1999 bis 2001 wegen der Fälligkeit der festverzinslichen Wertpapiere auf +150 Mio. DM und in den Jahren 2002 bis 2006 bis zur Kreditfälligkeit aufgrund der Beendigung der Swapvereinbarung auf +50 Mio. DM reduziert.

Bei der Erstellung der Festzinsübersicht ist den Kreditinstituten eine „*Methodenfreiheit*" gewährt worden. Da sowohl das Bestandsgrößenkonzept als auch das Fristenraster eindeutig vorgegeben ist, wird sich diese „Freiheit" in der Praxis wohl nur auf die Art und Weise beziehen, wie – wenn das Kreditinstitut dies wünscht – zinsträge und zinslose Aktiva und Passiva (wie Sicht- und Spareinlagen, Eigenkapital, Grundstücke, Rückstellungen) in die Festzinsübersicht eingestellt werden.

Da die Erstellung der Festzinsübersicht mit einem vergleichsweise hohen Aufwand verbunden ist und daher nicht täglich erfolgen kann, gibt sich der Grundsatz Ia damit zufrieden, wenn eine *Aktualisierung der Festzinsübersicht* alle drei Monate binnen eines Monats erfolgt. Dies bedeutet, daß für die Dauer von bis zu vier Monaten die Kreditinstitute ihre offene Position durch den Vergleich einer aktuellen Zinsgeschäftsposition aus grundsatzrelevanten Zinstermin- und Zinsoptionsgeschäften mit einer zunehmend veralteten Referenzgröße, der bilanziellen Festzinsübersicht errechnen.

Dies kann dazu führen, daß ein Kreditinstitut, das einen Monat nach der Erstellung der letzten Festzinsübersicht beispielsweise festverzinsliche Wertpapiere erwirbt, die Refinanzierung auf variabler Basis vornimmt und zur Verminderung des Zinsänderungsrisikos ein Zinstermingeschäft abschließt, wegen der unterschiedlichen Stichtage von Festzinsübersicht und aktueller Zinsgeschäftsposition möglicherweise eine offene Position aufweist und auf das Limit anrechnen muß, obwohl eine offene Position nicht besteht. Aus diesem Grund läßt der Grundsatz Ia für diese Sicherungsgeschäfte eine temporäre Ausnahmebehandlung zu. Derartige „*Mikrohedges*", also Zinsgeschäfte zur Absicherung einzelner Festzinsposten, können – allerdings nur bis zur Aufstellung der nächsten Festzinsübersicht, in die die abgesicherten Festzinsposten dann eingehen – bei der Anrechnung unberücksichtigt bleiben, sofern der Sicherungszweck bei Abschluß der Zinstermingeschäfte eindeutig dokumentiert ist. Zinstermingeschäfte, die zur Sicherung von noch nicht bestehenden Festzinsposten quasi „im voraus" oder auf Vorrat abgeschlossen werden („*antizipative Hedges*"), kommen hingegen nicht in den Genuß dieser Sonderregelung und müssen einbezogen werden.

4.3.2 Offene Zinsgeschäftspositionen

Zu den im Grundsatz Ia anrechnungspflichtigen Zinstermin- und Zinsoptionsgeschäften gehören nach der Grundphilosophie des Grundsatzes Ia alle Termingeschäfte, die zu einem Zinsänderungsrisiko führen können, sowie alle auf derartige Geschäftsarten bezogenen

Optionen. Streng genommen müßten dabei auch alle *Devisentermingeschäfte* wegen der ihnen innewohnenden Zinswirkungen als Zinstermingeschäfte angesehen und in die Begrenzungsregelung des Risikobereichs „Zinsrisiko" aufgenommen werden. Davon hat der Grundsatz Ia jedoch (bis auf eine Ausnahme) Abstand genommen. Diese Ausnahme besteht in der Berücksichtigung von Devisentermingeschäften, sofern sie als *„Refinanzierungsswaps"* abgeschlossen wurden. Als Refinanzierungsswaps werden Devisentransaktionen angesehen, die die Verlagerung einer durch (bilanzielle) Festzinssatzpositionen begründeten Zinsrisikoposition von einer Währung in eine andere Währung zum Ziel haben, wie im folgenden Beispiel dargestellt:

Ein Kreditinstitut erhält 10 Mio. US-Dollar als Einlage für einen Zeitraum von sechs Monaten. Das Institut will diesen Betrag zur Refinanzierung eines DM-Kredites mit derselben Laufzeit verwenden: es „swapt" den Betrag in DM, das heißt, verkauft die erhaltenen 10 Mio. US-Dollar gegen DM per Kasse und kauft sie gleichzeitig per Fälligkeit des Kredites und der Einlage, also per sechs Monate, wieder auf Termin zurück. Die aus dem US-Dollar-Verkauf per Kasse erhaltenen DM verwendet die Bank zur Refinanzierung des DM-Kredites. Sowohl im Fremdwährungsrisiko als auch im Zinsänderungsrisiko weist die Bank eine geschlossene Position auf. Aus diesem Grund muß auch im Zinsrisikobereich des Grundsatzes Ia eine geschlossene Position erscheinen. Dies ist durch die Einbeziehung des Terminteils des Refinanzierungsswaps in die Zinsgeschäftspositionen beider Währungen gewährleistet: In der US-Dollar-Zinsänderungsbilanz steht auf der Passivseite die Termineinlage auf sechs Monate. Auf der Aktivseite steht ihr in der Zinsgeschäftsposition der US-Dollar-Terminkauf in gleicher Höhe gegenüber, womit das US-Dollar-Zinsänderungsrisiko in der Gesamtbetrachtung ausgeglichen ist. In der DM-Zinsänderungsbilanz stehen sich der Kredit (aktivisch) und der DM-Aufwand für den Devisenterminkauf (passivisch) mit gleicher Frist gegenüber. Auch hier ist das Zinsänderungsrisiko ausgeglichen.

Die Zinstermingeschäfte werden – wie generell im Grundsatz Ia – mit dem *Nominalbetrag* als Bemessungsgrundlage angesetzt. Bei Zinsoptionen dient der mit dem Deltawert gewichtete Nominalbetrag als Bemessungsgrundlage. Zur Bestimmung des Deltas gelten die oben ausgeführten Grundprinzipien für die Anrechnung von Optionen, das heißt, es kann das Stufenraster verwendet werden. Wie bei den anderen Risikobereichen sind nur Stillhalterpositionen aus Zinsoptionen zu berücksichtigen.

Die *offenen Zinsgeschäftspositionen* werden nach den gleichen Regeln ermittelt wie die offenen Festzinssatzpositionen. Im Unterschied zu den bilanziellen Festzinsposten weisen die Zinstermingeschäfte allerdings die Besonderheit auf, daß bei ihnen nicht nur eine, sondern *zwei Zinsfälligkeiten* zu berücksichtigen sind. Zinstermingeschäfte weisen wegen des in die Zukunft verlagerten Erfüllungstermins sowohl eine aktivische als auch eine passivische Zinskomponente auf (bei Terminswaps kommt es ebenfalls zur Verdopplung der Anzahl der zu berücksichtigenden Aktiv- und Passivkomponenten von zwei auf vier). Während der *„Vorlaufzeit"* zwischen dem Berechnungsstichtag und dem Erfüllungsdatum des Termingeschäfts besteht kein Zinsänderungsrisiko. Im Risikoerfassungssystem des Grundsatzes Ia gleichen sich für diese Zeit die Aktiv- und die Passivkomponenten betragsmäßig aus, so daß sich kein Einfluß auf die offene Zinsposition ergibt.

Werden bei der Einstellung der Zinstermingeschäfte in das Risikoerfassungssystem des Grundsatzes Ia die Aktiv- und Passivkomponenten während der Vorlaufzeit einbezogen, so spricht man von der Anwendung der „Bruttomethode". Läßt man die Aktiv- und Passivkomponenten dieser Geschäfte während der Vorlaufzeit außer Betracht, so wird die „Nettomethode" angewendet. Brutto- und Nettomethode führen in bezug auf die korrekte Abbildung der offenen Zinsrisikopositionen und der Auswirkung auf die risikoerhöhenden Anteile der Zinsgeschäftspositionen zu identischen Grundsatz-Ia-Anrechnungen. Den Kreditinstituten ist deshalb ein Wahlrecht zwischen Brutto- und Nettomethode gewährt worden. Für die praktische Steuerung des Zinsänderungsrisikos der Kreditinstitute mittels einer die Zinstermingeschäfte einbeziehenden Zinsablaufbilanz ist allerdings die Nettomethode mit ihrer Vernachlässigung der Aktiv- und Passivkomponenten während der Vorlaufzeit ungeeignet. In der Praxis wird auch die Höhe der Durchschnittsverzinsung der Aktiv- und Passivüberhänge berechnet, die wertvolle Informationen über das Ausmaß des mit einem Überhang verbundenen Zinsänderungsrisikos liefert. Bei Anwendung der Nettomethode wird auch die Höhe der Verzinsung der Zinstermingeschäfte außer acht gelassen; sie liefert damit nur ein verzerrtes und für die Risikosteuerung unbrauchbares Bild.

Zur korrekten Einordnung der *Termingeschäfte* in die Fälligkeitsbereiche der Festzinsübersicht muß die zinsmäßige Wirkungsweise des jeweiligen Zinstermingeschäftes genau analysiert werden (siehe Abbildung 33). Zinstermingeschäfte sind mit dem Zeitpunkt der Erfüllung des Geschäftes („Settlement Date") und mit dem Zeitpunkt der

Position / Art des Geschäftes	aktivische Position (Long)	passivische Position (Short)
Forward Forward Deposit (FFD)	Plazierung	Hereinnahme
Forward Rate Agreement (FRA)	Verkauf	Kauf
Zinsterminkontrakt (Interest Rate Future)	Kauf	Verkauf
Forward-Swap	Festzinssatzempfänger	Festzinssatzzahler
Wertpapiertermingeschäft	Terminkauf	Terminverkauf
Optionen auf Futures, Zinsoptionsscheine und Optionen auf zinstragende Wertpapiere	Kauf einer Kaufoption (Long Call) und Verkauf einer Verkaufsoption (Short Put)	Kauf einer Verkaufsoption (Long Put) und Verkauf einer Kaufoption (Short Call)
sonstige „kaufmäßige Zinsoptionen"	Kauf einer Kaufoption (Long Call) und Verkauf einer Verkaufsoption (Short Put)	Kauf einer Verkaufsoption (Long Put) und Verkauf einer Kaufoption (Short Call)
Teiloptionen aus Caps und Floors	Kauf Floor und Verkauf Cap	Kauf Cap und Verkauf Floor
sonstige „einlagemäßige Zinsoptionen"	Kauf einer Verkaufsoption (Long Put) und Verkauf einer Kaufoption (Short Call)	Kauf einer Kaufoption (Long Call) und Verkauf einer Verkaufsoption (Short Put)
Swap-Optionen (Geschäftsgegenstand: Festzinszahlungsstrom)	Kauf Empfängeroption und Verkauf Zahleroption	Kauf Zahleroption und Verkauf Empfängeroption

Abbildung 33: Zinstermingeschäfte und Zinsoptionen in der Zinsbindungsbilanz

(Zins-) Fälligkeit des dem Geschäft zugrundeliegenden Gegenstandes in das Fälligkeitsraster einzustellen. Da der Erfüllungszeitpunkt dem jeweiligen Berechnungsstichtag zeitlich näher liegt als die Zinsfälligkeit des unterliegenden Gegenstandes, bezeichnet man die Zeitspanne bis zum Erfüllungsdatum auch als „kurzes Bein", den Zeitraum bis zur Zinsfälligkeit des Underlyings als „langes Bein".

Dies gilt auch für *Zinsoptionsgeschäfte*. Bei ihnen ist die Einordnung der Aktiv- und Passivkomponenten nicht nur davon abhängig, ob das Kreditinstitut Stillhalter oder Wähler ist, sondern auch davon, ob sich die Option auf ein „einlagemäßiges" oder ein „kaufmäßiges" Zinsgeschäft bezieht, das heißt, ob der Option die Plazierung oder Hereinnahme einer Einlage oder der Kauf/Verkauf eines verzinslichen Gegenstandes zugrunde liegt.

Wegen ihrer Komplexität soll im folgenden auch die *Ermittlung der offenen Zinsgeschäftspositionen* anhand einer Reihe weiterer Geschäfte dargestellt werden. Das Kreditinstitut hat folgende Grundsatz-Ia-relevanten Zinstermin- und Stillhalteroptionsgeschäfte abgeschlossen:

– G-9: Hereinnahme eines *Forward Forward Deposit* 3/9 (FFD), Erfüllungszeitpunkt 10. Februar 1995 (Aktivkomponente), Fälligkeit des Geschäftsgegenstandes 10. August 1995 (Passivkomponente), Betrag 400 Mio. DM.

Ein Forward Forward Deposit ist eine Termineinlage mit bestimmter Laufzeit und mit einem bei Vertragsabschluß vereinbarten Zinssatz. Das Kreditinstitut ist bei einem FFD verpflichtet, zu einem bestimmten, in der Zukunft liegenden Datum die Termineinlage zu plazieren oder hereinzunehmen. Am Fälligkeitstermin wird die Einlage effektiv überlassen. Am Markt sind FFD-Geschäfte wegen des mit der effektiven Überlassung der Einlage verbundenen Adressenausfallrisikos kaum gebräuchlich.

Im Beispiel hat das Kreditinstitut am 10. November 1994 eine FFD-Vereinbarung abgeschlossen, nach der es drei Monate später, am 10. Februar 1995, eine 6-Monats-Einlage (Fälligkeit neun Monate nach Geschäftsabschluß, am 10. August 1995) in Höhe von 400 Mio. DM hereinnehmen wird. Diese spezifische Fälligkeitskombination wird mit dem Zahlenpaar 3/9 bezeichnet.

– G-10: Verkauf *Forward Rate Agreement* 3/15 (FRA), Erfüllungszeitpunkt 5. Februar 1995 (Passivkomponente), Fälligkeit des Geschäftsgegenstandes 5. Februar 1996 (Aktivkomponente), Betrag 300 Mio. DM.

Ein Forward Rate Agreement (FRA) entspricht in seiner zinsmäßigen Wirkungsweise einem Forward Forward Deposit. Beim FRA ist allerdings keine effektive Einlage zu leisten, was ein Risiko vermeidet. Am Erfüllungstermin wird auf Grundlage einer fiktiven Einlage eine positive oder negative Zinsbetragsdifferenz ermittelt, die sich nach dem Unterschied zwischen dem vereinbarten Zinssatz und dem am Erfüllungstag (Beginn der Laufzeit der fiktiven Einlage) herrschenden Marktzinssatz für Termineinlagen gleicher Laufzeit bemißt.

Im Beispiel hat das Kreditinstitut am 5. Dezember 1994 ein FRA abgeschlossen, wonach am 5. Februar 1995 zwischen ihm und dem Kontrahenten ein Differenzausgleich auf der Grundlage einer fiktiven 12-Monats-Einlage erfolgt. Übersteigt am Erfül-lungstag der aktuelle Marktzinssatz für 12-Monats-Einlagen den im FRA vereinbarten Zinssatz, so zahlt das Kreditinstitut an den Geschäftspartner den entsprechenden Dif-ferenzbetrag. Man bezeichnet dieses Geschäft aus der Sicht des Kreditinstitutes auch als „Verkauf" eines FRAs, der der Plazierung eines FFDs entspricht: Das Kreditinsti-tut hat dem Kontrahenten eine fiktive Geldaufnahme- oder Refinanzierungsmöglich-keit „verkauft". Dieser muß, falls er tatsächlich eine effektive Geldaufnahme beab-sichtigt, die Liquidität zwar zum höheren Marktzins am Geldmarkt aufnehmen, wird aber durch die Differenzzahlung so gestellt, als habe er die Refinanzierung zum FRA-Zinssatz vorgenommen.

– G-11: Kauf *Interest Rate Future* (IRF), Erfüllungszeitpunkt 22. September 1995 (Passivkomponente); Fälligkeit des Geschäftsgegenstandes 22. Juli 1997 (Aktiv-komponente), Betrag 150 Mio. DM:

Ein Interest Rate Future oder Zinsterminkontrakt entspricht in seiner zinsmäßigen Wir-kung einem FRA. Der börsengehandelte IRF zeichnet sich im Gegensatz zum FRA je-doch durch eine völlige Standardisierung der Kontraktbedingungen aus (vier feste Er-füllungszeitpunkte im Jahr; nur Standardkontraktbetrag oder dessen Vielfaches ausge-hend vom Nominalbetrag des Geschäftsgegenstandes; im Hinblick auf Verzinsung und (Rest-) Laufzeit genau spezifizierte, aber nur fiktive Rentenpapiere oder Termineinla-gen als Geschäftsgegenstand). Die Erfüllung eines IRF erfolgt in der Regel nicht durch effektive Lieferung des Geschäftsgegenstandes bzw. der dafür zugelassenen existieren-den Wertpapiere, sondern durch Differenzausgleich.[25]

Im Beispiel kauft ein Kreditinstitut am 3. Dezember 1994 einen IRF-Kontrakt (Sep-temberfälligkeit). Dem Kontrakt liegt ein festverzinsliches Wertpapier mit einem No-minalwert von 150 Mio. DM, einem Kupon in Höhe von 6 Prozent und einer Rest-laufzeit von 2,56 Jahren zugrunde. Von seiner zinsmäßigen Wirkungsweise her ent-spricht dieses Geschäft dem außerbörslichen Terminkauf (per 22. September 1995) ei-nes derartigen Wertpapieres. Da das Kreditinstitut am Erfüllungsdatum das Wertpapier erhalten würde, besteht die Verpflichtung, zu diesem Zeitpunkt den Kaufpreis zu ent-richten.

– G-12: *Terminkauf inländischer Industrieobligationen* (WPT1), Erfüllungszeit-punkt 2. September 2002 (Passivkomponente), Fälligkeit des Geschäftsgegenstandes 2. Januar 2008 (Aktivkomponente), Betrag 50 Mio. DM.

Das Kreditinstitut hat am 7. August 1994 per Termin 2. September 2002 festverzinsli-che Wertpapiere gekauft, die am 2. Januar 2008 zur Rückzahlung fällig sind.

– G-13: *Terminverkauf von Bundesanleihen G-1 (WPT2)*, Erfüllungszeitpunkt 1. Au-gust 1995 (Aktivkomponente), Fälligkeit des Geschäftsgegenstandes 2. Januar 1999 (Passivkomponente), Nominalwert 150 Mio. DM.

---

25 Vgl. Levin/Schulte-Mattler (1994).

Das Kreditinstitut hat am 6. Oktober 1994 per Termin 1. August 1995 ein festverzinsliches Wertpapier verkauft, das am 2. Januar 1999 zur Rückzahlung fällig wird. Ob das Kreditinstitut zum Zeitpunkt des Geschäftsabschlusses über das Wertpapier bereits verfügt, es also in seinem Bestand hat, oder sich zur Erfüllung seiner Lieferverpflichtung erst am Markt eindecken muß, ist für die zinsmäßige Wirkungsweise des Geschäfts als solches gleichgültig.

– G-14: *Optionsgeschäft als Stillhalter* (OPT), Verkauf einer Verkaufsoption (Short Put), Erfüllungszeitpunkt 16. Oktober 1995 (Passivkomponente), Fälligkeit des Geschäftsgegenstandes (festverzinsliches Wertpapier) 1. Dezember 1996 (Aktivkomponente), Betrag 40 Mio. DM, Gewicht gemäß Stufenraster 50 Prozent.

Das Kreditinstitut hat am 7. November 1994 eine Put-Option über ein festverzinsliches Wertpapier verkauft. Die Option kann durch den Optionsberechtigten am 16. Oktober 1995 ausgeübt werden und berechtigt ihn zur Andienung eines festverzinslichen Wertpapiers im Betrag von 40 Mio. DM, das am 1. Dezember 1996 zur Rückzahlung fällig wird.

In die Zinsbindungsbilanz werden damit die folgenden Positionen aus den einzubeziehenden Zinstermin- und Zinsoptionsgeschäften eingestellt (siehe Abbildungen 34 und 35, Spalte 3):

Zeitraum	Betrag (in Mio. DM)	Transaktionen (in Mio. DM)
Quartal 1 (1995)	+ 100	+ 400 (FFD) – 300 (FRA)
Quartal 3 (1995)	– 400	– 400 (FFD) – 150 (IRF) +150 (WPT2)
Quartal 4 (1995)	– 20	– 20 (OPT)
Quartal 5 (1996)	+ 300	+ 300 (FRA)
Quartal 8 (1996)	+ 20	+ 20 (OPT)
1997	+ 150	+ 150 (IRF)
1999	– 150	– 150 (WPT2)
2002	– 50	– 50 (WPT1)
2008	+ 50	+ 50 (WPT1)

Abbildung 34: *Einstellung der Zinsgeschäftspositionen in das Zeitraster des Risikoerfassungssystems gemäß ihrer Zinsfälligkeit und ihrer Zinsausrichtung*

Die *vorläufigen Zinsgeschäftspositionen*, das heißt die offenen Positionen aus Zinstermingeschäften und Stillhalteroptionen, werden wie die bilanziellen (und sonstigen) Festzinspositionen nach dem Bestandsgrößenkonzept bestimmt (siehe Abbildung 35, Spalte 4).

Zur Ermittlung der *endgültigen Zinsgeschäftspositionen* müssen die vorläufigen Positionen den (anrechnungsfreien) Zinsoptionsrechten gegenübergestellt werden, um zu ermitteln, ob diese die vorläufige Zinsgeschäftsposition verringern und gegebenenfalls in welchem Ausmaß. Die Zinsoptionsrechte werden ebenfalls nach Maßgabe des Delta-Stufenrasters oder der Rechenergebnisse eines Optionspreismodells gewichtet, um sie direkt mit den anderen offenen Zinsgeschäftspositionen, insbesondere den Stillhalteroptionspositionen, vergleichbar zu machen.

Anrechnungsbereiche		Zinstermin- und Zinsoptionsgeschäftsposition (FFD, FRA, IRF, WPT, Stillhalteroptionen) Stichtag 31.12.1994 / täglich zu ermitteln / in Mio. DM			
		(3)			(4)
Nr.	Zeitraum	Komponenten (+) aktiv (−) passiv	kumulierte Bestände am Ende der Periode aktiv	passiv	vorläufige Zinsgeschäfts-position
1	Quartal 1 (1995)	100	520	− 620	− 100
	Quartal 2 (1995)	0	520	− 620	− 100
	Quartal 3 (1995)	− 400	520	− 220	300
	Quartal 4 (1995)	− 20	520	− 200	320
	Quartal 5 (1996)	300	220	− 200	20
	Quartal 6 (1996)	0	220	− 200	20
	Quartal 7 (1996)	0	220	− 200	20
	Quartal 8 (1996)	20	200	− 200	0
2	3. Jahr (1997)	150	50	− 200	− 150
	4. Jahr (1998)	0	50	− 200	− 150
	5. Jahr (1999)	− 150	50	− 50	0
	6. Jahr (2000)	0	50	− 50	0
	7. Jahr (2001)	0	50	− 50	0
3	8. Jahr (2002)	− 50	50	0	50
	9. Jahr (2003)	0	50	0	50
	10. Jahr (2004)	0	50	0	50
	11. Jahr (2005)	0	50	0	50
	12. Jahr (2006)	0	50	0	50
4	13. Jahr (2007)	0	50	0	50
	14. Jahr (2008)	50	0	0	0
	15. Jahr max.	0	0	0	0

Abbildung 35: Bestimmung der vorläufigen Zinsgeschäftsposition im Zinsrisikobereich

- G-15: *Optionsgeschäfte als Wähler* (RECHTE). Es wird angenommen, daß das Kreditinstitut am Stichtag im zweiten bis achten Quartal des kurzfristigen Anrechnungsbereiches sowie in den Jahren 1997 und 2001 aktivische Positionen aus erworbenen Optionen in Höhe von +20 Mio. DM und passivische Positionen in Höhe von −40 Mio. DM besitzt. Das Gewicht gemäß Stufenraster soll für alle Optionen 50 Prozent betragen (siehe Abbildung 36, Spalte 5 und 6).[26]

Zur Bestimmung der *endgültigen Zinsgeschäftsposition* dürfen die erworbenen passivischen Zinsoptionen bis zur Höhe der offenen vorläufigen Zinsgeschäftsposition (Aktivüberhang) aus den verpflichtenden Kontrakten verrechnet werden (siehe Abbildung 36, Spalte 4 und 6). Liegt ein Passivüberhang vor, gilt dies entsprechend für die aktivischen Zinsoptionen (Spalte 4 und 5). Die nicht zur Schließung der vorläufigen Zinsgeschäftspo-

---

26 Auf die Darstellung der zu diesen Positionen führenden Grundgeschäfte, das heißt der einzelnen Zinsoptionen, ist im vorliegenden Zusammenhang aus Vereinfachungsgründen und im Interesse der besseren Lesbarkeit verzichtet worden.

sition verrechenbaren, das heißt „überschüssigen", Optionsrechte müssen (einschließlich ihres Prämienaufwandes) nachrichtlich gemeldet werden (Spalte 8 und 9)[27].

Anrechnungsbereiche	vorläufige Zinsgeschäfts- position	Zinsoptions- rechte		Zinsgeschäfts- position	Nachrichtl. Meldung „überschüssige" Optionsrechte	
	(4)	(5)	(6)	(7)	(8)	(9)
Nr. Zeitraum		Aktiv (+) Long- Call	Passiv (–) Long- Put	Verrechnung (4) mit (5)/(6) sofern gegen- läufige Positionen gegenüberstehen	Aktiv (+) Long- Call	Passiv (–) Long- Put
1	Quartal 1 (1995)	– 100	0	0	**– 100**	0	0
	Quartal 2 (1995)	– 100	10	– 20	**– 90**	0	– 20
	Quartal 3 (1995)	300	10	– 20	**280**	10	0
	Quartal 4 (1995)	320	10	– 20	**300**	10	0
	Quartal 5 (1996)	20	10	– 20	**0**	10	0
	Quartal 6 (1996)	20	10	– 20	**0**	10	0
	Quartal 7 (1996)	20	10	– 20	**0**	10	0
	Quartal 8 (1996)	0	10	– 20	**0**	10	– 20
2	3. Jahr (1997)	– 150	10	– 20	**– 140**	0	– 20
	4. Jahr (1998)	– 150	10	– 20	**– 140**	0	– 20
	5. Jahr (1999)	0	10	– 20	**0**	10	– 20
	6. Jahr (2000)	0	10	– 20	**0**	10	– 20
	7. Jahr (2001)	0	10	– 20	**0**	10	– 20
3	8. Jahr (2002)	50	0	0	**50**	0	0
	9. Jahr (2003)	50	0	0	**50**	0	0
	10. Jahr (2004)	50	0	0	**50**	0	0
	11. Jahr (2005)	50	0	0	**50**	0	0
	12. Jahr (2006)	50	0	0	**50**	0	0
4	13. Jahr (2007)	50	0	0	**50**	0	0
	14. Jahr (2008)	0	0	0	**0**	0	0
	15. Jahr max.	0	0	0	**0**	0	0

Abbildung 36: *Bestimmung der endgültigen Zinsgeschäftsposition im Zinsrisikobereich*

Für die Ermittlung der Zinsgeschäftspositionen gab es zeitweilig eine *Sonderbestimmung*. Da nach Angabe der Kreditinstitute bei der Neufassung des Grundsatzes Ia die Mehrzahl der Banken noch nicht in der Lage war, alle in die Ermittlung der Zinsgeschäftsposition einzubeziehenden Posten exakt zu ermitteln, hat sich das Bundesaufsichtsamt für eine Übergangsperiode von einem Jahr bereit erklärt, daß die Kreditinstitute mit *Schätzwerten* arbeiten. Diese Übergangszeit ist allerdings seit dem 1. Oktober 1991 ausgelaufen, so daß diese Erleichterung schon seit langem nicht mehr besteht (wenngleich in der Literatur noch verschiedentlich auf diese Sonderregelung hingewiesen wird). Eine Verlängerung war vom Bundesaufsichtsamt für das Kreditwesen ausdrücklich ausgeschlossen worden. Bei Ver-

---

27 Auch im Zinsrisikobereich führt die systematische Ungleichbehandlung von geschriebenen und erworbenen Optionen zu denselben möglichen Positionsverzerrungen wie oben beim Fremdwährungsrisiko beschrieben.

wendung von Schätzwerten sollte in den Grundsatzmeldungen darauf hingewiesen werden. In der Praxis hat eine solche Meldung nicht vorgelegen.

4.3.3 Risikoerhöhende Beträge

Als *Referenzgröße* zur Ermittlung der risikoerhöhenden Beträge von Zinsgeschäftspositionen dienen die in Abschnitt 4.3.1 bestimmten offenen Festzinssatzpositionen des Kreditinstitutes in den jeweils gleichen Fälligkeitsbereichen. Der Limitregelung im Grundsatz Ia sind nur die risikoerhöhenden Anteile von Zinsgeschäftspositionen unterworfen.

Zur Bestimmung der *risikoerhöhenden Beträge* sind zunächst die offenen Festzinssatzpositionen aus den bilanziellen und sonstigen Festzinsposten und die endgültigen Zinsgeschäftspositionen periodenweise zu *Gesamtzinspositionen* zu aggregieren. Hierbei werden im Rahmen des „Back-Hedging" die offenen Zinsgeschäftspositionen mit gegenläufigen offenen Festzinspositionen verrechnet. Wird auf das Back-Hedging in Ausübung des den Kreditinstituten gewährten Wahlrechts verzichtet, so setzen sich die Gesamtzinspositionen in vollem Umfang aus den Zinsgeschäftspositionen zusammen. Die Gesamtzinspositionen

Anrechnungs-bereiche		offene Fest-zinssatz-position	Zins-geschäfts-position	Gesamt-zinsposition	Risikoerhöhende Beträge
		(2)	(7)	(10)=(2)+(7)	(11)
Nr.	Zeitraum			nach Back-Hedging	ABS(10)–ABS(2)>0? Ja → risikoerh. Betrag Nein → 0
1	Quartal 1 (1995)	0	– 100	– 100	**–100**
	Quartal 2 (1995)	200	– 90	110	**0**
	Quartal 3 (1995)	300	280	580	**280**
	Quartal 4 (1995)	0	300	300	**300**
	Quartal 5 (1996)	0	0	0	**0**
	Quartal 6 (1996)	0	0	0	**0**
	Quartal 7 (1996)	0	0	0	**0**
	Quartal 8 (1996)	0	0	0	**0**
2	3. Jahr (1997)	0	– 140	– 140	**–140**
	4. Jahr (1998)	300	– 140	160	**0**
	5. Jahr (1999)	150	0	150	**0**
	6. Jahr (2000)	150	0	150	**0**
	7. Jahr (2001)	150	0	150	**0**
3	8. Jahr (2002)	50	50	100	**50**
	9. Jahr (2003)	50	50	100	**50**
	10. Jahr (2004)	50	50	100	**50**
	11. Jahr (2005)	50	50	100	**50**
	12. Jahr (2006)	50	50	100	**50**
4	13. Jahr (2007)	0	50	50	**50**
	14. Jahr (2008)	0	0	0	**0**
	15. Jahr max.	0	0	0	**0**

Abbildung 37: Bestimmung der risikoerhöhenden Beträge im Zinsrisikobereich

sind den offenen Festzinssatzpositionen dann ebenfalls periodenweise gegenüberzustellen, um die Risikoerhöhung festzustellen (siehe Abbildung 37, Spalten 10 und 11).

Die *risikoerhöhenden Beträge* bemessen sich nach der Höhe, um die der absolute Betrag der Gesamtzinsposition in jeder Periode den absoluten Betrag der entsprechenden offenen Festzinssatzposition übersteigt. Die risikoerhöhenden Beträge tragen dasselbe algebraische Vorzeichen wie die Gesamtzinspositionen (siehe Abbildung 37, Spalten 10 und 11).

In dem *Beispiel* ergeben sich im zweiten und dritten Quartal 1995 folgende Werte für die genannten drei relevanten Größen (siehe Abbildung 38): Im zweiten Quartal 1995 hat das Institut einen Aktivüberhang aus der Festzinssatzposition in Höhe von +200. Durch den Passivüberhang der Zinsgeschäftsposition in Höhe von -90 wird dieser Aktivüberhang vermindert. Es ergibt sich eine Gesamtzinsposition in Höhe von +110. Da – in absoluten Werten – durch die offene Zinsgeschäftsposition die offene Festzinssatzposition nicht zunimmt, also keine Risikoerhöhung mit den Zinstermingeschäften verbunden ist, erfolgt auch keine Anrechnung auf das Grundsatz-Ia-Limit. Im dritten Quartal 1995 ist dies anders. Zu dem Aktivüberhang der Zinsgeschäftsposition in Höhe von +280 wird der Aktivüberhang aus der Festzinssatzposition in Höhe von +300 addiert. Die offene Gesamtzinsposition hat sich damit durch Berücksichtigung der Zinstermin- und Stillhalteroptionsgeschäfte von ursprünglich 300 auf 580 erhöht. Der risikoerhöhende Betrag im dritten Quartal beträgt somit 280. Für alle übrigen Perioden gilt das gleiche Berechnungsschema.

Größe	2. Quartal	3. Quartal
Offene Festzinssatzpositionen (a)	+ 200	+ 300
Offene Zinsgeschäftspositionen (b)	– 90	+ 280
Gesamtzinspositionen (c=a+b)	+ 110	+ 580
Risikoerhöhende Beträge (d=ABS(c) - ABS(a))	0	+ 280

Abbildung 38: Bestimmung der risikoerhöhenden Beträge im zweiten und dritten Quartal der Zinsablaufbilanz

4.3.4 Risiko- und Zuschlagswerte

Im nächsten (vorletzten) Schritt werden die für jede Periode ermittelten risikoerhöhenden Beträge in *Risikowerte* umgerechnet, das heißt, das Zinsrisiko dieser Beträge wird quantifiziert. Die Risikowerte sind die Anteile an den risikoerhöhenden Beträgen, die das potentielle Zinsrisiko widerspiegeln. Zur Quantifizierung des Zinsrisikos hat man aus Vereinfachungsgründen einen für alle Laufzeit- und Währungsbereiche einheitlichen Umrechnungsfaktor in Höhe von 2 Prozent auf der Grundlage statistisch ermittelter Zinsvolatilitäten gewählt. Mit anderen Worten, man unterstellt ein *Zinsänderungsrisiko* in Höhe von *plus/minus 2 Prozent pro Jahr*.

Risikoerhöhende Beträge in den Quartalen des kurzfristigen Anrechnungsbereiches, das heißt in den ersten beiden anzurechnenden Jahren, werden mit jeweils 0,5 Prozent gewichtet (siehe Abbildung 39, Spalte 12). Da die ersten Quartale als besonders risikoreich angesehen werden, wird im zweiten, dritten und vierten Quartal ein zusätzlicher „*Malus-Faktor*" hinzugerechnet (Spalte 13). Der Malus-Zuschlagswert (absoluter risikoerhöhender Betrag x Malus-Faktor, Spalte 15) hat dabei den wesentlichen Effekt, die Risikopositionen im kurzfristigen Bereich volumenmäßig zu beschränken, weil diese Zuschlagswerte nicht in die Verrechnung der Risikowerte einbezogen werden dürfen. Die unter Berücksichtigung des Vorzeichens ermittelten Risikowerte sind innerhalb der vier Anrechnungsbereiche (Hedgeblöcke) vorzeichengerecht miteinander zu verrechnen, die Malus-Zuschlagswerte innerhalb des kurzfristigen Anrechnungsbereichs vorzeichenunabhängig zu addieren.

Anrechnungsbereiche		Risiko-erhöhende Beträge	Quantifizierung des Zinsrisikos				Risiko-meßzahl
		(11)	(12)	(13)	(14)	(15)	(16)
Nr.	Zeitraum		Umrech-nungs-faktor (in Prozent)	Malus-Faktor (in Prozent)	=(11)*(12) Risiko-werte	=ABS(11)* (13) Zuschlags-werte	= ABS (14) + (15)
1	Quartal 1 (1995)	–100	0,0	0,0			
	Quartal 2 (1995)	0	0,5	0,5			
	Quartal 3 (1995)	280	0,5	0,5	1,40	1,40	
	Quartal 4 (1995)	300	0,5	0,5	1,50	1,50	
	Quartal 5 (1996)	0	0,5				
	Quartal 6 (1996)	0	0,5				
	Quartal 7 (1996)	0	0,5				
	Quartal 8 (1996)	0	0,5				
				Summe =	2,90	2,90	5,80
2	3. Jahr (1997)	–140	2,0		–2,80		
	4. Jahr (1998)	0	2,0				
	5. Jahr (1999)	0	2,0				
	6. Jahr (2000)	0	2,0				
	7. Jahr (2001)	0	2,0				
				Summe =	–2,80	0,00	2,80
3	8. Jahr (2002)	50	2,0		1,00		
	9. Jahr (2003)	50	2,0		1,00		
	10. Jahr (2004)	50	2,0		1,00		
	11. Jahr (2005)	50	2,0		1,00		
	12. Jahr (2006)	50	2,0		1,00		
				Summe =	5,00	0,00	5,00
4	13. Jahr (2007)	50	2,0		1,00		
	14. Jahr (2008)	0	2,0				
	15. Jahr max.	0	2,0				
				Summe =	1,00	0,00	1,00
					Summe Risiko-meßzahlen		14,60

Abbildung 39: Bestimmung der Risikomeßzahlen im Zinsrisikobereich

4.3.5 Anrechnungspflichtiger Betrag

Der auf das *Grundsatz-Ia-Limit von 14 Prozent* anrechnungspflichtige Betrag besteht aus der Summe der Risikomeßzahlen der einzelnen Anrechnungsbereiche. Diese ergeben sich wiederum als Summe der saldierten Risikowerte pro Anrechnungsbereich und der nicht saldierungsfähigen Zuschlagswerte.

> In dem Beispiel betragen die Risikomeßzahlen der einzelnen Hedgeblöcke 5,8/2,8/5,0/1,0 (siehe Abbildung 39, Spalte 16). Die Risikomeßzahlen der einzelnen Anrechnungsbereiche dürfen nicht miteinander verrechnet werden, der anrechnungspflichtige Betrag beträgt demnach 14,6 Mio. DM. In dieser Höhe werden die Grundsatz-Ia-pflichtigen zinsabhängigen Geschäfte auf das 14-Prozent-Limit angerechnet. Bei einem Eigenkapital in Höhe von 200 Mio. DM können 28 Mio. DM anrechnungspflichtige Beträge im Zinsbereich dargestellt werden, im obigen Beispiel also noch zusätzliche 13,4 Mio. DM.

Die Anlage I zeigt zur besseren Übersicht den dargestellten Berechnungsweg auf einen Blick.

5. Sonstiges Preisrisiko

Auch in diesem Risikobereich steht das Ziel im Vordergrund, die Risiken aus nicht zu Sicherungszwecken dienenden, das heißt aus spekulativen Beweggründen abgeschlossenen Termin- und Optionsgeschäften zu begrenzen.

5.1 Anrechnungspflichtige Geschäfte

Es werden alle Finanzderivate mit Sonstigen Preisrisiken erfaßt; die wichtigste Rolle hierbei spielen *Aktientermin- und Aktienindextermingeschäfte* und darauf bezogene *Optionen*, die auch bei der Konzeption des Grundsatzes Ia in den Jahren 1988 und 1989 im Vordergrund der Überlegungen standen. Wie bereits im Zinsrisikobereich sollen diejenigen Geschäfte beschränkt werden, die keinen Bestand an Geschäftsgegenständen derselben Art oder gegenläufige Geschäfte absichern. Zunächst sind die offenen Geschäftspositionen zu bestimmen.

5.2 Offene Position mit Sonstigem Preisrisiko

Es sind wie im Zinsrisikobereich nur diejenigen Termingeschäfte und Stillhalterpositionen mit Sonstigem Preisrisiko in die Anrechnung einzubeziehen, die zu einer *Risikoerhöhung* führen. Entsprechend der generellen Handhabung im Grundsatz Ia sind erworbene Optionsrechte dann zu berücksichtigen, wenn sie risikoreduzierend wirken. Bilanzielle Positionen mit Sonstigem Preisrisiko, das heißt vorrangig Aktienbestände, führen selbst zwar nicht zu einer anrechnungspflichtigen Position; sie sind aber zu berücksichtigen, wenn ihnen eine passivische Position aus Termin- und/oder Optionsgeschäften in derselben Aktiengattung gegenübersteht. Insoweit wird der Grundgedanke des *Back-Hedgings* im Zinsrisikobereich wieder aufgegriffen. Im Gegensatz zum Zinsrisikobereich besteht nach dem Wortlaut des Grundsatzes jedoch kein Wahlrecht, auf die Berücksichtigung positionsmindernder bilanzieller Bestände zu verzichten, so daß festzuhalten ist, daß das Back-Hedging passivischer Termin- und Stillhalterpositionen durch bilanzielle Bestände im Bereich sonstiger Preisrisiken zwingend vorgeschrieben ist.

Wegen der Verwendung des Wortes „*Bestand*" im Grundsatztext, das seinem Sinn nach immer nur als aktivische Bestandsposition (Long-Position) verstanden werden kann, scheidet die Anwendung des Back-Hedgings auf Short-Positionen aus, die sich beispielsweise aus *Wertpapierleihgeschäften* ergeben. Aus diesem Grunde können aktivische anrechnungspflichtige Positionen, denen Short-Positionen aus Wertpapierleihe gegenüberstehen, nicht mit diesen verrechnet werden. Dieser Nachteil wird jedoch aufgewogen durch den Umstand, daß durch Leihgeschäfte begründete Positionen im Grundsatz Ia nicht angerechnet werden.

Die Bestimmung der *offenen Positionen* und der *risikoerhöhenden Beträge* ist für jede Gattung des den anrechnungspflichtigen Geschäften unterliegenden Geschäftsgegenstandes getrennt durchzuführen. Bei Aktien und anderen Wertpapieren bedeutet dies die separate Ermittlung der Positionen für jedes einzelne Wertpapier, das sich beispielsweise durch eine eigene Wertpapierkennnummer von anderen Wertpapieren unterscheiden läßt. Als Bemessungsgrundlage dient – wie schon beim Grundsatz I – der unter der Fiktion effektiver Erfüllung (die bei manchen Kontraktarten wie Indexkontrakten unmöglich ist) entstehende Lieferanspruch oder die Lieferverpflichtung. Im Vordergrund steht also die Menge an zu erhaltenden oder anzudienenden Wertpapieren oder Kontrakten. Die *Bemessungsgrundlage* für die Errechnung der offenen Position besteht daher aus der Anzahl der zu erhaltenden oder zu liefernden Wertpapiere, bewertet mit ihrem Kassakurs, gegebenenfalls multipliziert mit ihrem Nominalwert. Bei Indexgeschäften erhält man die Bemessungsgrundlage durch die Multiplikation des aktuellen Indexstandes mit ihrem Kontraktwert.

So ergibt sich die Bemessungsgrundlage für Aktientermingeschäfte aus der Bewertung der Liefermenge mit dem aktuellen Aktienkurs, z.B. bei einem Terminkauf von 10 000 Stück Siemens aus 10 000 Stück x 788,20 DM Kurs pro Aktie = 7,882 Mio. DM. Der Wert von Indexkontrakten ergibt sich aus der Bewertung des Kontraktwerts in Geldeinheiten pro Indexpunkt mit dem aktuellen Indexstand, z.B. beim Verkauf von 200 DAX-Kontrakten zu 200 Kontrakte x 100 DM pro Indexpunkt Kontraktwert x 2 000 Punkte DAX-Stand = 40 Mio. DM.

Da die Ermittlung der in DM ausgedrückten Bemessungsgrundlage für alle in die Positionsermittlung einbezogenen Geschäfte gleich und für jede Kontrakt- oder Aktiengattung getrennt durchzuführen ist, bietet es sich in der Praxis der Berechnung an, die *Konvertierung in DM-Beträge* erst am Ende aller Berechnungsschritte vorzunehmen. Dies bedeutet, den überwiegenden Teil der Berechnungen in Einheiten des Geschäftsgegenstandes (Anzahl Aktien oder Indexkontrakte) durchzuführen und erst das Resultat, die ermittelte Position, in DM auszudrücken. Diese Vorgehensweise ist insbesondere dann sinnvoll, wenn bilanzielle

Aktienbestände als Hedge zur Verfügung stehen, die in den Büchern der Kreditinstitute in aller Regel mit anderen Buchwerten als dem aktuellen Marktkurs skontriert sind.

Eine Ausnahme von dem grundlegenden Prinzip der *strikten Trennung* der Positionsermittlung *nach der Gattung* ihres zugrundeliegenden Gegenstandes mit der Folge, daß gegenläufige Positionen nicht miteinander verrechnet werden können, besteht bei Aktienindexgeschäften. Grundsätzlich werden sie als eigene Geschäftsart angesehen, so daß nur gegenläufige Positionen in derselben Indexgeschäftsart miteinander verrechnet werden dürfen. Eine Aufgliederung in ihre Komponenten nach dem Beispiel der Behandlung des ECU in der Währungsposition ist nicht zulässig. Da Bestände an Indexkontrakten nicht denkbar sind, beschränkt sich die Positionsermittlung auf die Gegenüberstellung gekaufter und verkaufter Kontrakte sowie Call- und Put-Optionen.

Eine *Ausnahme* von dieser Regel besteht nun für den Fall, daß ein tatsächlich vorhandenes Aktienportefeuille durch ein Indextermingeschäft (Verkauf eines Indexterminkontraktes) gegen das Risiko einer nachteiligen Preisveränderung (Preisrückgang) abgesichert wird. Verluste aus der Aktienposition werden in dieser Konstellation durch Gewinne aus der Futureposition kompensiert. In diesem Fall darf der passivischen Indexposition die aktivische Aktienposition gegenübergestellt werden, um die im Grundsatz Ia anrechnungspflichtige Passivposition zu reduzieren. Voraussetzung für dieses Vorgehen ist ein *Übereinstimmungsgrad* des Aktienportefeuilles mit dem Index *von mindestens 70 Prozent*.

Der *Übereinstimmungsgrad* wird in der Weise gemessen, daß die Summe der Gewichtungssätze, mit denen die Kurse der Aktien in die Berechnung des Indexwertes eingehen, die relevante Prozentzahl ergibt. Beläuft sie sich auf 70 oder mehr Prozent, so sieht das Bundesaufsichtsamt das Aktienportefeuille als ausreichend diversifiziert an, um als Hedge für Indextermingeschäfte dienen zu können. Denn durch den Einsatz von Indextermingeschäften und Indexoptionsgeschäften kann nur das Marktrisiko, das heißt die Schwankungen des Gesamtmarktes, nicht jedoch die unternehmens- und branchenspezifischen Risiken abgesichert werden. Sicherungspositionen für Indexpositionen müssen daher ebenfalls weniger auf unternehmens- und branchenspezifische Entwicklungen als vielmehr möglichst gleichförmig mit dem Gesamtmarkt reagieren.

Der *Schwellenwert von 70 Prozent* wurde insbesondere mit Blick auf die Deutsche Terminbörse gewählt. An ihr wurden zur Zeit der Neufassung des Grundsatzes Ia Optionen von vierzehn deutschen Aktien gehandelt.[28] Die Summe der Gewichte, mit denen die Kurse dieser Aktien in den DAX-Index eingehen, betrug etwas über 70 Prozent. Ein Kreditinstitut, das zur Abdeckung möglicher Short-Positionen durch Optionsgeschäfte bereits einen entsprechenden Aktienbestand vorhält, kann den nicht zur Abdeckung der Optionsrisiken gebundenen Teil seines Aktienbestandes zur Absicherung von Index-Future-Verkäufen benutzen und damit das Grundsatz Ia-Limit „ökonomischer" ausnutzen.

Ein Kreditinstitut erwartet beispielsweise einen Kursrückgang am Aktienmarkt und sichert sein diversifiziertes Aktienportefeuille (Übereinstimmungsgrad 72 Prozent) in

---

28 Allianz Holding, BASF, Bayer, BMW, Commerzbank, Daimler Benz, Deutsche Bank, Dresdner Bank, Hoechst, Mannesmann, Siemens, Thyssen, Veba und Volkswagen. Seitdem sind hinzugekommen Bayerische Hypothekenbank und RWE.

Höhe von 1 Mio. DM gegen Kursverluste durch den Verkauf von DAX-Futurekontrakten ab. Notiert der DAX bei 2 000 Punkten, sind zur Absicherung fünf Kontrakte zu verkaufen: Portefeuillewert / (Indexstand x Kontraktgröße) = 1 Mio. DM / (2 000 x 100 DM) = 1 Mio. DM / 200 000 DM = 5 Kontrakte.[29]

Die Summe der Kontraktwerte muß also dem Wert des Depots entsprechen. Sinken die Aktienkurse nun tatsächlich und dadurch der Depotwert, steigen auf der anderen Seite die Gewinne aus den im Kurs ebenfalls fallenden DAX-Futurekontrakten (die als „Variation Margin" täglich ausgezahlt werden) und gleichen die Verluste im Idealfall vollständig aus.[30] Das aktuelle Kursniveau wird durch diesen „Short-Hedge" gewissermaßen „eingefroren". Die Eliminierung der Verlustrisiken geht jedoch – im Gegensatz zu einem Hedge mit Indexoptionen – mit dem Wegfall auch des Gewinnpotentials der Aktienposition bei einer günstigen Kursentwicklung einher, denn der Gewinn aus dem Aktienportefeuille bei steigenden Kursen würde durch die Verluste aus der Short-Futureposition neutralisiert (unter Berücksichtigung des Umstandes, daß die Verluste täglich in liquiden Mitteln nachgeschossen und mit Zinsaufwand refinanziert werden müssen, kann es zu einem Nettoverlust kommen).

Viele Kreditinstitute halten *(im Grundsatz Ia anrechnungsfreie) Aktienbestände* zur Absicherung ihrer anrechnungspflichtigen Stillhalterverpflichtungen aus Optionsgeschäften vor. In diesem Fall sind die (aktivischen) Bestände gegen die (passivischen) Optionspositionen aufzurechnen.

Zum Beispiel ist ein Kreditinstitut Verkäufer von 5 Kaufoptionen der DTB über je 50 Siemens-Aktien zum Termin Juni 1995 (Stillhalterposition), Basispreis 850 DM, Stichtag 15. Oktober 1994, Tageskurs 880 DM, Verfalltag 27. Juni 1995. Der Anrechnungskoeffizient für die Option beträgt nach dem Stufenraster +0,085, folglich beträgt das Stufendelta 70 Prozent. Rechnet man – wie oben empfohlen – so lange wie möglich in Einheiten des Underlyings, so ergibt sich folgendes: die offene Optionsposition beträgt 5 Kontrakte x 50 Aktien x 70 Prozent = 175 Aktien. Ihr stehen 150 Aktien im Bestand gegenüber, die zur (Teil)Deckung geeignet sind. Mit der Berücksichtigung der Aktienbestände verringert sich die offene Stillhalterposition auf 25 Aktien. Bewertet mit 880 DM belasten 22 000 DM das Limit für den Risikobereich Sonstiger Preisrisiken.[31]

---

29 Der Wert eines DAX-Futurekontraktes hängt vom Stand des Deutschen Aktienindexes (DAX) ab. Ein Indexpunkt ist 100 DM wert. Der DAX wird als sogenannter Laufindex während der offiziellen Börsenzeit minütlich berechnet. Die Basis wurde per 31. Dezember 1987 mit 1000 Punkten definiert. Ende Oktober 1994 notierte der Index bei 2071,63 Punkten (Schlußkurs vom 31. Oktober 1994). Gewichtet wird der DAX mit dem zugelassenen Grundkapital der dreißig im Index enthaltenen deutschen Standardwerte. Der Index ist bereinigt um Kapitalveränderungen und Dividendenabschläge.

30 In der Regel entwickelt sich der DAX etwas anders als jede einzelne der in ihm enthaltenen Aktien. Daher wird beim „Beta-hedging" der Gesamtwert des Aktiendepots bereinigt, indem jede Aktie noch mit ihrem sogenannten Beta-Faktor gewichtet wird. Beta gibt an, wie sich die Aktie gegenüber dem DAX innerhalb eines bestimmten Zeitraums verhalten hat. Ist Beta größer (kleiner) als Eins, schwankt der Kurs der Aktie stärker (schwächer) als der DAX. Der DAX selbst hat natürlich immer ein Beta von Eins. Entspricht der Wert der verkauften DAX-Futurekontrakte dem gewichteten Depotwert, gleichen sich Verluste und Gewinne vollständig aus.

31 Dasselbe Ergebnis stellt sich beim (etwas umständlicheren) Rechnen mit DM-Gegenwerten ein: Die offene Optionsposition in Höhe von 154 000 DM ergibt sich aus dem Produkt des Deltawertes von 70 Prozent und des Kontraktwertes in Höhe von 220 000 DM (= 5 x 50 x 880 DM). Dieser offenen Passivposition stehen 150 Siemens-Aktien im Bestand gegenüber, das heißt eine Aktivposition in Höhe von 132 000 DM (150 x 880 DM). Die offene Stillhalteroptionsposition beträgt somit 22 000 DM.

Nach der Neufassung des Grundsatzes Ia ist des öfteren die Frage aufgetaucht, welchen *(Volumens-) Anteil* jede einzelne Aktie in einem Portefeuille, das einen Mindestübereinstimmungsgrad von 70 Prozent besitzt, haben muß oder haben darf. Die Antwort hierauf ist einfach: weil der Mindestübereinstimmungsgrad auf der Basis der Gewichtung ermittelt wird, mit der jede Aktiengattung in die Bestimmung des DAX-Index eingeht, muß das entsprechende Portefeuille *zu gleichen Teilen* aus all den Aktien bestehen, die für die DAX-Berechnung herangezogen werden und darf darüber hinaus selbstverständlich keine weiteren „Nicht-DAX"-Aktien beinhalten. Wird also der Mindestübereinstimmungsgrad durch die Präsenz der „DAX-Aktien" Nr. 1 bis 12 (siehe Abbildung 40) gebildet (Übereinstimmungsgrad 72,99 Prozent), so darf auch nur *jeweils eine Aktie* der genannten Unternehmen im Portefeuille präsent sein. Eine *Substitution* von beispielsweise Bayer gegen BASF (mit dem rechnerischen Ergebnis 71,71 Prozent) ist *nicht möglich*. Fehlte die Bayeraktie in dem Portefeuille, so würde der Übereinstimmungsgrad auf 63,48 Prozent sinken mit der Folge, daß das Portefeuille nicht zur Reduzierung einer offenen passivischen Position im DAX-Future herangezogen werden könnte. Fehlen dürften hingegen beispielsweise Allianz, um den Mindestübereinstimmungsgrad von 70 Prozent beizubehalten.

Aktie	DAX-Gewicht
1. Allianz	2,96 Prozent
2. BASF	8,23 Prozent
3. Bayer	9,51 Prozent
4. Bayerische Hypotheken- und Wechselbank	3,78 Prozent
5. BMW	2,74 Prozent
6. Commerzbank	5,17 Prozent
7. Daimler Benz	7,13 Prozent
8. Deutsche Bank	6,63 Prozent
9. Dresdner Bank	6,20 Prozent
10. Hoechst	8,18 Prozent
11. Mannesmann	5,08 Prozent
12. RWE	7,38 Prozent
13. Siemens	7,66 Prozent
14. Thyssen	4,35 Prozent
15. Veba	6,76 Prozent
16. Volkswagen	4,65 Prozent

Abbildung 40: Underlyings der DTB-Aktienoptionen und ihre Gewichtung bei der Feststellung des DAX (Stand: 22. November 1994)

5.3 Anrechnungspflichtiger Betrag

Nur die offenen Positionen aus Termingeschäften und Stillhalteroptionen mit Sonstigem Preisrisiko, die nicht durch gegenläufige bilanzielle Positionen oder Optionsrechte vom Preisrisiko her gedeckt sind, werden auf das *Grundsatz-Ia-Limit in Höhe von 7 Prozent* angerechnet. Insoweit gilt für die Bestimmung des anrechnungspflichtigen Betrages beim Risikobereich Sonstiges Preisrisiko nichts anderes als für die beiden anderen Risikobereiche.

Das *Beispiel* in Abbildung 41 faßt die Ermittlung des anrechnungspflichtigen Betrages im Bereich Sonstiger Preisrisiken noch einmal zusammen:

getrennt für jede Geschäftsgattung (z. B. Aktie A)	aktivische Positionen (Long)	passivische Positionen (Short)
Anrechnungspflichtige Geschäfte – Termingeschäfte – Stillhalteroptionen Summe a) Vorläufige offene Position	+ 50 + 20 + 70	– 170 – 100 – 270 – 200
b) Verrechnung mit nicht anrechnungs- pflichtigen Geschäften und Beständen – bilanzielle Bestände – Optionsrechte c) Summe	+ 140 + 10 + 150	– 100 – 100
Offene Position Nicht verrechenbare Optionsrechte		– 50 – 100
d) Anrechnungspflichtiger Betrag	50	

Abbildung 41: Bestimmung des anrechnungspflichtigen Betrages im Bereich Sonstiger Preisrisiken

Zur Bestimmung des im Grundsatz Ia *anrechnungspflichtigen Betrages* sind die aktivischen Bilanzpositionen (Aktienbestände) in Höhe von +140 und die erworbenen Kaufoptionen in Höhe von +10 bis zur Höhe der vorläufigen offenen Position (Short-Position) aus den verpflichtenden Termin- und Optionsgeschäften von -200 zu verrechnen. Der auf das Limit anzurechnende Betrag ist somit 50. Läge eine Long-Position aus den einzubeziehenden Geschäften vor, gälte die Verrechnung entsprechend für die erworbenen Verkaufsoptionen. Die nicht zur Schließung der vorläufigen offenen Position mit sonstigem Preisrisiko verrechenbaren, das heißt „überschüssigen" Optionsrechte („Excess Options") müssen – wie auch in den anderen Risikobereichen – nachrichtlich gemeldet werden.

Abweichend vom Grundsatz Ia zielen die internationalen, insbesondere die europäischen Bestrebungen darauf ab, künftig auch *Marktrisiken*, das heißt Wechselkurs-, Zins- und Sonstige Preisrisiken, mit *Eigenkapital zu unterlegen*. Im Gefolge dieser Harmonisierungsbemühungen heißt es also, das Limitsystem des Grundsatzes Ia in ein Eigenkapitalunterlegungssystem zu überführen. Diesen neuen Entwicklungen widmet sich der folgende Teil E.

Zuvor sollen die für Kreditinstitute, die marktpreisrisikobehaftete Geschäfte tätigen, zu erfüllenden allgemeinen bankaufsichtlichen Anforderungen, die an die *Ordnungsmäßigkeit der Geschäftsführung* gestellt werden, kurz vorgestellt werden. Sie sind zwar nicht Bestandteil des Grundsatzes Ia, besitzen aber grundlegende Bedeutung für das Betreiben der im Grundsatz Ia hinsichtlich ihres Marktrisikos geregelten Geschäfte.

96

6. Allgemeine bankaufsichtliche Vorschriften für das Betreiben von Termingeschäften

Im Jahr 1975 hat das Bundesaufsichtsamt die *„Mindestanforderungen für bankinterne Kontrollmaßnahmen bei Devisengeschäften – Kasse und Termin"* bekanntgegeben, bei deren Nichteinhaltung Zweifel an der Ordnungsmäßigkeit[32] der Geschäftsführung begründet sind, die wiederum bankaufsichtliche Maßnahmen[33] rechtfertigen können. Vorausgegangen war bereits 1974 ein Schreiben, in dem das Bundesaufsichtsamt die Banken aufgefordert hatte, angesichts der neuen Gefahren nach dem Wegfall der festen Wechselkurse des Bretton-Woods-Währungssystems nicht in Devisen zu spekulieren.[34]

Als *„obersten Grundsatz des Arbeitsablaufes"* bezeichnet das Amt die klare funktionale Trennung zwischen Handel, Abwicklung und Kontrolle sowie Verbuchung der Geschäfte. Der Handel hat jeden Geschäftsabschluß auf einem Händlerzettel mit den wesentlichen Daten der Transaktion (Kontrahent, Betrag, Valuta, Kurs, Abschlußtag, Fälligkeit) zu erfassen, wobei die Händlerzettel zu numerieren sind (Vollständigkeitskontrolle). Alle Transaktionen sind sofort in der Handelsposition zu erfassen. Die Händlerzettel sind an die Abwicklung weiterzugeben, die auch für das Ausstellen der Bestätigungen und die Entgegennahme der Gegenbestätigungen zuständig ist. Insbesondere letzteres darf zur Verhinderung von Manipulationen auf keinen Fall durch den Handel selbst erfolgen. Jedes Geschäft ist im Rechnungswesen zu erfassen. Die Devisenpositionen sind täglich den zuständigen Vorstandsmitgliedern vorzulegen. Die Einhaltung aller bankaufsichtlichen Vorschriften – insbesondere auch des Grundsatzes Ia – sind außer vom Leiter des Handels auch von einer unabhängigen Stelle zu überwachen. Interne Revisionen sind in unregelmäßigen Zeitintervallen durchzuführen.

Dieselben Vorschriften wie für das Devisengeschäft existieren seit 1980 auch für das *Wertpapierhandelsgeschäft* der Kreditinstitute.[35] Die in beiden Verlautbarungen enthaltenen Mindestanforderungen sind – über ihren ausdrücklich angesprochenen Regelungsbereich hinaus – wegen des gleichgelagerten Risikos auch für andere Geschäftsarten analog anzuwenden, in denen die Kreditinstitute Eigenhandel betreiben, das heißt insbesondere auch für alle Geschäfte mit derivativen Finanzprodukten.

Für die Ausgestaltung der internen Kontrollen zur Verminderung des *„organisatorischen Risikos"*, das heißt des Risikos, daß einem Kreditinstitut aus unzureichender Organisation finanzieller Schaden erwächst, gab es in der jüngsten Vergangenheit auch auf internationaler Ebene weitere Initiativen. So befaßt sich ein umfangreicher Teil des Berichts der „Gruppe der Dreißig" („Group of Thirty Report")[36] mit Empfehlungen zur Ausgestaltung des Risiko-Managements. Im Juli/August 1994 veröffentlichten der Baseler Ausschuß für Bankenaufsicht und die IOSCO („International Organization of Securities Commissions", das heißt das internationale Gremium der Wertpapieraufsichtsbehörden) eigene Papiere

---

32 Vgl. CMBS (1954 ff.), Nr. 4.120, Schreiben des Amtes I 4 - 32 vom 24. Februar 1975.
33 Z .B. Abberufung des verantwortlichen Geschäftsleiters (Vorstands) nach § 36 KWG.
34 Vgl. CMBS (1954 ff.), Nr. 4.113, Schreiben des Amtes I 4 - 32 vom 6. Mai 1974.
35 Vgl. CMBS (1954 ff.), Nr. 19.03, Schreiben des Amtes V 3 - Gr 8/77 vom 30. Dezember 1980.
36 Vgl. Global Derivatives Study Group (1993).

über Mindestanforderungen für das Risiko-Management insbesondere bei Finanzderivaten, die in Kürze für die deutsche Bankenaufsicht übernommen werden.

Neben den allgemeinen Vorschriften zur Ausgestaltung der organisatorischen Abläufe und den Anforderungen an Risiko-Management-Systeme hat das Bundesaufsichtsamt den *Abschluß von Devisengeschäften zu marktabweichenden Kursen* de facto *verboten*.[37] Mit derartigen Geschäften ist es nämlich möglich, „versteckt" Kredite zu vergeben, wie aus dem folgenden *Beispiel* deutlich wird:

> Ein Kreditinstitut verkauft bei einem Marktkurs von 1,70 DM 10 Mio. US-Dollar an einen Geschäftspartner zum Kurs von 1,20 DM und kauft den Betrag auf Termin nach 6 Monaten zu 1,15 DM zurück. Mit diesem Verkauf weit unterhalb des Marktkurses hat das Institut dem Kontrahenten de facto einen Kredit über 5 Mio. DM (10 Mio. US-Dollar x 0,50 DM/US-Dollar als Kursdifferenz) gewährt, denn der Geschäftspartner kann die erhaltenen US-Dollar sofort am Markt zu 1,70 DM verkaufen, während er nur 1,20 DM pro Dollar für den Erwerb aufgewendet hat. Die Verzinsung des versteckten Kredites erfolgt über den niedrigen Rückkaufkurs von 1,15 DM (unter Berücksichtigung des die Zinsdifferenz ausdrückenden Swapauf- oder -abschlages).

Spekulative Warentermingeschäfte hat das Bundesaufsichtsamt bereits 1974 wegen der damit verbundenen (Preis-) Risiken für unvereinbar mit den Grundsätzen einer ordnungsmäßigen Geschäftsführung erklärt.[38] Nur für den Bereich der Kreditgenossenschaften mit Warengeschäft gibt es eine Ausnahme hinsichtlich der Durchführung von Warentermingeschäften.[39]

---

37 Vgl. CMBS (1954 ff.), Nr. 4.147, Schreiben des Amtes I 3 - 122 - 1/77 vom 30. März 1977.
38 Vgl. CMBS (1954 ff.), Nr. 4.117, Schreiben des Amtes I 1 - 1269 - 1/74 vom 24. Oktober 1974.
39 Vgl. Reischauer/Kleinhans (1963 ff.), RdNr. 10 zu § 33, S. 8, Schreiben des Amtes I 1 - 1269 - 1/74 vom 13.12.1974.

E. EG-Kapitaladäquanzrichtlinie und Baseler Marktrisikoregelungen

1. Stellenwert der Kapitaladäquanzrichtlinie

Mit der Verwirklichung des europäischen Binnenmarktes zum 1. Januar 1993 durch die Zweite Bankrechtskoordinierungsrichtlinie[1] besitzen die Kreditinstitute den „*europäischen Paß*", das heißt die Niederlassungs- und Betätigungsfreiheit in allen Mitgliedstaaten der Europäischen Union. Ein Kreditinstitut, das in einem anderen Land Bankgeschäfte betreiben will, muß nicht mehr für die Eröffnung einer Zweigstelle ein Zulassungsverfahren im Gastland einleiten; vielmehr wird seine Zulassung im Herkunftsland auch im Gastland anerkannt. Es unterliegt im Sinne der „*Heimatlandkontrolle*" nur der Aufsicht seines Herkunftslandes, jedoch nur in den Bereichen der Bankenaufsicht, für die eine EU-weite Bankrechtsharmonisierung besteht, also zum Beispiel nicht im Bereich der Beaufsichtigung der Liquidität.

Der „*Europapaß*" gilt allerdings nur für Kreditinstitute, das heißt für solche Unternehmen, deren Tätigkeit nach der Definition der Ersten Bankrechtskoordinierungsrichtlinie[2] darin besteht, Kredite zu geben und gleichzeitig Einlagen vom Publikum entgegenzunehmen. Die Wertpapierfirmen angelsächsischen Zuschnitts, die im Rahmen des Trennbanksystems nicht als EG-Kreditinstitute gelten, kommen hingegen nicht in den Genuß der europäischen Niederlassungsfreiheit. In dieser Situation drängte insbesondere das Vereinigte Königreich (unterstützt von anderen EU-Staaten, die genuine Wertpapierfirmen kennen, wie die Niederlande und Frankreich) auf eine Richtlinie, die auch den Wertpapierhäusern den „europäischen Paß" bringen sollte.

Die Staaten mit ausgeprägtem Universalbanksystem, vor allem die Bundesrepublik Deutschland, bestanden im Gegenzug auf spezielle Eigenkapitalnormen für Wertpapierhäuser, da ansonsten die Gefahr drohte, daß unterschiedliche Regelungssysteme für Kreditinstitute und Wertpapierhäuser den Wettbewerb beeinträchtigten.[3] Für beide Arten von Wettbewerbern sollte eine „einheitliche Arena" („*Level Playing Field*") geschaffen und eine Bevorzugung oder Benachteiligung des einen oder des anderen Bankensystems vermieden werden. In diesem Zusammenhang wurde von deutscher Seite das bankaufsichtliche Ziel „*Gleiches Geschäft, gleiches Risiko, gleiche Aufsichtsregeln*" formuliert („Same Business, Same Risk, Same Rules").[4]

---

1 Vgl. EG-Kommission (1989b).
2 Vgl. EG-Kommission (1977).
3 Vgl. dazu z. B. Arnold (1991, 1993) und Schulte/Mattler (1994e).
4 Vgl. Rudolph (1994), S. 118 ff. und 128. Der Autor sieht in dem funktionalen „Level-Playing-Field-Ansatz" die Gefahr, daß künftig die Eigenkapitalerfordernisse nicht auf den Finanzsektor beschränkt bleiben, sondern Regulierungen aller derivativer Geschäfte und Positionen gleich welcher Transakteure (zum Beispiel auch der Industrieunternehmen) vorgesehen werden. Er spricht sich deshalb für eine Rückbesinnung zum traditionellen institutionellen Ansatz der Bankenaufsicht aus.

Zur Verwirklichung dieses Ziels sind auch außerhalb der Europäischen Union Fortschritte erzielt worden. So hat Ende April 1993 der *Baseler Ausschuß für Bankenaufsicht* auch Vorschläge zur Erfassung und Begrenzung von Marktpreisrisiken vorgelegt („Marktrisiko-Konsultationspapier") und den davon betroffenen internationalen Banken Gelegenheit zur Stellungnahme gegeben. Die Marktrisikovorschläge decken sich weitgehend mit der bereits im März 1993 endgültig verabschiedeten „Richtlinie des Rates über die angemessene Eigenkapitalausstattung von Wertpapierfirmen und Kreditinstituten",[5] kurz *Kapitaladäquanzrichtlinie* genannt, die für alle Kreditinstitute und Wertpapierhäuser in der EU bis zum 31. Dezember 1995 in nationales Aufsichtsrecht umzusetzen ist (siehe Abbildung 42).

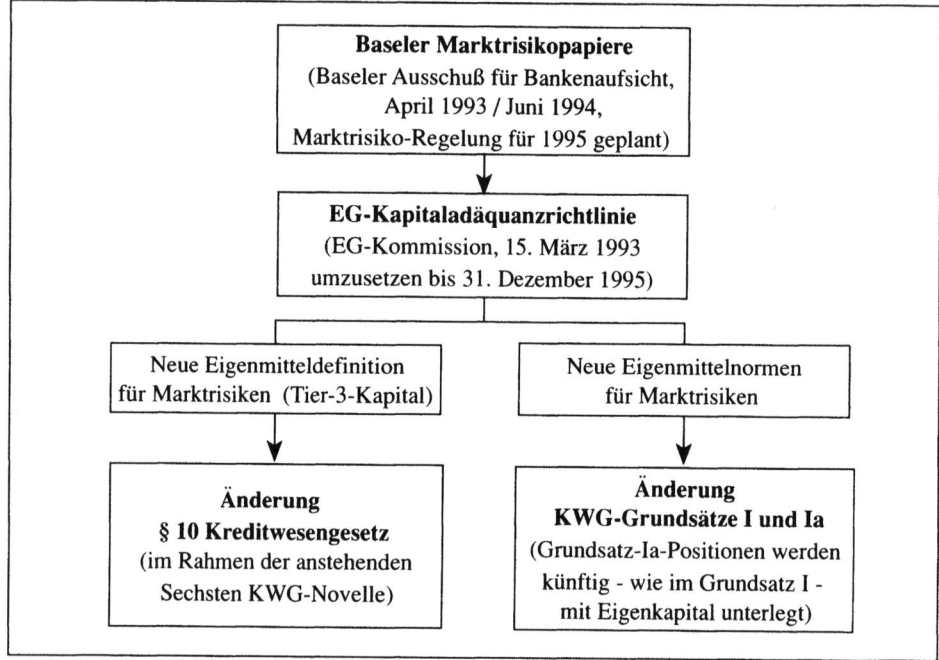

Abbildung 42: Künftige Marktrisikonormen

Während für die *Kreditinstitute* die verschiedenen Vorschriften hinsichtlich der Zulassungsvoraussetzungen, insbesondere des Startkapitals, des Vier-Augen-Prinzips und anderer Anforderungen, der Eigenmitteldefinition, der konsolidierten Aufsicht, der Großkreditregelungen und des Solvabilitätskoeffizienten, in verschiedenen einzelnen Richtlinien niedergelegt sind, bilden für die *Wertpapierfirmen* die Wertpapierdienstleistungsrichtlinie[6] und die Kapitaladäquanzrichtlinie die Pendants hierzu. Insbesondere die Kapitaladäquanzrichtlinie enthält eine Vielzahl von Regelungen für Wertpapierfirmen, die für Kreditinstitute in anderen Richtlinien festgelegt sind.

---

5 Vgl. EG-Kommission (1993b) und zur Entwicklungsgeschichte der Richtlinie EG-Kommission (1990b, 1992c).Vgl. auch Date (1990, 1991), Maes (1992), Schaefer (1990, 1992) und Schulte-Mattler (1992a, 1992b).
6 Vgl. EG-Kommission (1993c) und Jentsch (1993).

Ziel des *Marktrisiko-Konsultationspapiers* einschließlich einiger nachfolgender „*Marktrisikopapiere*" des Baseler Ausschusses für Bankenaufsicht ist die Erweiterung der Baseler Eigenkapitalübereinkunft vom Juli 1988 zu den Ausfallrisiken um Marktrisiken.[7] Das Papier legt Mindestkapitalanforderungen für Zins- und Aktienkursrisiken sowie für Fremdwährungs- und Edelmetallpreisrisiken fest, die mit den Vorschriften der Kapitaladäquanzrichtlinie weitgehend identisch sind.

Da sich Wertpapierfirmen und Universalbanken wegen des beschränkten Geschäftsfeldes der Wertpapierfirmen im wesentlichen in dem Bereich der Wertpapiergeschäfte und der damit verbundenen Derivativgeschäfte im Wettbewerb begegnen, wurden auch nur für diesen Geschäftsbereich „*Trading-book*" („Handelsbuch") international harmonisierende Eigenkapitalregelungen ausgearbeitet. Für die anderen Geschäftsfelder, insbesondere also für das klassische Kreditgeschäft der Universalbanken, gilt nach wie vor die Solvabilitätsrichtlinie (in der Bundesrepublik Deutschland also der Grundsatz I) bzw. die Baseler Eigenkapitalübereinkunft von 1988. Für Wertpapierfirmen, die Geschäfte außerhalb des Handelsbuches betreiben, ist dementsprechend ebenfalls die Solvabilitätsrichtlinie anzuwenden (siehe Abbildung 43). Allerdings ist die Handelsbuchdefinition der Kapitaladäquanzrichtlinie in einer Weise gefaßt, daß Wertpapierfirmen in der Regel nicht in diese Unannehmlichkeit kommen werden.

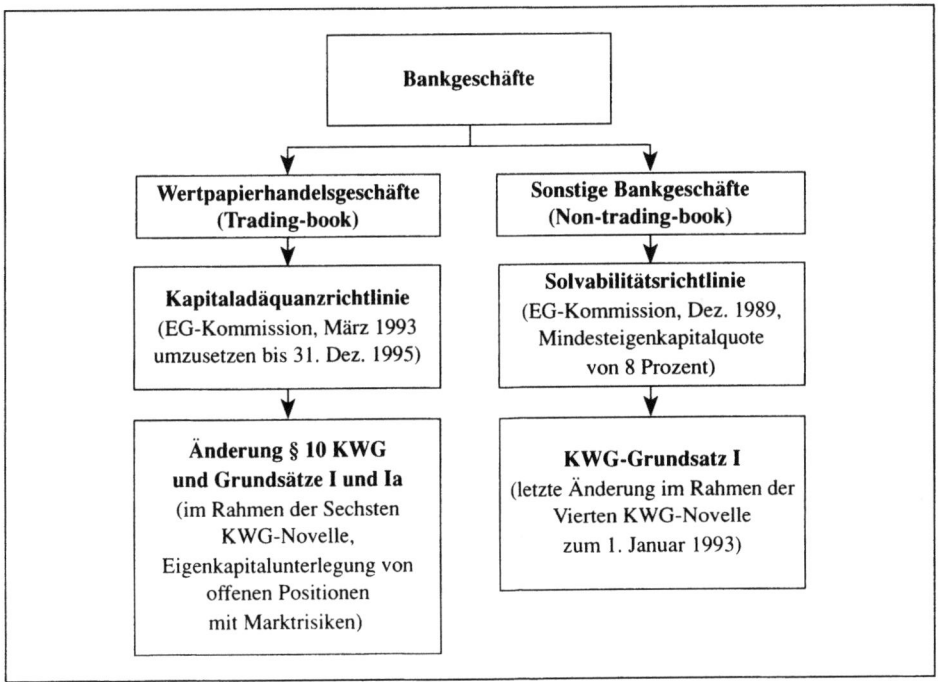

Abbildung 43: Bankgeschäfte und ihre Erfassung nach der Kapitaladäquanzrichtlinie und der Solvabilitätsrichtlinie

---

7 Vgl. Ausschuß für Bankenbestimmungen und -überwachung (1988) und Baseler Ausschuß für Bankenaufsicht (1993, 1994a, 1994b) sowie Hull (1989) und Schulte-Mattler (1994a, 1994b).

Wie die *deutschen Aufsichtsnormen* nach der Umsetzung der Kapitaladäquanzrichtlinie konkret aussehen werden, kann derzeit nicht mit letzter Sicherheit gesagt werden. Es handelt sich bei dem Übergang um eine grundlegende Neugestaltung der deutschen Aufsicht über Marktpreisrisiken, den Übergang vom Limitsystem des Grundsatzes Ia zu einer Eigenmittelunterlegungsvorschrift. Da sich die neuen bankaufsichtlichen Vorschriften an der Kapitaladäquanzrichtlinie ausrichten, aber vermutlich auch bestimmte strengere Regelungen des Baseler Ausschusses zur Beaufsichtigung der Marktpreisrisiken berücksichtigen werden, erscheint eine vergleichende Betrachtung der Regelungen angebracht.

2. Grundlagen der künftigen Marktrisikoregelungen

2.1 Regelungsbereiche der Kapitaladäquanzrichtlinie

Die Kapitaladäquanzrichtlinie legt *Eigenkapitalanforderungen* für Marktpreisrisiken fest, die sich aus dem „Trading-book", das heißt aus Eigenhandelsgeschäften mit Wertpapieren und derivativen Produkten, sowie aus allen Fremdwährungsgeschäften ergeben. Die Unterlegung von Edelmetallpreisrisiken ist in der derzeitigen Fassung der Richtlinie – im Unterschied zu den Baseler Marktrisikopapieren – nicht vorgesehen. Allerdings ist die Kommission durch die Richtlinie beauftragt, noch vor dem Umsetzungstermin Vorschläge für Kapitalanforderungen für Positionen aus Warengeschäften (einschließlich Edelmetallen) vorzulegen. Dies ist derzeit noch nicht geschehen.

Die Richtlinie ist auf alle Kreditinstitute und Wertpapierhäuser anzuwenden. Es besteht allerdings eine *Ausnahmeregelung* für Kreditinstitute mit nur geringfügigem Handelsbuch. Nach Artikel 4 Absatz 6 der Richtlinie unterliegen

- Institute, bei denen *in der Regel*
  - der Anteil des Handelsbuches 5 Prozent ihrer gesamten Geschäftstätigkeit und
  - die Handelsbuch-Positionen den Betrag von 15 Mio. ECU nicht übersteigt,
- oder Institute, bei denen *zu keiner Zeit*
  - der Anteil des Handelsbuches 6 Prozent ihrer gesamten Geschäftstätigkeit und
  - die Gesamtsumme der Trading-book-Positionen 20 Mio. Ecu überschreitet,

nicht den Vorschriften der Kapitaladäquanzrichtlinie, sondern nach wie vor der Solvabilitätsrichtlinie.[8]

Diese Ausnahmeregelung ist für *kleinere Institute* eine große Erleichterung, denn sie haben den erheblichen technischen Aufwand nicht zu tragen, der mit der Berechnung der Eigenkapitalanforderungen nach der Kapitaladäquanzrichtlinie einhergeht. Dem Vernehmen nach soll die Kapitaladäquanzrichtlinie bei einigen Instituten (zum Beispiel bei Sparkassen) zu höheren Eigenkapitalunterlegungsbeträgen als die Solvabilitätsrichtlinie führen.[9]

---

8 Vgl. EG-Kommission (1989c).

9 Proberechnungen bei den Sparkassen haben ergeben, daß die Eigenmittelanforderungen nach der Kapitaladäquanzrichtlinie in der Regel zwei- bis dreimal so hoch liegen dürften wie die Unterlegung der gleichen Geschäfte nach der Solvabilitätsrichtlinie. Vgl. Gröschel/Maes (1994), S. 21.

Die Regelungen der Kapitaladäquanzrichtlinie sollen innerhalb der ersten drei Jahre nach der Umsetzung in nationales Recht, also bis zum 31. Dezember 1998, überprüft werden. Diese *Revisionsmöglichkeit* soll sicherstellen, daß die Entscheidungen anderer internationaler Aufsichtsgremien in den künftigen europäischen Regelungen berücksichtigt werden können. In Betracht kommen hier vor allem die Baseler Marktrisikoregelungen.

Zu den *wesentlichen Regelungsbereichen* der Richtlinie, die nachstehend behandelt und mit den korrespondierenden Regelungen der Baseler Marktrisikopapiere (soweit vorhanden) verglichen werden (siehe Abbildung 44), gehören

- die konsolidierte Aufsicht von Marktrisiken,
- das Mindestanfangskapital,
- die Definition des Handelsbuches,
- die Eigenmitteldefinition,
- die Eigenmittelanforderungen für Marktrisiken, Adressenausfall-, Abwicklungs- und Lieferrisiken sowie für Großrisikopositionen.

Marktrisiko-normen	Kreditwesengesetz bzw. Grundsatz Ia	Kapitaladäquanz-richtlinie	Baseler Markt-risikopapiere
Norm	geltendes Recht gemäß § 10 KWG, letzte Neufassung zum 1. Januar 1993	verabschiedet am 15. März 1993, Umsetzung in nationales Recht bis 31. Dezember 1995	Regelung wohl Mitte/Ende 1995, keine nationale Umsetzungspflicht
Anwendung auf ...	Kreditinstitute im Geltungsbereich des KWG	Kredit- und Finanzinstitute (einschließlich Wertpapierhäuser) in der EU	international tätige Kreditinstitute
Anrechnungspflichtige Geschäftspositionen in den drei Risiko-bereichen	im Zins- und Aktienkursrisikobereich nur „risikoerhöhende" Termingeschäfte, alle Geschäfte im Fremdwährungs- und Edelmetallbereich	„Trading-book-Geschäfte" im Zins- und Aktienbereich, alle Geschäfte im Fremdwährungsbereich	„Trading-book-Geschäfte" im Zins- und Aktienbereich, alle Geschäfte im Fremdwährungs- und Edelmetallbereich
Konsolidierte Betrachtung	nein	ja	ja

Abbildung 44: Bankaufsichtliche Normen für Preisrisiken im Überblick

2.2 Konsolidierte Aufsicht von Marktrisiken

Die Einbeziehung der selbständigen Wertpapierhandelshäuser in die *bankaufsichtliche Konsolidierung* war ein wesentliches Anliegen der deutschen Delegation bei den Verhandlungen zur Kapitaladäquanzrichtlinie. Die konsolidierte Beaufsichtigung von Kreditinstituten ist ein bewährtes Verfahren, um die *Mehrfachbelegung* des nur einmal vorhandenen Eigenkapitals und den *Aufbau von (Kredit-) Risikopyramiden* über Tochterunternehmen zu verhindern. Diese Sichtweise muß daher auch bei der aufsichtlichen Beurteilung von Marktpreisrisiken angewendet werden.

Das Prinzip der Konsolidierung wurde in der Kapitaladäquanzrichtlinie – den Baseler Überlegungen folgend[10] – weitgehend umgesetzt. Lediglich für *reine Wertpapierhausgruppen*, das heißt für den Fall, daß Mutter- und Tochtergesellschaft Wertpapierfirmen sind, wurde die Konsolidierungspflicht auf Drängen des Vereinigten Königreiches deutlich aufgeweicht. In diesem Fall nämlich können die zuständigen Aufsichtsbehörden anstelle des risikoadäquaten Konsolidierungsverfahrens den *Abzug der Beteiligungen* vom Eigenkapital der Muttergesellschaft vorschreiben. Zusätzliche (eigentlich selbstverständliche) Voraussetzung ist, daß die einzelne Wertpapierfirma mindestens die Anforderungen der Kapitaladäquanzrichtlinie erfüllt.

Weiter läßt die Richtlinie die Möglichkeit zu, daß die Risikopositionen der in die Konsolidierung einbezogenen Institute gegeneinander aufgerechnet werden können, so daß die Gruppe insgesamt geringere Positionen aufweist und damit geringere Eigenkapitalanforderungen zu erfüllen hat. Dabei soll zwar die Voraussetzung erfüllt sein, daß jedes Einzelinstitut die Kapitalanforderungen nach der Kapitaladäquanzrichtlinie erfüllt. Im Extremfall darf jedoch auf eine *Einzelaufsicht* auch *verzichtet* werden, wenn nur das Kapital innerhalb der Gruppe angemessen aufgeteilt ist. Eine derart unvorsichtige Handhabung des Problems der Festlegung und Beaufsichtigung der Eigenkapitalausstattung einer Gruppe erscheint jedoch aus Sicht der deutschen Bankenaufsicht unvertretbar.

2.3 Mindestanfangskapital

Die Höhe des *Mindestkapitals*, das für die Aufnahme des Geschäftsbetriebs bei *Kreditinstituten* erforderlich ist, wurde in der Zweiten Bankrechtskoordinierungsrichtlinie auf 5 Mio. ECU für Institute mit unbeschränkten Lizenzen und auf 1 Mio. ECU für Spezialkreditinstitute mit Teillizenzen festgesetzt. Für Wertpapierfirmen liegen die Anforderungen deutlich niedriger.

Die Kapitaladäquanzrichtlinie (Artikel 3), die auch hier das Pendant zur Zweiten Bankrechtskoordinierungsrichtlinie bildet, schreibt für *Wertpapierfirmen* vor, daß diese nur dann die erforderliche Zulassung zur Aufnahme ihrer Geschäftätigkeit in den Mitgliedstaaten der Europäischen Union („Europapaß") erhalten sollen, wenn sie – je nach Art ihrer Tätigkeit – ein Startkapital zwischen 50 000 und 730 000 ECU nachweisen (siehe Abbildung 45). Im Gegensatz zu Kreditinstituten müssen Wertpapierhäuser noch eine zusätzliche Kapitalanforderung für sonstige Risiken in Höhe von 25 Prozent der „fixen Gemeinkosten" des vorangegangenen Geschäftsjahres erfüllen.

Eine „*Grandfathering-Klausel*" der Richtlinie erlaubt die Aufrechterhaltung der Zulassung bestehender (oder durch Fusion neu entstehender) Wertpapierfirmen auch dann, wenn diese die Mindestkapitalanforderung nicht erfüllen. Ihre Eigenkapitalausstattung darf dann jedoch nicht unter den Stand des Stichtages (Inkrafttreten der Richtlinie oder Fusionszeitpunkt) absinken und muß graduell an die Mindesthöhe herangeführt werden.

---

10 Vgl. Baseler Ausschuß für Bankenaufsicht (1990). Mit der Verabschiedung dieses „Zwischenberichtes" wurde das Prinzip der bankaufsichtlichen Konsolidierung von Marktrisiken international verankert.

Art der Wertpapierfirma	Mindestbeträge (in ECU)
Wertpapierfirmen ohne Handel und ohne „Underwriting"-Geschäft (Abs. 1)	125 000
Wertpapierfirmen ohne Handel und ohne „Underwriting"-Geschäft sowie ohne Verwaltung fremder Gelder/Wertpapiere - reine Broker (Abs. 2)	50 000
Übrige Wertpapierfirmen (Abs. 3)	730 000
Lokale Firmen und Vermittler (Abs. 4)	50 000
Bestehende Wertpapierfirmen (Abs. 5)	Stand zum Stichtag
Fusionierte Wertpapierfirmen, lokale Firmen und Vermittler (Abs. 7)	Stand zum Stichtag

Abbildung 45: Mindestanfangskapital für Wertpapierfirmen nach Artikel 3 der Kapitaladäquanz-richtlinie

2.4 Definition des Handelsbuches

Beim *Handelsbuch* („*Trading-book*")[11] handelt es sich im wesentlichen um den Bestand an Finanzinstrumenten, die ein Institut für *Zwecke des Eigenhandels* hält und die ein Markt-preisrisiko in sich bergen. Insbesondere gehören Wertpapiere und Geldmarktinstrumente sowie Finanzderivate wie Zinsterminkontrakte, Optionen, Zins- und Währungsswaps dazu (siehe Abbildung 46). Denselben Regelungsbereich decken die Baseler Marktrisikopapie-re ab; die Übereinstimmung mit der Richtliniendefinition ist vor kurzem ausdrücklich be-stätigt worden.

Investmentanteile sind vorerst von der Trading-book-Definition in der Kapitaladäquanz-richtlinie ausgenommen und unterliegen damit in vollem Umfang der Solvabilitätsrichtli-nie. Die Kommission ist jedoch – ähnlich wie bei den Warengeschäften – beauftragt, noch vor dem Inkrafttreten der Kapitaladäquanzrichtlinie einen Vorschlag für die Einbeziehung der Investmentanteile vorzulegen, was derzeit ebenfalls noch nicht geschehen ist.

Bei der *Umsetzung der Richtlinie* in deutsches Aufsichtsrecht wird ein wesentlicher Teil der Arbeiten darin bestehen, die eher allgemein gehaltene Handelsbuchdefinition der Richtlinie in konkrete Vorschriften umzusetzen. Als Beispiel für eine der dabei auftreten-den Fragen kann darauf hingewiesen werden, daß Kreditinstitute häufig auch solche In-strumente im Eigenhandelsbestand halten, die bilanziell keine Wertpapiere darstellen, son-dern als Buchforderungen ausgewiesen werden (wie Schuldscheindarlehen und Namens-schuldverschreibungen). Fraglich kann auch sein, ob die Forderungen und Verbindlichkei-ten aus dem Geldhandel (Eigenhandel) in das Handelsbuch aufzunehmen sind. Die Han-delsbuchdefinition der Kapitaladäquanzrichtlinie, die drei disparate Kriterien in sich ver-eint (Geschäftszweck, Geschäftsart und Risikoart) und deshalb auf den ersten Blick nur schwer faßbar ist, bietet jedoch genügend Spielraum, um zu einer risikoadäquaten Festle-gung zu gelangen.

---

11 Die Kapitaladäquanzrichtlinie spricht in der deutschen Fassung vom „Wertpapierhandel", in der den Sach-verhalt genauer treffenden englischen Fassung vom „Trading-book". Die französische Fassung spricht vom „Portefeuille de Négociation".

Kapitaladäquanzrichtlinie	Baseler Marktrisikopapiere
Geschäftsformen: a) Eigenhandel b) „Matched Principal Broking" c) Absicherung anderer Teile des Handelsbuches	Geschäftsformen: a) Eigenhandel b) „Matched Principal Broking" c) Absicherung anderer Teile des Handelsbuches
Geschäftsarten: a) Nicht abgewickelte Geschäfte b) Abgeleitete Instrumente des Freiverkehrs c) Vorleistungen d) Pensionsgeschäfte (Repos und Reverse Repos) e) Wertpapierleihgeschäfte	Geschäftsarten: a) Nicht abgewickelte Geschäfte b) Abgeleitete Instrumente des Freiverkehrs c) nicht ausdrücklich erwähnt d) nicht ausdrücklich erwähnt e) Wertpapierleihgeschäfte
Bilanzielle Posten: a) Forderungen (Gebühren, Provisionen, Zinsen, Dividenden und Börsen-Einschüsse) in unmittelbarem Zusammenhang mit dem Handelsbuch b) Wertpapiere (Aktien und gleichzustellende Papiere, Schuldverschreibungen und sonstige verbriefte Schuldtitel) c) Geldmarktinstrumente	Bilanzielle Posten: nicht ausdrücklich erwähnt
Geschäftsgegenstände: a) Finanzterminkontrakte (Devisen-, Zins-, Aktien- und Index-Futures) und -Optionen b) Zins-, Währungs-, Equity-Swaps und -Optionen	Geschäftsgegenstände: Finanzinstrumente (einschließlich Positionen in derivativen Produkten und Zinsinstrumenten)

Abbildung 46: Definition des Handelsbuches (Trading-book)

2.5 Eigenmitteldefinitionen

Die Kapitaladäquanzrichtlinie enthält in ihrem Anhang V zwei *alternative Eigenmitteldefinitionen*, die den nationalen Aufsichtsbehörden zur Auswahl stehen.

Nach der *ersten* Eigenmittelbestimmung können die Banken und Wertpapierfirmen ihre Risiken mit Eigenmitteln gemäß der Eigenmittelrichtlinie,[12] das heißt im wesentlichen mit Kernkapital und Ergänzungskapital unterlegen (siehe Abbildung 47 und die ausführliche Darstellung im Teil C).[13]

Alternativ können die in der Kapitaladäquanzrichtlinie erfaßten Risiken über das Kernkapital hinaus (in der Richtlinie als *„ursprüngliche Eigenmittel"* bezeichnet) auch mit *kurzfristigen nachrangigen Verbindlichkeiten (,,Tier-3-Kapital")* bis zu einer Höhe von 150 Prozent[14] der durch Risikopositionen aus dem Trading-book gebundenen ursprünglichen Eigenmittel unterlegt werden. Die nachrangigen Verbindlichkeiten müssen dabei eine

---

12 Vgl. EG-Kommission (1989a, 1991b und 1992a) und u.a. Akmann (1990).

13 Vgl. Arnold/Boos (1993).

14 Zwar beschränkt die Richtlinie den Höchstbetrag im ersten Schritt auf 150 Prozent, läßt aber im folgenden als Ausnahme für Wertpapierhäuser eine Anhebung auf 250 Prozent zu. Als einzige Bedingung wird dabei stipuliert, daß die Aufsichtsbehörden dies für angemessen halten, was im Zuge der aufsichtlichen „Competition in Laxity" sicherlich immer gegeben sein wird.

Begrenzungs- normen	Kreditwesengesetz bzw. Eigenmittelrichtlinie	Kapitaladäquanz- richtlinie	Baseler Markt- risikopapiere
Gesamtkapital	= Tier 1 + Tier 2	kein Unterschied	kein Unterschied
Kernkapital (Tier-1-Kapital)	unbegrenzt	kein Unterschied	kein Unterschied
Ergänzungskapital (Tier-2-Kapital)	a) Klasse 1: Anerkennung bis maximal in Höhe von 100 Prozent des Tier-1-Kapitals b) Klasse 2: Anerkennung bis maximal in Höhe von 50 Prozent des Tier-1-Kapitals c) Klasse 1 und 2 darf insgesamt 100 Prozent des Tier-1-Kapitals nicht überschreiten	kein Unterschied	kein Unterschied

Abbildung 47: Begrenzungsnormen bei der „normalen" Eigenkapitaldefinition

Ursprungslaufzeit (!) von mindestens zwei Jahren aufweisen, ohne Genehmigung der Aufsichtsbehörden nicht vorzeitig rückzahlbar sein und nicht getilgt oder mit Zinsen bedient werden, sofern dies ein Absinken der Eigenmittel unter die Eigenkapitalanforderungen zur Folge hätte („*Lock-in-Klausel*" bei 100 Prozent der Eigenmittel). Diese nachrangigen Verbindlichkeiten dürfen auch durch andere Arten von Verbindlichkeiten ersetzt werden („*Substitutionsregelung*"). Zusätzlich wird den Instituten die Pflicht auferlegt zu melden, wenn die Eigenmittel aufgrund von Rückzahlungen nachrangiger Verbindlichkeiten unter einen Schwellenwert von 120 Prozent der Eigenkapitalanforderungen absinken („*Frühwarnsignal*").

Aus bankaufsichtlichen Risikogesichtspunkten erscheint das Abstellen auf die *Ursprungslaufzeit statt* auf die *Restlaufzeit* als völlig abwegig, da es bei einer Eigenkapitalregelung darauf ankommt, daß die als bankaufsichtliche Eigenmittel anerkannten Fremdmittel dem Institut uneingeschränkt und solange wie möglich zur Verfügung stehen. Letzteres ist nur durch eine Anforderung über eine Mindestrestlaufzeit zu erreichen, so daß die Vorschrift der Richtlinie in dieser Hinsicht als Augenwischerei erscheint und aus bankaufsichtlicher Perspektive wohl kaum vertretbar ist.

Zu den Eigenmitteln sollen weiterhin auch die *Nettogewinne* aus Handelsbuchaktivitäten gezählt werden, und zwar in unbegrenzter Höhe („*Tier-4-Kapital*"). Bei den Nettogewinnen sind die vorhersehbaren Minderungen durch Steuern, Abgaben und Ausschüttungen abzusetzen. Durch die Verwendung des Begriffs „Netto" ergibt sich aus der Vorschrift bereits semantisch, daß Verluste aus Handelsaktivitäten im Rahmen des Trading-books mit Gewinnen zu verrechnen sind (andernfalls läge keine Nettogröße vor); dies stellt die Richtlinie auch ausdrücklich klar. Die Richtlinie beschränkt die anerkennungsfähigen Nettogewinne auf diejenigen Größen, die nicht bereits als „*Zwischengewinne*" nach der Eigenmittelrichtlinie berücksichtigt wurden, so daß sich die Frage stellt, worin der Unterschied zwi-

107

schen den beiden Begriffen besteht. Diese Frage ist derzeit noch Gegenstand von Diskussionen auf EU-Ebene.

Bei einer Verwendung der Alternativdefinition der Eigenmittel sind – im Unterschied zur Definition nach der Eigenmittelrichtlinie – verschiedene *„schwer realisierbare Aktiva"* abzusetzen, das heißt Aktiva mit vergleichsweise langer Bindungsdauer. Dazu zählen neben Sachanlagen und Warenbeständen im wesentlichen Beteiligungen sowie Forderungen mit einer Restlaufzeit von mehr als 90 Tagen. Offen ist die Frage, ob sich die Abzugsvorschrift auf Aktiva bezieht, die dem Trading-book zugeordnet sind, oder alle Aktiva des Kreditinstituts bzw. der Wertpapierfirma umfaßt.

Der Abzug der schwer realisierbaren Aktiva ist bei *Wertpapierfirmen* Bedingung für die Nutzung nachrangiger Verbindlichkeiten als Eigenmittel in dem genannten Umfang von 250 Prozent. Ohne einen solchen Abzug ist bei ihnen der Höchstbetrag auf 200 Prozent

Begrenzungsnormen	Kapitaladäquanzrichtlinie	Baseler Marktrisikopapiere
Gesamtkapital	= Tier 1 + Tier 2 + Tier 3 + Tier 4	= Tier 1 + Tier 2 + Tier 3
Kernkapital (Tier-1-Kapital)	unbegrenzt	kein Unterschied
Ergänzungskapital (Tier-2-Kapital)	a) Klasse 1: Anerkennung bis maximal in Höhe von 100 Prozent des Tier-1-Kapitals b) Klasse 2: Anerkennung bis maximal in Höhe von 50 Prozent des Tier-1-Kapitals c) Klasse 1 und 2 darf insgesamt 100 Prozent des Tier-1-Kapitals nicht überschreiten	kein Unterschied
Nachrangkapital (Tier-3-Kapital)	a) maximal 150 Prozent des Tier-1-Kapitals; Erlaubnis möglich bis 250 Prozent b) Substitution Tier-3 durch Tier-2: vollständig c) Lock-in-Klausel: 100 Prozent d) Meldepflicht für Rückzahlungen, falls Gesamtkapital unter 120 Prozent des Gesamtbetrages der Eigenkapitalanforderungen sinkt	a) maximal 250 Prozent des Tier-1-Kapitals b) Substitution Tier-3 durch Tier-2: nur soweit die Begrenzungsnormen der „normalen" EK-Definition eingehalten werden c) Lock-in-Klausel: 120 Prozent d) keine Meldepflicht für Rückzahlungen e) b.a.w. Verschärfung Norm a): Tier-3- und Tier-2-Kapital darf insgesamt 100 Prozent des Tier-1-Kapitals nicht überschreiten.
Nettogewinne (Tier-4-Kapital)	unbegrenzt	nicht vorgesehen

Abbildung 48: Begrenzungsnormen bei der „alternativen" Eigenkapitaldefinition

festgelegt, was ohne Zweifel eine äußerst harte Restriktion und einen gravierenden Wettbewerbsnachteil darstellt. Auf eine Beschreibung der weiteren Spezialnormen für die Bemessung der Eigenmittel bei Wertpapierfirmen, bei denen bestimmte Wahlrechte im Zusammenhang mit der Konsolidierung ausgenutzt werden können, soll an dieser Stelle verzichtet werden.

Im Rahmen der vorgesehenen Baseler Marktrisikoregelungen ist eine in weiten Teilen übereinstimmende alternative Kapitaldefinition vorgesehen (siehe Abbildung 48). Unterschiede zur Kapitaladäquanzrichtlinie bestehen im wesentlichen bei

- der „Lock-in-Klausel", die auf 120 Prozent festgelegt ist,
- der zusätzlichen Anforderung, daß die Summe aus Tier-2- und Tier-3-Kapital das Tier-1-Kapital nicht übersteigen darf,
- der Nichtzulassung von Tier-4-Kapital,
- dem Fehlen der Meldepflicht bei Absinken der Eigenmittel unter einen bestimmten Schwellenwert („Frühwarnsignal").

Die *Umsetzung* der „alternativen" Eigenmitteldefinition der Richtlinie in deutsches Bankaufsichtsrecht wird insofern einige Schwierigkeiten bereiten, als aufgrund der dynamischen Obergrenze für die Anerkennung von Nachrangkapital keine explizite Festsetzung des Eigenkapitals eines Kreditinstituts mehr vorgenommen werden kann. Die Basis für die Anerkennung von Nachrangkapital ist – wie oben ausgeführt – der Betrag der nicht für andere Risiken gebundenen ursprünglichen Eigenmittel, der naturgemäß mit dem Umfang des Nicht-Trading-book-Geschäfts (normales Kreditgeschäft) eines Kreditinstituts täglich schwankt. Wegen dieser Schwankung läßt sich durch das Bundesaufsichtsamt nicht mehr festsetzen, wieviel DM bankaufsichtliches Eigenkapital ein Kreditinstitut besitzt, sondern nur noch, wieviel Tier-1- bis Tier-4-Kapital bei einem Kreditinstitut *anerkennungsfähig* ist. Das in jedem Augenblick tatsächlich zur Verfügung stehende Eigenkapital hängt dann vom Geschäft der Bank ab. Die exakte Ausgestaltung dieses *dynamischen Eigenkapitalbegriffs* wird einen der Hauptpunkte der anstehenden Sechsten KWG-Novelle darstellen.

Abbildung 49 faßt die Komponenten und die innere Strukturierung der verschiedenen Eigenmitteldefinitionen abschließend zusammen.

Kapital-bestandteile	Kreditwesengesetz bzw. Eigenmittelrichtlinie	Kapitaladäquanz-richtlinie	Baseler Markt-risikopapiere
Kernkapital (Tier-1-Kapital)	a) Eingezahltes Kapital b) Offene Rücklagen c) Reingewinne d) Sonderposten für all-gemeine Bankrisiken e) Nachgewiesene Zwischengewinne f) Einlagen stiller Gesellschafter g) Anerkanntes freies Vermögen abzüglich: a) Eigene Aktien b) Kumulative Vorzugs-aktien c) Verluste d) Immaterielle Vermögenswerte	a) Eingezahltes Kapital b) Offene Rücklagen c) Reingewinne d) Sonderposten für all-gemeine Bankrisiken e) Nachgewiesene Zwischengewinne f) nicht erwähnt g) nicht erwähnt abzüglich: a) Eigene Aktien b) Kumulative Vorzugs-aktien c) Verluste d) Immaterielle Vermögenswerte	a) Eingezahltes Kapital b) Offene Rücklagen c) Reingewinne d) Sonderposten für all-gemeine Bankrisiken e) Nachgewiesene Zwischengewinne f) nicht erwähnt g) nicht erwähnt abzüglich: a) Goodwill
Ergänzungs-kapital (Tier-2-Kapital)	Klasse 1: a) Vorsorgereserven (§340f HGB) b) Neubewertungsreserven c) §-6b-EStG-Rücklagen d) Genußrechtskapital Klasse 2: a) Haftsummenzuschlag b) Längerfristige nachrangige Verbind-lichkeiten c) Kumulative Vorzugs-aktien, feste Laufzeiten	Klasse 1: a) Vorsorgereserven b) Neubewertungs-reserven c) Rücklagen d) Genußrechtskapital Klasse 2: a) Haftsummenzuschlag b) Längerfristige nachrangige Verbind-lichkeiten c) Kumulative Vorzugs-aktien, feste Lauf-zeiten	Klasse 1: a) Vorsorgereserven b) Neubewertungs-reserven (nur für Wertpapiere) c) Rücklagen d) Genußrechtskapital e) Kumulative Vorzugs-aktien, feste Lauf-zeiten Klasse 2: a) nicht erwähnt b) Längerfristige nachrangige Verbind-lichkeiten
Nachrang-kapital (Tier-3-Kapital)	nicht erlaubt	kürzerfristige nachran-gige Verbindlichkeiten: Ursprungslaufzeit 2 Jahre, kein vorzeitiges Kündigungsrecht, Rück-zahlung bei Liquidation nach Befriedigung aller nicht nachrangigen Gläubiger	kürzerfristige nachran-gige Verbindlichkeiten: Ursprungslaufzeit 2 Jahre, kein vorzeitiges Kündigungsrecht, Rück-zahlung bei Liquidation nach Befriedigung aller nicht nachrangigen Gläubiger

Abbildung 49: Bankaufsichtliche Eigenkapitaldefinitionen im Marktrisikobereich

Kapital-bestandteile	Kreditwesengesetz bzw. Eigenmittelrichtlinie	Kapitaladäquanz-richtlinie	Baseler Markt-risikopapiere
Nettogewinne (Tier-4-Kapital)	nicht erlaubt	Nettogewinne aus dem Wertpapierhandel, sofern nicht bereits bei den offenen Rücklagen und Zwischengewinnen (siehe unter Kernkapital) berücksichtigt (abzüglich vorhersehbare Ausgaben, Dividenden und Nettoverluste aus anderen Geschäften)	nicht vorgesehen
Abzugsposten vom Gesamt-kapital	a) 3 Prozent des Gesamt-nennbetrages notierter eigener Genußrechte und nachrangiger Verbindlichkeiten (falls Marktpflege beabsichtigt - dann Abzug unabhängig vom Bestand) b) Eigenbestand an Eigenkapitalelementen (Beteiligungen, Genußrechte, nachrangige Verbindlichkeiten) von anderen Kredit- oder Finanzinstituten, sofern Beteiligung > 10 Prozent c) sofern Beteiligung < 10 Prozent: Abzug nur insoweit, als der Gesamtbetrag an Eigenkapitalelementen von anderen Kredit- oder Finanzinstituten 10 Prozent des haftenden Eigenkapitals übersteigt Vermeidung des Abzugs von b) bei Konsolidierung	a) nicht erwähnt b) Wie nebenstehend b) für Kreditinstitute. Wenn Wertpapierfirmen von Tier 3 und/oder Tier 4 Gebrauch machen, dann Abzug des Eigenbestandes aller Eigenkapitalelemente ohne Rücksicht auf Beteiligungshöhe c) Wie nebenstehend c) für Kreditinstitute. Wenn Wertpapierfirmen von Tier 3 und/oder Tier 4 Gebrauch machen, dann Abzug des Eigenbestandes aller Eigenkapitalelemente ohne Rücksicht auf Beteiligungshöhe	a) nicht erforderlich b) nicht konsolidierte Beteiligungen an Bank- und Finanzgeschäft betreibende Tochtergesellschaften (d.h. >50 Prozent) – Ermessen der Aufsichtsbehörden, die 50 Prozent-Grenze niedriger anzusetzen c) Ermessen der Aufsichtsbehörden auch andere, nicht konsolidierte Eigenmittelelemente bei anderen Banken und Einlagen annehmender Institute in Abzug zu bringen

Abbildung 49: Fortsetzung

2.6 Bausteinprinzip (Building Block Approach)

In der Richtlinie werden *Eigenmittelerfordernisse* für *Positionsrisiken* aus Schuldtiteln und Aktien, Fremdwährungsrisiken, Adressenausfall-, Abwicklungs- und Lieferrisiken sowie Großrisiken festgelegt. In den einzelnen Bereichen werden die Eigenmittelanforderungen für die Risiken grundsätzlich wie folgt bestimmt:

- Zunächst werden die einbeziehungspflichtigen Geschäfte (angesetzt mit ihren Bemessungsgrundlagen, in der Regel die Marktwerte) gegenübergestellt und die Nettopositionen ermittelt.
- Für die Nettopositionen werden die Eigenmittelanforderungen entsprechend den vorgegebenen Verfahren und Eigenmittelunterlegungssätzen errechnet.
- Schließlich werden die zur Abdeckung der verschiedenen Risiken ermittelten Beträge zu einem Gesamteigenmittelbetrag addiert, über den das Institut täglich verfügen muß.

Von grundsätzlicher Bedeutung ist, daß sowohl in der Kapitaladäquanzrichtlinie als auch in den Baseler Marktrisikopapieren die Eigenmittelerfordernisse für das Positionsrisiko aus dem Handelsbuch, das heißt im Zinsrisikobereich wie auch im Aktienkursrisikobereich nach dem „*Bausteinprinzip*" ermittelt werden.[15] Das Prinzip besteht in einer getrennten Erfassung der Risiken, die auf allgemeine Marktentwicklungen zurückgehen, und den Risiken, die emittentenspezifischen Kursbewegungen geschuldet sind. Das Gesamtrisiko ergibt sich als Summe aus dem „*spezifischen Risiko*" (Specific Risk), das von der Bonität des Emittenten abhängt, und dem „*allgemeinen Marktrisiko*" (General Market Risk) der jeweiligen offenen Position, das auf Zins-, Aktien- und Wechselkursänderungen zurückgeht. Mit dieser Unterscheidung wird die Differenzierung zwischen „unsystematischem Risiko" und „systematischem Risiko" im Rahmen der Kapitalmarkttheorie aufgegriffen.[16] Die Eigenmittelanforderungen werden auf der Basis der Einzelrisiken bemessen und zur Gesamtanforderung aggregiert, wobei die kritische Annahme der Additivität der Risiken getroffen wird.

Zur *Risikoquantifizierung* werden kapitalmarktorientierte, portfoliotheoretische Überlegungen herangezogen, wenn auch nicht in allen Bereichen bis zur letzten Konsequenz umgesetzt. Folgendes Muster liegt zugrunde: Zunächst werden alle Geschäftspositionen zusammengefaßt, die vom *gleichen Risikotyp* sind, also maßgeblich von einem Preis abhängen. Dadurch können die Geschäftspositionen aggregiert den drei Bereichen Fremdwährungs-, Aktienkursänderungs- und Zinsänderungsrisiko zugeordnet werden. Die Zeitdimension wird mit Hilfe des *Barwertkonzeptes* integriert, das es erlaubt, Finanzinstrumente anhand ihrer zeitlich strukturierten Zahlungsströme konsistent zu bewerten. Bei der Analyse des Risikos wird des weiteren auf Kennzahlen aus der Finanztheorie und der Statistik zurückgegriffen, die unmittelbar oder mittelbar auf dem Barwertkonzept aufbauen, das heißt auf die Duration, auf die Sensitivität und auf die Volatilität. Der „*Duration*", also

---

15 Ursprünglich war eine zusammenfassende Betrachtung des Positionsrisikos insbesondere im Zinsrisikobereich vorgesehen. Die Autoren dieses Buches haben in einem vorbereitenden Gespräch zwischen Bundesaufsichtsamt für das Kreditwesen und der Kreditwirtschaft Ende 1988 die Grundzüge eines additiven Ansatzes im Zins- und Aktienbereich entwickelt, der später von deutscher Seite in die internationalen Diskussionen eingebracht und von angelsächsischer Seite den Namen „Building Block Approach" bekam.

16 Vgl. Steiner/Bruns (1994), S. 47 f.

der durchschnittlichen Kapitalbindungsdauer einer Position in Jahren, liegt die Abschätzung des Zinsänderungsrisikos zugrunde, gemessen mit der *„modifizierten Duration"*. Mit *„Sensitivität"* (auch „Money Duration" oder „Base Point Value") wird die absolute Reagibilität des Barwertes einer Position bei standardisierten Änderungen des zugrundeliegenden Preises oder – bei derivativen Instrumenten – bei einer Änderung des Preises des zugrundeliegenden Basiswertes bezeichnet.

Die *Höhe der Kapitalunterlegung* in den einzelnen Risikobereichen geht auf statistische Untersuchungen des Baseler Ausschusses für Bankenaufsicht zurück, die die standardisierte durchschnittliche Schwankungsbreite der jeweils betrachteten Preisveränderungen über einen festgelegten Zeitraum analysierten. Der Eigenkapitalunterlegungsfaktor ergibt sich dann als ein Vielfaches der aus den historischen Daten ermittelten *„Volatilität"*, gemessen mit der Standardabweichung σ. Im Ergebnis wird es also künftig keinen einheitlichen festen Unterlegungssatz mehr geben – wie die 8 Prozent beim Ausfallrisiko -, sondern verschiedene Unterlegungsbeträge je nach dem Risiko des betrachteten Geschäftes. So wird künftig für eine 20jährige Null-Kupon-Anleihe mehr Kapital vorzuhalten sein als für eine 10jährige Null-Kupon-Anleihe, was aus theoretischer Sicht auch richtig ist.

Wir wollen uns nun den einzelnen Risikobereichen zuwenden und im Detail die Verfahren der Risikoquantifizierung sowie der Ermittlung der vorzuhaltenden Kapitalunterlegungsbeträge darstellen. Zunächst wollen wir die drei Preisrisikobereiche und im Anschluß daran Liefer- und Ausfallrisiken sowie die Großrisikoregelungen betrachten.

3. Fremdwährungsrisiko

Die Eigenmittelunterlegung für das *Fremdwährungsrisiko* soll die Verluste abdecken, die aus einer für das Kreditinstitut unvorteilhaften Veränderung der zwischen zwei Währungen (Währungspaar) bestehenden Preisrelation (Wechselkurs) entstehen können. Je höher die Wertveränderungen, desto höher das Verlustrisiko. Das Risiko hängt dabei bei gegebener absoluter Größe der offenen Fremdwährungspositionen von *drei Faktoren* ab:

- von der *Zusammensetzung* (Diversifikation) des Währungsportefeuilles (das heißt dem Mischungsverhältnis, in dem das Kreditinstitut Veränderungen der Kurse einzelner Fremdwährungen gegenüber exponiert ist),
- von der *Volatilität* der Kurse der einzelnen Währungen gegenüber der Währung der Rechnungslegung, in welcher die Verluste rechnerisch ausgedrückt und letztlich getragen werden müssen,
- von der *Korrelation* zwischen den Wechselkursveränderungen der verschiedenen Währungen (das heißt der Möglichkeit einer gegenseitigen Neutralisierung der Wechselkursbewegungen).

Die *bankaufsichtlichen Regelungen* legen zunächst fest, wie die unterlegungspflichtige offene Fremdwährungsposition gemessen wird sowie welche bilanziellen Posten und bilanzunwirksamen Transaktionen bei der Positionsbestimmung anzurechnen bzw. zu berücksichtigen sind.

3.1 Anzurechnende Bilanzposten und bilanzunwirksame Transaktionen

Im Unterschied zu dem sonstigen Anwendungsbereich der Kapitaladäquanzrichtlinie, die die Kapitalunterlegung für Marktrisikopositionen auf die Positionen des Handelsbuches beschränkt, werden im Bereich des Fremdwährungsrisikos *alle Bankgeschäfte* erfaßt, die einen Fremdwährungsbezug und damit ein potentielles Fremdwährungsrisiko enthalten. Die Marktrisikoposition in einer Fremdwährung wird im einzelnen gebildet durch

- die *Netto-Kassapositionen*, das heißt den Unterschiedsbetrag zwischen allen bilanziellen Aktivposten und allen Passivposten, einschließlich aufgelaufener (abgegrenzter) Zinsen,[17] sowie die Positionen aus noch nicht abgewickelten Kassageschäften,

Geschäfts-positionen	Grundsatz Ia	Kapitaladäquanz-richtlinie	Baseler Markt-risikopapiere
Umfang	alle Geschäfte	alle Geschäfte	alle Geschäfte
Kassapositionen	Netto-Kassapositionen (außer Aktienbestände ohne aufgelaufene Zinsen)	Netto-Kassapositionen (einschließlich aufge-laufener Zinsen)	Netto-Kassapositionen (einschließlich aufgelau-fener Zinsen)
Terminpositionen	Netto-Terminpositionen	Netto-Terminpositionen (einschließlich Devisen-Terminkontrakte und des Kapitalbetrages der Währungsswaps, die nicht in der Kassapositi-on enthalten sind)	Netto-Terminpositionen (einschließlich Devisen-Terminkontrakte und des Kapitalbetrages der Währungsswaps, die nicht in der Kassapositi-on enthalten sind)
Garantien	nicht erfaßt	unwiderrufliche Garan-tien, die mit Sicherheit in Anspruch genommen werden	unwiderrufliche Garan-tien, die mit Sicherheit in Anspruch genommen werden
Devisenpositionen	nur (deltagewichtete) Stillhalteroptionen (vereinfachtes Stufen-raster oder instituts-eigenes Modell)	gesamter (deltagewichteter) Optionsbestand	gesamter (deltagewichteter) Optionsbestand
Sonstige Optionen	deltagewichteter, anteili-ger Positionswert aller sonstigen Optionen	Marktwert aller sonsti-gen Optionen	Marktwert aller sonsti-gen Optionen
Edelmetall-positionen	erfaßt, unverarbeitetes Gold und Silber sowie Platinmetalle	nicht erfaßt	erfaßt, nur Gold
Bestimmung der offenen Netto-position	Bruttobetrag der offenen Devisen- und Edel-metallpositionen	Nettobetrag der offenen Devisenpositionen	Nettobetrag der offenen Devisen- und Brutto-betrag der Edelmetall-(Gold-) Positionen

Abbildung 50: Anrechnungspflichtige Geschäftspositionen beim Fremdwährungsrisiko

---

17 Offen ist dabei, ob die abgegrenzten Zinsen im Rechnungswesen des Kreditinstitutes gebucht sein müssen oder ob eine reine Rechnung - analog der Stückzinsberechnung - ausreichend ist.

114

- die *Netto-Terminpositionen*, das heißt den Unterschiedsbetrag zwischen allen zu erhaltenden Beträgen und allen zu zahlenden Beträgen im Rahmen von Termingeschäften, insbesondere von Devisentermingeschäften und Währungsswaps (soweit diese nicht in der Kassaposition enthalten sind), aber auch von anderen Termingeschäften mit auf Fremdwährung lautenden Geschäftsgegenständen,
- den Nettobetrag der *zu erwartenden*, noch nicht angefallenen, aber bereits voll abgesicherten *Einnahmen und Ausgaben*,
- den Nettogegenwert der *Devisenoptionen* (auf der Basis des Deltafaktors),
- den Gesamtbestand an *unwiderruflichen Garantien* und vergleichbaren Instrumenten, die mit Sicherheit in Anspruch genommen werden,
- den Gesamtbestand an *Nicht-Devisenoptionen*, jeweils in Höhe ihres Marktwertes.

Im Unterschied zum Grundsatz Ia und auch den Baseler Marktrisikopapieren beschränkt sich die Kapitaladäquanzrichtlinie allerdings strikt auf den Bereich des Fremdwährungsrisikos und bezieht *Edelmetalle* nicht mit ein (siehe Abbildung 50). Dies ist einer Erweiterung der Richtlinie vorbehalten, bei der Warengeschäfte und Investmentanteile in die Eigenkapitalunterlegungspflicht einzubeziehen sind (siehe Artikel 13 der Richtlinie), und die – jedenfalls nach dem Wortlaut der Richtlinie – spätestens sechs Monate vor Inkrafttreten, das heißt spätestens bis zum 1. Juli 1995 – beschlossen sein müssen. Die Vorarbeiten hierzu haben zwar begonnen, werden aber von der Kommission nur sehr schleppend vorangetrieben.

Nach der Richtlinie ist auch eine *zusammengesetzte Währung* wie z.B. der ECU grundsätzlich als Fremdwährung sui generis zu betrachten; es besteht allerdings die Möglichkeit für die Institute, Positionen in zusammengesetzten Währungen gemäß den geltenden Quoten in den verschiedenen Währungen aufzuschlüsseln, aus denen sich diese zusammensetzen, und den betreffenden Fremdwährungspositionen zuzurechnen.

Bei den *Devisenoptionen* geht der deltagewichtete Nettogegenwert in die Positionsermittlung ein. In den Baseler Marktrisikopapieren werden alternative Verfahren zur Bestimmung der Bemessungsgrundlage und der adäquaten Eigenmittelunterlegung von (Devisen-) Optionen vorgestellt und diskutiert, wobei insbesondere die „Volatilität" des Deltafaktors (der sogenannte *Gammawert*) berücksichtigt werden soll. Da hierüber noch keine endgültige Entscheidung gefallen ist, sollen diese Überlegungen im folgenden ausgeklammert bleiben.

Bei der Erarbeitung und Verabschiedung der Kapitaladäquanzrichtlinie war im Bereich des Fremdwährungsrisikos insbesondere die Behandlung der *strukturellen Fremdwährungspositionen* ein kontrovers diskutiertes Thema. Nach der Richtlinie können diejenigen Positionen, „die ein Institut bewußt eingegangen ist, um sich gegen die nachteilige Auswirkung einer Wechselkursänderung auf seinen Eigenkapitalkoeffizienten abzusichern",[18] von einer Einbeziehung in die Währungsposition ausgenommen werden (nach Genehmigung durch die zuständige Aufsichtsbehörde).

Mit dieser Regelung wurde einem britischen Anliegen Rechnung getragen. Von dieser Seite wurde argumentiert, man benötige eine „*Sonderregelung*" für Institute, die einen Großteil ihrer Aktiva und Passiva in einer Fremdwährung (beispielsweise US-Dollar) denominiert haben, während die Rechnungslegung in Pfund Sterling erfolgt. In einer solchen Si-

---

18 EG-Kommission (1993b), Anhang III, Ziffer 3.1, 7ter Anstrich.

tuation kommt es nämlich zu dem für das Institut unbefriedigenden Ergebnis, daß der Eigenkapitalkoeffizient mit dem Wechselkurs schwankt, und zwar umso stärker, je höher der Anteil der Risikoaktiva in Fremdwährung ist.

Ein *Beispiel* soll die Problemlage erläutern: Hält eine englische Bank einen bedeutenden Teil ihrer Aktiva in beispielsweise US-Dollar und ist die bilanzielle Fremdwährungsposition durch eine betragsmäßig übereinstimmende US-Dollar-Refinanzierung ausgeglichen, so werden Wechselkursänderungen zu einer Änderung des Eigenkapitalkoeffizienten führen (siehe Abbildung 51): Durch eine Abwertung des britischen Pfundes (der Pfund-Wechselkurs[19] geht von 2,00 auf 1,50 US-Dollar zurück) nimmt der Marktwert der Dollar-Aktiva und -Passiva in gleichem Maße zu und hat damit auch bei Anwendung des Marktbewertungsprinzips bei der Bilanzierung keine Auswirkungen. Die Dollar-Fremdwährungsposition ist zwar immer noch geschlossen; aufgrund des gestiegenen Pfund-Gegenwertes der Dollar-Aktiva verringert sich jedoch das Verhältnis zwischen den Aktiva und dem Eigenkapital, das heißt, insgesamt fällt der Eigenkapitalkoeffizient (im Beispiel von 9,1 auf 7,9 Prozent). Damit erfüllt das Institut nicht mehr die Vorgabe der Solvabilitätsrichtlinie in Höhe von 8 Prozent.

Aktiva	US-Dollar	Pfund	Passiva	US-Dollar	Pfund	
Kredite		360	Einlagen		300	Zeitpunkt t=0
Kredite	600	300	Einlagen	600	300	Wechselkurs = 2,00 US-Dollar/GBP
			Kapital		60	Eigenkapitalkoeffizient = 9,1 Prozent
Kredite		360	Einlagen		300	Zeitpunkt t=1
Kredite	600	400	Einlagen	600	400	Wechselkurs = 1,50 US-Dollar/GBP
			Kapital		60	Eigenkapitalkoeffizient = 7,9 Prozent

Abbildung 51: Schwankung des Eigenkapitalkoeffizienten einer englischen Bank

Um den Einfluß der Wechselkursschwankung auf den Solvabilitätskoeffizienten auszuschalten, hätte die Bank vor der Wechselkursänderung eine passivische Position in Höhe von 53 US-Dollar öffnen können (beispielsweise durch einen langfristigen Terminverkauf, siehe Abbildung 52). Nach der Pfundabwertung wären die bilanziellen Aktiva und Passiva auf 400 Pfund angestiegen. Eine gleichartige Wertveränderung hätte die Short-Position erfahren, nämlich einen Wertzuwachs von 10,33 Pfund (statt 25 wären jetzt 35,33 Pfund aus dem Verkauf der 50 US-Dollar erlöst worden). Der Wertzuwachs könnte nach den Marktbewertungsregeln als Bewertungsgewinn den Eigenmitteln zugerechnet werden, so daß diese auf 70,33 Pfund angewachsen wären. Der Eigenmittelkoeffizient wäre in diesem Fall unverändert bei 9,1 Prozent geblieben.

---

19 Der Wechselkurs des Pfund Sterling wird international als Mengennotierung angegeben (Einheiten Fremdwährung pro Einheit Inlandswährung), während die anderen Währungen als Preisnotierung (Einheiten Inlandswährung pro Einheit Fremdwährung) quotiert werden.

Aktiva	US-Dollar	Pfund	Passiva	US-Dollar	Pfund	
Kredite		360	Einlagen		300	Zeitpunkt t=0
Kredite	600	300	Einlagen	600	300	Wechselkurs = 2,00 US-Dollar/GBP
			Kapital		60	Eigenkapitalkoeffizient = 9.1 Prozent
Kredite		360	Einlagen		300	Zeitpunkt t=1
Kredite	600	400	Einlagen	600	400	Wechselkurs = 1,50 US-Dollar/GBP
			Gewinn aus Short-Position		10,33	
			Kapital		60	Eigenkapitalkoeffizient = 9,1 Prozent

Abbildung 52: Absicherung des Eigenkapitalkoeffizienten einer englischen Bank

In der Richtlinie wird nun im Zuge einer Sonderregelung den nationalen Aufsichts-behörden das *Wahlrecht* gewährt, die bewußt zur Absicherung der Eigenkapitalkoeffizi-enten eingegangene offene Position (im Beispiel passivische Position in Höhe von 53 US-Dollar) von einer Anrechnung in der offenen Fremdwährungsposition und damit von einer Eigenmittelunterlegung auszunehmen („*Absicherung des Solvabilitätskoeffizien-ten*").

Völlig einsichtig erscheint diese Vorgehensweise nicht, denn auch bei der Absicherung des Eigenkapitalkoeffizienten werden mit Wechselkursrisiken behaftete Positionen geöffnet, die sich hinsichtlich des Risikos durch nichts von anderen offenen Fremdwährungsposi-tionen unterscheiden. Verluste aus den offenen Positionen können die Eigenmittel eben-falls drastisch verringern. Diese Wahlmöglichkeit dürfte aber für deutsche Kreditinstitute nicht von Relevanz sein, da der Anteil der Fremdwährungsaktiva wesentlich kleiner und die Wechselkursschwankungen in den Hauptpositionen (EWS-Währungen) weniger aus-geprägt sind.

Für deutsche Kreditinstitute wesentlich wichtiger ist die Möglichkeit, die in der Richtlinie ebenfalls einräumt wird, „*Abzugsposten vom haftenden Eigenkapital*" in der gleichen Wei-se zu behandeln. Darunter fallen in erster Linie die in fremder Währung erworbenen Be-teiligungen, bei denen auch das Fremdwährungsrisiko gegenüber der Durchhalteabsicht in den Hintergrund tritt und bei denen die Kreditinstitute die Möglichkeit haben, sie zum An-schaffungskurs in den Büchern zu führen (§ 340h Abs. 1 Satz 1 i.V.m. § 340e Abs. 1 Satz 1 HGB). Diese Fremdwährungsbeteiligungen, die im übrigen im Ausland mit gemischten Gefühlen gesehen werden, können ebenfalls von einer Einbeziehung in die Berechnung der offenen Fremdwährungsposition ausgenommen werden. Die Entscheidung, ob dieses Wahlrecht im Zuge der Umsetzung der Richtlinie in deutsches Bankaufsichtsrecht aus-geübt werden wird, ist noch nicht gefallen.

3.2 Bestimmung der offenen Fremdwährungsposition

Ausgangspunkt zur Bestimmung der Eigenmittelunterlegung für das Fremdwährungsrisiko ist die Definition der „*offenen Fremdwährungsposition*". Zur Messung der offenen Gesamtposition sind die offenen Positionen in den einzelnen Währungen in geeigneter Weise zusammenzufassen. Bei der Festlegung des Aggregationsmodus ist bedeutsam, in welcher Weise die *drei risikobestimmenden Faktoren* behandelt werden (Wechselkursvolatilitäten und Wechselkurskorrelationen sowie Diversifikationsgrad des Gesamtportefeuilles), um eine möglichst einfache, aber dennoch risikoadäquate Methode zur Bestimmung des zu unterlegenden Eigenkapitalbetrages festzulegen.

International wurden mehrere Verfahren untersucht, die aus Vereinfachungsgründen weder die spezifische Währungsposition einer Bank noch die aktuellen Wechselkursvolatilitäten und -korrelationen berücksichtigen, sondern einen *durchschnittlichen Diversifikationsgrad* sowie *durchschnittliche Volatilitäten und Korrelationen* zugrundelegen. Dabei wurden in den internationalen Gremien drei mögliche Methoden zur Messung der offenen Gesamtposition diskutiert.

Das *grundlegende Unterscheidungsmerkmal* dieser Methoden ist die Annahme bezüglich der *Korrelation* zwischen den einzelnen Währungspaaren, das heißt die Frage, ob man bei gegenläufigen Positionen gleichzeitig in allen Währungen Verluste erleiden kann oder ob sich Verluste in einer Währung mit Gewinnen in einer anderen Währung vollständig oder teilweise ausgleichen können (siehe Abbildung 53).

Nettoposition in DM	Long-Position	Short-Position	
Pfund Sterling Kaufposition	+ 100		
US-Dollar Verkaufsposition		– 50	
DM Verkaufsposition		– 50	
Bestimmung der offenen Fremdwährungsposition in DM	**„Worst-case-Methode"**	**„Middle-case-Methode"**	**„Best-case-Methode"**
für britische Bank	100	100	100
für deutsche Bank	150	100	50
für US-Bank	150	100	50
für kanadische Bank	200	100	0

Abbildung 53: Alternative Definition der offenen Fremdwährungsposition

Bei der „*Worst-case-Methode*" ist die offene Gesamtposition gleich der Summe aller in die jeweilige Heimatwährung umgerechneten Absolutbeträge der Positionen in den einzelnen Fremdwährungen, das heißt ungeachtet der jeweiligen Ausrichtung (long oder short). Dieses Vorgehen entspricht dem *Verfahren des Grundsatzes Ia*. Dabei liegt die Überzeugung zugrunde, daß Verluste aus einer Währungsposition nicht gleichzeitig durch Gewinne aus einer Position in einer anderen Währung kompensiert werden können. Mit anderen Worten wird mit der Möglichkeit gerechnet, daß aus allen Fremdwährungspositionen zugleich

118

Verluste entstehen können. In statistischen Begriffen werden Korrelationskoeffizienten in Höhe von +1 bei gleichgerichteten und -1 bei entgegengerichteten Positionen angenommen.

Im Gegensatz dazu unterstellt die „Best-case-Methode" perfekt positiv korrelierte Währungsbewegungen (Korrelationskoeffizient in Höhe von +1): Verluste in einer Währungsposition können durch Gewinne in einer anderen, entgegengesetzt ausgerichteten Position *vollständig* kompensiert werden. Die offene Fremdwährungsposition ergibt sich durch die Aggregation aller in die jeweilige Heimatwährung umgerechneten Long- und Short-Positionen unter Berücksichtigung des Vorzeichens.

Die "Middle-case-Methode" vermeidet die extremen Annahmen der beiden anderen Verfahren und unterstellt eine gewisse positive, aber keine vollständige Korrelation zwischen den Wechselkursänderungen (Korrelationskoeffizient zwischen 0 und +1). Es liegt also die Vorstellung zugrunde, daß ein Kreditinstitut Verluste in einer Währungsposition (z.B. long US-Dollar) zumindest teilweise durch Gewinne in einer anderen, gegengerichteten Währungsposition (z.B. short Pfund Sterling) kompensieren kann. Die offene Fremdwährungsposition wird nach dieser Methode in folgendem Rechenverfahren bestimmt: Man ermittelt zunächst getrennt die Teilsummen aller Long-Positionen und aller Short-Positionen, jeweils in die Heimatwährung umgerechnet. Dabei wird die Position in der Heimatwährung außer Acht gelassen. Die offene Fremdwährungsposition ist dann die größere der beiden Summen.[20]

Zur Bestimmung, welche der drei Methoden den besten „Schätzer" für die wahre Risikoposition darstellt, führte der Baseler Ausschuß für Bankenaufsicht in der Anfangsphase seiner Arbeiten an der Entwicklung von Eigenkapitalregelungen für Marktpreisrisiken umfangreiche empirische Untersuchungen durch. So zeigt eine statistische Analyse von Kursbewegungen ausgewählter Währungen für den Zeitraum 1981 bis 1988, daß die Bestimmung der offenen Fremdwährungsposition nach der Middle-case-Methode der tatsächlichen Risikoposition am nächsten kam. Außerdem stellte man fest, daß eine Eigenkapitalunterlegung in Höhe von 8 Prozent in der Vergangenheit ausgereicht hätte, damit Kreditinstitute mit einem durchschnittlichen Fremdwährungsportefeuille Verluste mit genügend hoher Wahrscheinlichkeit hätten auffangen können. In der Kapitaladäquanzrichtlinie wurde dieses Ergebnis übernommen. Damit wird künftig auch im deutschen Aufsichtsrecht die offene Fremdwährungsposition grundsätzlich nach der Middle-case-Methode berechnet werden und mit 8 Prozent Eigenkapital zu unterlegen sein.

Nach der Kapitaladäquanzrichtlinie kann die der Middle-case-Methode zugrundeliegende Annahme konstanter und für alle Währungspaare gleicher Volatilitäten und Korrelationen für einige besondere Fälle, bei denen diese Prämissen die Wirklichkeit nur in unzureichendem Maße widerspiegeln, mit Hilfe von *Sonderregelungen* näher an die Realität angepaßt werden. So dürfen (geschlossene) Positionen in *hochkorrelierten Währungen* geringeren Anrechnungssätzen unterworfen werden. Sonderregelungen bestehen darüber hinaus hinsichtlich der Berücksichtigung von Positionen in Währungen, die *Fixkurssyste-*

---

20 Nach einer anderen Berechnungsart, die zu demselben Ergebnis führt, könnte man zusätzlich die Position in Heimatwährung berücksichtigen und dann entweder die Summe aller Long-Positionen oder aller Short-Positionen als offene Fremdwährungsposition bestimmen.

men angehören sowie aus europapolitischen Gründen Währungspositionen in *EWS-Währungen*. Darüber hinaus ist es alternativ zu dem dargestellten vereinfachten Verfahren möglich, präzisere Risikomeßverfahren zuzulassen (Simulations- und Benchmarkverfahren).[21] Diese Methoden sowie die erwähnten Sonderregelungen werden im folgenden näher erläutert. Zuvor ist jedoch das Standardverfahren darzustellen.

3.3 Standardmethode

Die *Standardmethode* ist eine verhältnismäßig einfache Anrechnungssystematik für offene Positionen aus Fremdwährungsgeschäften; aus diesem Grund wird sie im englischen Sprachgebrauch verbreitet als „Shorthand Method" bezeichnet. Die zu unterlegende *offene Fremdwährungsposition* ist nach der Middle-case-Methode definiert als die jeweils größere Summe aller offenen aktivischen oder passivischen Nettopositionen (Long- und Short-Positionen) in den einzelnen Fremdwährungen.

Die Vorgehensweise zur *Bestimmung der Eigenkapitalunterlegung* läßt sich in den folgenden Schritten darstellen:

1. die offenen Nettopositionen (Long- und Short-Positionen) in den einzelnen Währungen werden ermittelt,
2. mit den aktuellen Wechselkursen in die heimische Währung umgerechnet und
3. anschließend getrennt addiert (Summe aller Long-Positionen, Summe aller Short-Positionen).
4. Die größere der beiden Summen (Long- oder Short-Gesamtposition) ist mit *8 Prozent Eigenmitteln* zu unterlegen.

Nach der Kapitaladäquanzrichtlinie besteht eine „*Freigrenze*" (Freibetrag) in Höhe von *2 Prozent* der haftenden Eigenmittel. Die Richtlinie bestimmt nämlich, daß nur der über den Betrag von 2 Prozent der Eigenmittel hinausgehende Betrag der anzurechnenden Nettogesamtposition mit 8 Prozent Eigenmitteln zu unterlegen ist. Im Unterschied hierzu sehen die Baseler Marktrisikopapiere eine *Bagatellregelung* („De-Minimis-Regel") vor, wonach eine Eigenkapitalunterlegung dann nicht notwendig ist, wenn die anzurechnende Nettogesamtposition kleiner als 2 Prozent der Eigenmittel ist. Wird diese Grenze überschritten, ist jedoch der volle Betrag zu unterlegen (siehe Abbildung 54).

Das folgende *Beispiel* soll die Berechnung der Eigenkapitalanforderung nach der *Standardmethode* verdeutlichen: Ein Kreditinstitut weist zum Meldestichtag 31. Dezember 1994 die folgenden Positionen in den beiden Fremdwährungen US-Dollar und Kanadischer Dollar (Kan-Dollar) auf:

- Anleihe in Höhe von 40 Mio. US-Dollar im Bestand,
- Kassakauf von 50 Mio. US-Dollar,
- Kassaverkauf von 10 Mio. US-Dollar,
- Kauf von 20 Mio. US-Dollar per Termin 30 Tage,

---

21 Das Baseler Marktrisikopapier sieht im Gegensatz zur Kapitaladäquanzrichtlinie keine Sonderregelungen und lediglich eine Alternative zum Standardverfahren vor, nämlich die Simulationsmethode.

Standard-methode	Grundsatz Ia	Kapitaladäquanz-richtlinie	Baseler Markt-risikopapiere
Bestimmung der offenen Fremd-währungs- und Edelmetallposition (Netto-Gesamtbetrag)	„Worst-case-Methode" (Alle Kauf- und Ver-kaufspositionen ohne die Position in Heimat-währung werden vor-zeichenunabhängig addiert) für Fremd-währungen und Edelmetalle	„Middle-case-Methode" (Der jeweils höhere Nettogesamtbetrag der Kauf- und der Verkaufs-positionen ohne Positio-nen in der Heimat-währung); Edelmetalle nicht erfaßt	„Middle-case-Methode" (Der jeweils höhere Nettogesamtbetrag der Kauf- und der Verkaufs-positionen ohne Posi-tionen in der Heimat-währung); und „Worst-case-Methode" für Edelmetalle
Eigenkapitalunter-legung	keine, Limitkonzept (max. 21 Prozent des haftenden Eigen-kapitals)	8 Prozent der offenen Positionen	8 Prozent der offenen Positionen
Freigrenze	keine (Bagatell-regelung für Meldungen)	2 Prozent des Eigen-kapitals	keine (Bagatellregelung, wenn anzurechnende Gesamtposition kleiner als 2 Prozent der Eigenmittel)
Eigenkapitalklassen zur Limitierung/ Unterlegung der Risiken	Tier 1 und 2	Tier 1, 2, 3 und 4	Tier 1 und 2

Abbildung 54: Standardmethode im Fremdwährungsrisikobereich

- Kauf von 10 Mio. Kan-Dollar per Termin 30 Tage und
- Verkauf von 110 Mio. Kan-Dollar per Termin 28 Tage.

Schritt 1: Ermittlung der Netto-Kassaposition
- Die Netto-Kassaposition beträgt nach Verrechnung der gegenläufigen aktivischen und passivischen Beträge 80 Mio. US-Dollar long (siehe Abbildung 55).

Geschäfte	aktivische (Long-) Position	passivische (Short-) Position
US-Dollar Kassa	+ 50 Mio.	– 10 Mio
Anleihe	+ 40 Mio.	
Summe	+ 90 Mio.	– 10 Mio.
Netto-Kassaposition	+ 80 Mio.	

Abbildung 55: Ermittlung der Netto-Kassaposition im Fremdwährungsrisikobereich

Schritt 2: Ermittlung der Netto-Terminposition
- Die Netto-Terminpositionen betragen nach Verrechnung der gegenläufigen aktivi-schen und passivischen Beträge 20 Mio. US-Dollar long und 100 Mio. Kan-Dollar short (siehe Abbildung 56).

121

Geschäfte	aktivische (Long-) Position	passivische (Short-) Position
US-Dollar Termin	+ 20 Mio.	
Summe	+ 20 Mio.	
Netto-Terminposition US-Dollar	+ 20 Mio.	
Kan-Dollar Termin	+ 10 Mio.	– 110 Mio.
Summe	+ 10 Mio.	– 110 Mio.
Netto-Terminposition Kan-Dollar		– 100 Mio.

Abbildung 56: Ermittlung der Netto-Terminposition im Fremdwährungsrisikobereich

Schritt 3: Ermittlung der Nettokauf- und Nettoverkaufspositionen in den einzelnen Währungen
- Kaufposition in Höhe von 100 Mio. US-Dollar (Kassaposition +80 und Terminposition +20) und
- Verkaufsposition in Höhe von 100 Mio. Kan-Dollar (Terminposition -100).

Schritt 4: Umrechnung der Nettopositionen in die heimische Währung (DM)
- Kaufposition in Höhe von 150 Mio. DM (angenommener Wechselkurs 1,50 DM/US-Dollar) und
- Verkaufsposition in Höhe von 140 Mio. DM (angenommener Wechselkurs 1,40 DM/Kan-Dollar).

Schritt 5: Bestimmung der zu unterlegenden Nettogesamtposition
- Die Nettokauf- und -verkaufspositionen werden getrennt summiert.
- Der größere der beiden Beträge ist die anzurechnende Nettogesamtposition (im Beispiel 150 Mio. DM aus der US-Dollar-Position).

Schritt 6: Bestimmung der Eigenkapitalanforderung
- Die Nettogesamtposition in Höhe von 150 Mio. DM ist mit 8 Prozent Eigenkapital zu unterlegen.
- Bei der Kapitaladäquanzrichtlinie ist der Freibetrag von 2 Prozent der Eigenmittel zu berücksichtigen: Von der Eigenkapitalanforderung für den Nettogesamtbetrag in Höhe von 12 Mio. DM sind – bei angenommenem Eigenkapital von 100 Mio. DM – 0,16 Mio. DM abzuziehen (2 Mio. DM × 0,08), so daß insgesamt 11,84 Mio. DM an Eigenmitteln für das Fremdwährungsrisiko gebunden sind.

Wie aus der obigen Darstellung deutlich wurde, wird die Einfachheit der Standardmethode (auch und vor allem in der EDV-technischen Umsetzung) mit einigen *Ungenauigkeiten bei der Risikoerfassung* „erkauft". Eine der Ungenauigkeiten besteht in der einheitlichen Behandlung aller Fremdwährungspaare und der Annahme gleicher (relativ geringer) Korrelationen. Wenn ein Kreditinstitut wünscht, lediglich diese Ungenauigkeit zu korrigieren, ohne den mit den Alternativen „Simulationsmethode" oder „Benchmarkmethode" verbundenen erheblichen technischen Aufwand in Kauf nehmen zu müssen, darf es (sofern es von der Aufsichtsbehörde gestattet ist) ein der Standardmethode ähnliches Verfahren wählen, das eine Sonderbehandlung für hochkorrelierte Währungen vorsieht. Es muß allerdings deutlich betont werden, daß dieses Verfahren nicht Bestandteil der Standardmethode ist, was zur Folge hat, daß der Freibetrag von 2 Prozent nicht besteht.[22]

3.4 Berücksichtigung hochkorrelierter Währungen

Für *geschlossene Positionen* in „eng verbundenen", das heißt *hochkorrelierten Währungen* besteht nach der Kapitaladäquanzrichtlinie ein Wahlrecht der Aufsichtsbehörden, eine *reduzierte Kapitalanforderung* in Höhe von nur *4 Prozent* vorzusehen. Dabei muß die Korrelation der Währungskurse statistisch nachgewiesen sein. Der Nachweis wird erbracht, indem die Verlustanfälligkeit geschlossener Positionen in hochkorrelierten Währungen statistisch analysiert wird. Beträgt – unter Zugrundelegung der täglichen Wechselkurse und einer Haltedauer von zehn Tagen bei einer historischen Beobachtungsperiode von fünf Jahren – die Wahrscheinlichkeit 95 Prozent (99 Prozent bei drei Jahren), daß die Verluste aus dieser geschlossenen Position maximal 4 Prozent des Werts der ausgeglichenen Position betragen (ausgedrückt in der Währung der Rechnungslegung des Kreditinstituts), so kann dieses Währungspaar als „eng verbunden" (hochkorreliert) angesehen werden. Für den Nachweis reicht es also nicht aus, den Korrelationskoeffizienten zu bestimmen, sondern es ist eine Rechnung durchzuführen, die der weiter unten besprochenen Simulationsmethode ähnelt.

Nehmen wir als *Beispiel* das Währungspaar US-Dollar/Kan-Dollar, das in einer linearen Korrelationsanalyse einen Korrelationskoeffizienten in Höhe von 0,94 aufweist (Datenbasis 1989 bis 1994)[23]. Das Kreditinstitut hat eine ausgeglichene Position in Höhe von 140 Mio. DM in diesen beiden Währungen: Long-Position US-Dollar in Höhe von 93,33 Mio. US-Dollar (Wechselkurs 1,50 DM/US-Dollar) und Short-Position im Kanadischen Dollar in Höhe von 100 Mio. Kan-Dollar (Wechselkurs 1,40 DM/Kan-Dollar). Bei einer Beobachtungsperiode von fünf Jahren (drei Jahren) und einem 95 Prozent-Quantil (99 Prozent-Quantil) beträgt der simulierte Verlust 1,59 Mio. DM (2,50 Mio. DM). Beide Beträge liegen unter der Schwelle von 5,6 Mio. DM (4 Prozent des Werts der ausgeglichenen Position in der Währung der Rechnungslegung), so daß für diese ausgeglichene Position ein reduzierter Kapitalunterlegungssatz in Betracht käme.

Aus den beiden Nettopositionen für US-Dollar und Kan-Dollar werden die jeweiligen Positionsbeträge (im Gegenwert von 140 Mio. DM) herausgenommen und mit 4 Prozent Eigenkapital unterlegt; für die restlichen Positionen wird ein der Standardmethode vergleichbares Verfahren angewendet. Im Beispiel würde das bedeuten, daß die Long-Position im US-Dollar von ursprünglich 100 Mio. auf 6,67 Mio. US-Dollar, die Short-Position im Kan-Dollar von 100 Mio. auf Null zurückgehen würde. Die größere der beiden

---

22 Ziffer 1 des Anhangs III der Kapitaladäquanzrichtlinie besagt, „falls" ein Institut die Kapitalunterlegung nach der reinen Standardmethode (dargestellt in den Ziffern 2 bis 4) berechnet, ist eine Freigrenze von 2 Prozent anzuwenden. Das modifizierte Standardverfahren mit Berücksichtigung eng verbundener Währungen wird in Ziffer 6 zur Wahl gestellt, so daß hier kein Freibetrag besteht.

23 Für diese und die folgenden statistischen Berechnungen wurden die amtlichen Devisenkurse an der Frankfurter Börse benutzt (Kassa-Mittelkurse in DM). Vgl. Deutsche Bundesbank (1989 ff.).

Summen – hier die US-Dollar-Position – wäre nach Umrechnung in Deutsche Mark (10 Mio. DM) mit 8 Prozent Eigenkapital, das heißt mit 0,80 Mio. DM, zu unterlegen. Die ausgeglichene Position in den eng verbundenen Währungen US-Dollar/Kan-Dollar in Höhe von 140 Mio. DM ist mit 4 Prozent Eigenmitteln, also 5,60 Mio. DM zu unterlegen. Insgesamt ergibt sich eine Eigenkapitalunterlegung von 6,40 Mio. DM verglichen mit 10 Mio. DM nach der Standardmethode (12 Mio. DM abzüglich 2-Prozent-Freibetrag).

3.5 Benchmarkmethode

Die im Vergleich zum Standardverfahren präzisere, aber dafür auch wesentlich aufwendigere *Benchmarkmethode* leitet die Höhe der Eigenmittelunterlegung aus den historischen Volatilitäten der Währungen und aus dem Zusammenhang ihrer Veränderungen gegenüber der Heimatwährung (ihren Korrelationen) ab. Verschiedene empirische Untersuchungen haben gezeigt, daß für normal- bzw. lognormalverteilte Grundgesamtheiten insbesondere die Verwendung der statistischen Regressions- oder Korrelationsanalyse für die Ermittlung eines praktikablen Wechselkursrisikofaktors geeignet ist.[24] Dabei wird als Maßzahl („*Benchmark*") für das in enger Anlehnung an die traditionelle Portfoliotheorie bestimmte Risiko insbesondere die statistische Größe „Varianz" (σ^2) – oder deren quadratische Wurzel „Standardabweichung" (σ) – der historischen Wechselkursrenditen[25] verwendet.

Die Benchmarkmethode bestimmt das *Risiko* als die Wertveränderung eines aus Long- und Short-Positionen zusammengesetzten *Fremdwährungsportefeuilles*. Dabei wird auf die Ergebnisse der Finanztheorie zurückgegriffen, die die in der Varianz zum Ausdruck kommende Volatilität der Wertveränderung eines Portfolios (σ_p^2) aus der Varianz der Portefeuillekomponenten und ihren jeweiligen Korrelationen berechnet. Dabei wird die folgende Formel angewendet:[26]

$$\sigma_p^2 = \sum_{i=1}^{n} \sum_{j=1}^{n} a_i \times a_j \times \sigma_i \times \sigma_j \times \rho_{ij} = \boldsymbol{a} \times \boldsymbol{C} \times \boldsymbol{a'}$$

mit:

a_i, a_j = Position in Währung i bzw. j.

σ_i, σ_j = Standardabweichung (Volatilität) der Währung i bzw. j.

ρ_{ij} = Korrelationskoeffizient zwischen Wechselkursrenditen der Währungen i und j.

$\boldsymbol{a}$ = Zeilenvektor der Währungsposition

$\boldsymbol{a'}$ = Transponierte des Vektors $\boldsymbol{a}$

$\boldsymbol{C}$ = Matrix der Kovarianzen der Wechselkursrenditen

Für die Anwendung der Benchmarkmethode sind *drei (vorzugebende) Parameter* von zentraler Bedeutung:

● Die Länge der Periode, in der ein Kreditinstitut eine offene Position hält (*Haltedauer*), beträgt annahmegemäß *zehn Arbeitstage*. Innerhalb dieser Zeitspanne können verlusttragende Positionen nicht glattgestellt werden, die Verluste akkumulieren also in dieser

---

24 Vgl. Shastri; Tandon (1986) und Markowitz (1987).
25 „Rendite" bezeichnet die prozentuale Veränderung der Kurse.
26 Vgl. Markowitz (1959).

Zeit. Dem kritischen Argument des Praktikers, Positionen könnten an einem Tag glattgestellt werden und deshalb sei der Zeitraum zu lang, wird von den Bankaufsehern entgegengehalten, eine tägliche Glattstellung sei in Zeiten hoher Wechselkursvolatilitäten und „dünnen Märkten" nicht grundsätzlich sichergestellt.

- Der *historische Beobachtungszeitraum*, aus dem Volatilitäten und Korrelationen berücksichtigt werden, ist *drei oder fünf Jahre*. Für diese Zeiträume werden tägliche Wechselkurse benötigt.

- Zur Festsetzung der Eigenkapitalanforderung ist – entsprechend dem gewählten historischen Beobachtungszeitraum – ein Konfidenzniveau („*Vertrauensniveau*") von 99 Prozent (drei Kalenderjahre) oder 95 Prozent (fünf Kalenderjahre) ausschlaggebend.

Zur *Berechnung der Eigenmittelunterlegung* für die offenen Fremdwährungspositionen eines Kreditinstituts nach der Benchmarkmethode muß also auf bestimmte Zeitreihen der Wechselkurse zurückgegriffen und die nachfolgenden Berechnungen durchgeführt werden. Dies soll auch anhand der oben verwendeten *Beispielspositionen* verdeutlicht werden. Für die Zeitreihenberechnungen wurden die Zeiträume 1. September 1989 (fünf Jahre) bzw. 2. September 1991 (drei Jahre) bis jeweils 31. August 1994 und die folgenden offenen Fremdwährungspositionen zugrundegelegt:

- Kaufposition in Höhe von 100 Mio. US-Dollar (150 Mio. DM) und
- Verkaufsposition in Höhe von 100 Mio. Kan-Dollar (140 Mio. DM).

Schritt 1: Bestimmung der zehntägigen Wechselkursveränderungen.

- Bei einer historischen Beobachtungsperiode von fünf (drei) Jahren mit 1252 (753) Beobachtungen pro Währung (tägliche Wechselkurse gegenüber der DM) ergeben sich daraus Zeitreihen mit 1242 (743) Beobachtungen pro Währung (prozentuale Veränderungen über einen Zehn-Tages-Zeitraum).

- Da nach der „Random-Walk-Theorie"[27] die Kassakursveränderungen, nicht aber die Kassakurse selbst normalverteilt sind, werden die Kassakursveränderungen ermittelt und als Werte bei der weiteren Berechnung verwendet. Die berechneten Stichprobenwerte in der Beobachtungsperiode werden dazu logarithmiert (siehe Abbildung 57).

Schritt 2: Bestimmung der Wechselkursvolatilitäten (Standardabweichungen)

- Da in der Benchmarkmethode nicht die Grundgesamtheit aller Wechselkurse (von der ersten bis zur letzten Notierung des betreffenden Kurses), sondern eine Stichprobe verwendet wird, wird die folgende Formel zur Berechnung der Standardabweichung σ herangezogen:

$$\sigma = \sqrt{\frac{1}{n-1} \times \sum_{i=1}^{n} \left(W_i - \mu\right)^2}$$

mit: W_i = Wechselkursveränderungen = $\ln \left(\frac{Kurs_t}{Kurs_{t-10}}\right)$

μ = arithmetisches Mittel = $\frac{1}{n} \times \sum_{i=1}^{n} W_i$

---

27 Vgl. Osborne (1962) und Cootner (1970).

Datum	Kan-Dollar	ln(Kan-Dollar) – ln(Kan-Dollar$_{t-10}$)	US-Dollar	ln(US-Dollar) – ln(US-Dollar$_{t-10}$)
... .	...	...	...	...
04.08.1994	1,1358	...	1,5744	...
05.08.1994	1,1479	...	1,5890	...
08.08.1994	1,1455	...	1,5835	...
09.08.1994	1,1516	...	1,5856	...
10.08.1994	1,1487	...	1,5773	...
11.08.1994	1,1498	...	1,5845	...
12.08.1994	1,1225	...	1,5536	...
15.08.1994	1,1242	...	1,5525	...
16.08.1994	1,1277	...	1,5575	...
17.08.1994	1,1347	...	1,5608	...
18.08.1994	1,1238	-0,0106	1,5494	-0,0160
19.08.1994	1,1191	-0,0254	1,5370	-0,0333
22.08.1994	1,1169	-0,0253	1,5345	-0,0314
23.08.1994	1,1129	-0,0342	1,5330	-0,0337
24.08.1994	1,1219	-0,0236	1,5424	-0,0224
25.08.1994	1,1258	-0,0211	1,5478	-0,0234
26.08.1994	1,1263	0,0034	1,5442	-0,0061
29.08.1994	1,1510	0,0236	1,5779	0,0162
30.08.1994	1,1580	0,0265	1,5800	0,0143
31.08.1994	1,1540	0,0169	1,5830	0,0141

Abbildung 57: Prozentuale Veränderungen des US- und Kanadischen Dollars über Zehn-Tages-Zeiträume

- Abbildung 58 zeigt die berechnete Varianz σ^2 und Standardabweichung σ der Zeitreihen über drei und fünf Jahre.

Währung / Zeitraum		Varianz	Standardabweichung
US-Dollar	drei Jahre	0,05659 Prozent	2,3791 Prozent
	fünf Jahre	0,05623 Prozent	2,3707 Prozent
Kan-Dollar	drei Jahre	0,06711 Prozent	2,5904 Prozent
	fünf Jahre	0,06334 Prozent	2,5160 Prozent

Abbildung 58: Bestimmung der Wechselkursvolatilitäten in der Benchmarkmethode

Schritt 3: Bestimmung der Korrelationskoeffizienten der Währungspaare (US-Dollar/Kan-Dollar)

- Der Korrelationskoeffizient als Maß für die lineare Abhängigkeit der Währungen US- und Kan-Dollar beträgt 93,64 Prozent für die Dreijahresperiode und 94,01 Prozent für die Fünfjahresperiode (siehe dazu Abbildungen 59 und 60, in denen Varianzen, Kovarianzen und Korrelationskoeffizienten wichtiger Währungen zusammengestellt sind).[28]

Schritt 4: Bestimmung der Volatilität (Varianz und Standardabweichungen) und des Mittelwertes des Währungsportefeuilles

- Varianz und Standardabweichung der Wertveränderungen des gesamten Portefeuilles von Fremdwährungspositionen werden nach obiger allgemeiner Formel ermittelt. Für n = 2 Währungen vereinfacht sich die oben genannte Formel zu:

$$\sigma_p^2 = a_i^2 \times \sigma_i^2 + a_j^2 \times \sigma_j^2 + 2 \times a_i \times a_j \times \sigma_i \times \sigma_j \times \rho_{ij} = a_i^2 \times \sigma_i^2 + a_j^2 \times \sigma_j^2 + 2 \times a_i \times a_j \times \sigma_{ij}$$

mit:

a_i, a_j = Position in Währung i bzw. j.

σ_i, σ_j = Standardabweichung der Wechselkursrenditen (Währungen i bzw. j).

σ_{ij} = $\sigma_i \times \sigma_j \times \rho_{ij}$ = Kovarianz der Wechselkursrenditen (Währungen i und j).

- Abbildung 61 verdeutlicht die Berechnung von Varianz und Standardabweichung des Portefeuilles mit den beiden Positionen in US-Dollar (a_i) und Kan-Dollar (a_j).
- Der Mittelwert des Portefeuilles ergibt sich als gewogenes arithmetisches Mittel der durchschnittlichen Wertveränderungen der einzelnen Währungspositionen, gewichtet mit ihren Portefeuilleanteilen. Er ist somit der Durchschnittsgewinn oder -verlust der im Portefeuille enthaltenen Währungspositionen (siehe Abbildung 62, Spalte 1).

Schritt 5: Bestimmung des Sicherungsniveaus (Vielfaches der Standardabweichung)

- Unter der Annahme, daß die Portefeuillewertveränderungen einer Normalverteilung folgen,[29] wird das dem geforderten Signifikanzniveau von 95 Prozent (99 Prozent) entsprechende Quantil ermittelt (z.B. aus der Tabelle der Verteilungsfunktion der Standardnormalverteilung abgelesen); hierbei ergeben sich für die Wahrscheinlichkeit in Höhe von 95 Prozent (99 Prozent) 1,6449 (2,3263) Standardabweichungen (siehe Abbildung 62).[30]

Schritt 6: Bestimmung der Eigenkapitalunterlegung für das Währungsportefeuille

- Bei Zugrundelegung eines historischen Beobachtungszeitraums von drei Jahren ergibt sich ein Eigenkapitalunterlegungsbetrag in Höhe von 2,679 Mio. DM und bei einer Beobachtungsperiode von fünf Jahren ein Eigenkapitalunterlegungsbetrag in Höhe von 1,881 Mio. DM (siehe Abbildung 62).

---

28 Üblicherweise wird der Korrelationskoeffizient nach Bravais-Pearson verwendet.

29 Die Annahme einer „Normalverteilung" ist aus statistisch-empirischen Gründen im vorliegenden Fall kritisch. Aus diesem Grund wurde der Benchmarkansatz im Verlauf der Diskussionen über die angemessene Ausgestaltung bankaufsichtlicher Risikomeßsysteme um das „General Benchmark Modell" ergänzt. Dieser Ansatz geht von der Annahme aus, daß die Wertveränderungen des Portefeuilles nicht normalverteilt sind, insbesondere weil sich wegen der Ermittlung der Beobachtungen aus gleitenden Zehntageszeiträumen Autokorrelationseffekte ergeben, und schätzt die Maßzahl (Benchmark) ohne eine zugrundeliegende Verteilungsannahme. Das Modell greift dabei jedoch auf komplexe statistische Verfahren der „nichtparametrischen Schätzungen" zurück, so daß dieser Ansatz letztlich nicht in das Regelwerk aufgenommen worden ist.

30 Wird das Konfidenzniveau ohne Rückgriff auf eine unterstellte Verteilung bestimmt, so muß das 95-Prozent-Quantil (99-Prozent-Quantil) auf der Basis der zu errechnenden Zeitreihe der Portefeuillewertveränderungen bestimmt werden.

	HFL	BFR	DKR	GBP	PTA	LIT	CAD	USD	NKR	FRF	SKR	SFR	JPY
HFL	**0,0000007**	0,2780497	0,2974513	0,0745458	0,0568054	0,1519911	0,2157310	0,2472636	0,2106568	0,3876202	0,1041385	0,2171554	0,1313394
BFR	0,0000011	**0,0000220**	0,5690904	0,1856958	0,2703003	0,1822894	0,1813711	0,1724482	0,2958913	0,7011820	0,1485048	0,1997688	0,0872700
DKR	0,0000014	0,0000158	**0,0000352**	0,1849463	0,2740864	0,2550696	0,2383393	0,1847072	0,3398973	0,7457518	0,3324013	0,0872250	0,0682879
GBP	0,0000010	0,0000138	0,0000174	**0,0002516**	0,3998888	0,4391216	0,2680952	0,2273653	0,4826128	0,2090526	0,2333647	0,1722923	0,1513220
PTA	0,0000006	0,0000158	0,0000203	0,0000792	**0,0001560**	0,4586570	0,1363080	0,0913186	0,3217997	0,3245349	0,1868929	-0,0401491	-0,0751791
LIT	0,0000018	0,0000125	0,0000222	0,0001020	0,0000839	**0,0002147**	0,2260248	0,1751315	0,4626059	0,2330955	0,4760983	0,0048827	0,0667808
CAD	0,0000045	0,0000214	0,0000356	0,0001069	0,0000428	0,0000833	**0,0006334**	0,9400666	0,2919829	0,2130848	0,2926854	0,0356182	0,5597050
USD	0,0000048	0,0000192	0,0000260	0,0000855	0,0000270	0,0000608	0,0005606	**0,0005623**	0,3058042	0,2292027	0,2432831	0,0491935	0,6431775
NKR	0,0000012	0,0000094	0,0000137	0,0000519	0,0000272	0,0000460	0,0000498	0,0000492	**0,0000460**	0,4580505	0,3944739	0,0886389	0,2072521
FRF	0,0000014	0,0000146	0,0000197	0,0000148	0,0000180	0,0000152	0,0000239	0,0000242	0,0000138	**0,0000198**	0,2762100	0,1741661	0,0869270
SKR	0,0000014	0,0000115	0,0000325	0,0000611	0,0000385	0,0001151	0,0001215	0,0000952	0,0000442	0,0000203	**0,0002727**	0,0572357	0,1754744
SFR	0,0000017	0,0000089	0,0000049	0,0000260	-0,0000048	0,0000007	0,0000085	0,0000111	0,0000057	0,0000074	0,0000090	**0,0000908**	0,0896875
JPY	0,0000024	0,0000092	0,0000091	0,0000540	-0,0000211	0,0000220	0,0003171	0,0003433	0,0000316	0,0000087	0,0000652	0,0000192	**0,0005074**

Abbildung 59: Varianzen (Werte auf der Diagonalen), Kovarianzen (Werte unterhalb der Diagonalen) und Korrelationskoeffizienten (Werte ober-halb der Diagonalen) ausgesuchter Währungen (Fünf-Jahres-Zeitraum 1. September 1989 bis 31. August 1994)

	HFL	BFR	DKR	GBP	PTA	LIT	CAD	USD	NKR	FRF	SKR	SFR	JPY
HFL	**0,0000008**	0,2585117	0,2935507	0,0745853	0,0154709	0,1293688	0,2323354	0,2526996	0,1964280	0,3983224	0,0889379	0,1371998	0,1538205
BFR	0,0000014	**0,0000341**	0,5681667	0,1541734	0,2453105	0,1583278	0,1678578	0,1541992	0,2695949	0,7119829	0,1153731	0,1661082	0,1056139
DKR	0,0000020	0,0000244	**0,0000541**	0,1906230	0,2459223	0,2306572	0,2569863	0,1801916	0,3382870	0,7653227	0,3139588	0,0797425	0,0644114
GBP	0,0000011	0,0000152	0,0000237	**0,0002865**	0,4020820	0,4827100	0,2948211	0,2291024	0,3908896	0,1509332	0,1783196	-0,0136307	0,0482716
PTA	0,0000002	0,0000213	0,0000269	0,0001012	**0,0002218**	0,4369535	0,0891474	0,0341171	0,2877347	0,2889994	0,1331839	-0,1807020	-0,1331968
LIT	0,0000022	0,0000170	0,0000312	0,0001504	0,0001198	**0,0003400**	0,2101540	0,1472870	0,4740369	0,2043648	0,4623371	-0,0316183	0,0666680
CAD	0,0000055	0,0000254	0,0000489	0,0001291	0,0000343	0,0001002	**0,0006711**	0,9364287	0,2084826	0,1487748	0,2039847	-0,0826136	0,6301284
USD	0,0000055	0,0000214	0,0000315	0,0000921	0,0000121	0,0000645	0,0005763	**0,0005659**	0,1934202	0,1613787	0,1296839	-0,0764544	0,6995670
NKR	0,0000014	0,0000121	0,0000191	0,0000507	0,0000328	0,0000670	0,0000414	0,0000353	**0,0000589**	0,4435149	0,3263521	-0,0504946	0,0652970
FRF	0,0000019	0,0000219	0,0000296	0,0000134	0,0000226	0,0000198	0,0000203	0,0000202	0,0000179	**0,0000278**	0,2324318	0,1126189	0,0242479
SKR	0,0000016	0,0000137	0,0000468	0,0000612	0,0000402	0,0001727	0,0001071	0,0000625	0,0000508	0,0000248	**0,0004116**	-0,0197738	0,1131541
SFR	0,0000011	0,0000083	0,0000050	-0,0000020	-0,0000229	-0,0000050	-0,0000182	-0,0000155	-0,0000033	0,0000051	-0,0000034	**0,0000727**	0,0086233
JPY	0,0000031	0,0000137	0,0000105	0,0000182	-0,0000442	0,0000274	0,0003634	0,0003705	0,0000112	0,0000028	0,0000511	0,0000016	**0,0004970**

Abbildung 60: Varianzen (Werte auf der Diagonalen), Kovarianzen (Werte unterhalb der Diagonalen) und Korrelationskoeffizienten (Werte oberhalb der Diagonalen) ausgesuchter Währungen (Drei-Jahres-Zeitraum 2. September 1991 bis 31. August 1994)

Zeitraum	Portefeuille-Varianz und Portefeuille-Standardabweichung
Drei Jahre	$\sigma_p^2 = (150 \text{ Mio. DM})^2 \times \sigma_i^2 + (-140 \text{ Mio. DM})^2 \times \sigma_j^2 + 2 \times 150 \text{ Mio. DM} \times (-140 \text{ Mio. DM}) \times \sigma_{ij}$ $\sigma_p^2 = (22500 \times 0,0005659 + 19600 \times 0,0006711 - 42000 \times 0,0005763) \text{ (Mio. DM)}^2$ $\sigma_p^2 = (12,73275 + 13,15356 - 24,2046) \text{ (Mio. DM)}^2$ $\sigma_p^2 = (25,88631 - 24,2046) \text{ (Mio. DM)}^2 = 1,68171 \text{ (Mio. DM)}^2$ $\sigma_p = \sqrt{1,68171 \text{ (Mio. DM)}^2} = 1,2968076 \text{ Mio. DM}$
Fünf Jahre	$\sigma_p^2 = (150 \text{ Mio. DM})^2 \times \sigma_i^2 + (-140 \text{ Mio. DM})^2 \times \sigma^2 + 2 \times 150 \text{ Mio. DM} \times (-140 \text{ Mio. DM}) \times \sigma_{ij}$ $\sigma_p^2 = (22500 \times 0,0005623 + 19600 \times 0,0006334 - 42000 \times 0,0005606) \text{ (Mio. DM)}^2$ $\sigma_p^2 = (12,65175 + 12,41464 - 23,5452) \text{ (Mio. DM)}^2$ $\sigma_p = \sqrt{1,52119 \text{ (Mio. DM)}^2} = 1,2333653 \text{ Mio. DM}$

Abbildung 61: Bestimmung der Portefeuillevarianz und der Portefeuillestandardabweichung in der Benchmarkmethode

Zeitraum	Signifikanz-niveaus	Portefeuille-Mittelwerte	Anzahl der Standardab-weichungen	Portefeuille-Standard-abweichungen	Eigen-kapital-unterlegungen
		(1)	(2)	(3)	(4)=(2)×(3)−(1)
drei Jahre	99 Prozent	0,3374 Mio. DM	2,3263	1,2968 Mio. DM	2,6793 Mio. DM
fünf Jahre	95 Prozent	0,1477 Mio. DM	1,6449	1,2334 Mio. DM	1,8812 Mio. DM

Abbildung 62: Bestimmung der Eigenmittelunterlegung in der Benchmarkmethode als Vielfaches der Portefeuillestandardabweichung

Um die möglichen deutlichen Diskrepanzen zwischen den Eigenkapitalunterlegungsbeträgen nach der Standardmethode und ihren Alternativen, der Benchmark- und der Simulationsmethode, nicht unvertretbar groß werden zu lassen, sieht die Kapitaladäquanzrichtlinie vor, daß die nach den Alternativverfahren errechneten Eigenmittelbeträge mindestens 2 Prozent der nach dem Standardverfahren ermittelten offenen Gesamtposition betragen müssen („2-Prozent-Floor").

Bei der Festlegung der Eigenmittelunterlegung ist also noch der 2-Prozent-Floor zu beachten: Der nach der Standardmethode ermittelte Nettogesamtbetrag der offenen Fremdwährungsposition betrug – wie oben dargestellt – 150 Mio. DM. Der nach der Richtlinie anzuwendende 2-Prozent-Floor beträgt dementsprechend 3 Mio. DM, so daß sich für das Beispielportefeuille bei beiden Beobachtungsperioden dieser Eigenmittelbetrag als notwendige Unterlegung ergibt.

Dieses Ergebnis ist auf den Umstand zurückzuführen, daß das Beispiel insofern extrem gewählt ist, als bekanntermaßen die Korrelation zwischen US-Dollar und Kan-Dollar in Bezug auf die DM sehr hoch und das Beispielportefeuille aus Long- und Short-Positionen in fast gleicher Höhe (in DM ausgedrückt) zusammengesetzt ist. Eine Testrechnung

Zeitraum	Signifikanz-niveaus	Portefeuille-Mittel-werte	Anzahl der Standardab-weichungen	Portefeuille-Standard-abweichungen	Eigen-kapital-unterlegungen
		(1)	(2)	(3)	(4)=(2)×(3)−(1)
drei Jahre	99 Prozent	−0,7451 Mio. DM	2,3263	7,0800 Mio. DM	17,2153 Mio. DM
fünf Jahre	95 Prozent	−0,7372 Mio. DM	1,6449	6,9736 Mio. DM	12,2080 Mio. DM

Abbildung 63: Bestimmung der Eigenmittelunterlegung gleichgerichteter Positionen in der Bench-markmethode als Vielfaches der Portefeuillestandardabweichung

für ein US-Dollar/Kan-Dollar-Portefeuille aus gleichgerichteten Positionen (150 Mio./140 Mio. DM) mit erheblichem „*Verstärkungseffekt*" zeigt deutlich höhere Eigen-kapitalunterlegungsbeträge (siehe Abbildung 63).

Unter Berücksichtigung der sehr hohen positiven Korrelation zwischen US-Dollar und Kan-Dollar zeigt sich, daß die Benchmarkmethode in aller Regel zu deutlich niedrigeren Eigenkapitalanforderungen als die Standardmethode führen wird, da bei anderen Währungspaaren die Korrelation deutlich niedriger und damit der Verstärkungseffekt bei gleichgerichteten Positionen deutlich geringer ist.[31] Das *Einziehen eines Floors* erscheint daher unter Vorsichtsaspekten mehr als gerechtfertigt.

Abbildung 64 faßt die wesentlichen Merkmale der Benchmarkmethode noch einmal zu-sammen.

Benchmark-methode	Grundsatz Ia	Kapitaladäquanz-richtlinie	Baseler Markt-risikopapiere
Anwendung	nicht vorgesehen	Alternative zum Stan-dardmodell	nicht vorgesehen
Höhe der Eigen-kapitalunterlegung		variabel (Bestimmung über statistisches Verfah-ren der Korrelationsanalyse mit den Parametern Haltedauer der Position 10 Tage, Wechselkurs-daten der letzten 3 oder 5 Jahre, Berechnung des wahrscheinlichen Verlustes mit Konfidenz-niveau 99 oder 95 Prozent), mindestens aber 2 Prozent der offenen Gesamtposition („2 Prozent-Floor")	
Eigenkapitalklassen zur Unterlegung der Risiken		Tier 1, 2, 3 und 4	

Abbildung 64: Benchmarkmethode im Fremdwährungsrisikobereich

---

31 Zur Erinnerung: die Standardmethode erforderte – auch unter Berücksichtigung der Freigrenze – eine Eigen-mittelunterlegung von 11,84 Mio. DM! Dieses Ergebnis wäre bei unserem Beispielportefeuille erst zu errei-chen gewesen, wenn unter Zugrundelegung der Fünfjahresperiode bei gleich hohen und entgegengerichteten Fremdwährungspositionen von jeweils 150 Mio. DM und einer unterstellten perfekten positiven Korrelation von +1 die Volatilitäten (Standardabweichungen der täglichen Veränderungen auf Jahresbasis hochgerechnet) mindestens 23 Prozent pro Jahr betragen, was nur in Zeiten sehr unruhiger Märkte anzutreffen ist.

Das Benchmarkverfahren gibt sicherlich ein *genaueres Bild* über die jeweils aktuelle, tatsächlich bestehende Risikoposition im Fremdwährungsbereich. Diese Präzision geht jedoch einerseits einher mit einer zunehmenden Komplexität: Da sich Volatilitäten und Korrelationen im Zeitablauf ändern, müssen jeweils auch die Eigenmittelunterlegungen in kurzen Zeitabständen (nach der Richtlinie täglich) neu berechnet werden.

Weiter vermittelt diese Methode wegen ihrer vordergründig hohen Exaktheit ein falsches Gefühl der Sicherheit: es darf nicht vergessen werden, daß bei der Benchmarkmethode implizit unterstellt wird, daß sich die Zukunft wie die Vergangenheit verhält. Diese Methode verwendet zur Risikoquantifizierung die *Durchschnittswerte* der Wechselkursvolatilitäten und Korrelationen. Bei jähen Anstiegen der Volatilitäten und möglichen „Zusammenbrüchen" der Korrelationen wird sicherlich auch das Verlustrisiko aus offenen Währungspositionen erheblich ansteigen. Schon das Abstellen der Kapitalanforderung auf das jeweils aktuelle Risiko birgt in sich die Gefahr, auf böse Überraschungen nicht vorbereitet zu sein, die durch die Verwendung von Durchschnittswerten noch gesteigert wird.

3.6 Simulationsmethode

Als weitere Alternative zur einfachen Standardmethode können die Bankaufsichtsbehörden die Berechnung der erforderlichen Eigenkapitalunterlegung für das gesamte Währungsportefeuille nach einem „*Simulationsansatz*" zulassen. Dazu wird die Wertveränderung eines aktuellen Portefeuilles bezogen auf eine bestimmte Haltedauer der Positionen über einen historischen Zeitraum „simuliert", das heißt unter Zugrundelegung der realen Wechselkursveränderungen der Vergangenheit berechnet. Die Höhe der Eigenmittelunterlegung wird dann von den *Verlusten* abgeleitet, die für dieses Portefeuille in der Vergangenheit eingetreten wären.

Im Unterschied zur Benchmarkmethode wird bei der Simulationsmethode auf diese Weise auch berücksichtigt, wie sich die Volatilitäten der Währungskurse und Korrelationen der Kurse einzelner Währungspaare gegenüber der Heimatwährung im Zeitablauf veränderten. Die Simulationsmethode ist damit eine *Weiterentwicklung* der Benchmarkmethode, weil sie die Prämisse der Konstanz der (durchschnittlichen) Korrelationen und Volatilitäten aufgibt und diese Einflußgrößen in ihrer jeweiligen historisch veränderlichen Ausprägung berücksichtigt.

Die *Eigenmittelunterlegung* wird aus den sich aus der Simulationsrechnung ergebenden Verlusten in Form der Festsetzung eines bestimmten Konfidenzniveaus abgeleitet. Da bei der Beobachtungsreihe der Verluste keine Verteilung spezifiziert werden kann, wird das Sicherungsniveau als *Quantil* aus der empirischen Verteilungsfunktion bestimmt.

Bei der Simulationsmethode gelten dieselben *statistischen Parameter* wie bei der Benchmarkmethode:

- Haltedauer von zehn Arbeitstagen,
- Historischer Datenbereich von fünf (drei) Jahren,
- Konfidenzniveau (= Quantil) in Höhe von 95 Prozent (99 Prozent),
- „2 Prozent-Floor".

132

Die Simulationsmethode ist als einzige Alternative zur Standardmethode auch im *Baseler Marktrisikopapier* erlaubt. Die dort vorgeschriebenen Parameter sind im wesentlichen die gleichen; „Basel" sieht allerdings nur einen historischen Beobachtungshorizont von fünf Jahren und entsprechend ein Konfidenzniveau (Quantil) in Höhe von 95 Prozent vor. Hinzu kommt ein weiterer bedeutsamer Unterschied: der *Mindestbetrag für die Kapitalunterlegung* („Floor") beträgt im Baseler Marktrisikopapier nicht 2 Prozent, sondern *3 Prozent* (siehe Abbildung 65).

Simulationsmethode	Grundsatz Ia	Kapitaladäquanz-richtlinie	Baseler Markt-risikopapiere
Anwendung	nicht vorgesehen	Alternative zum Standardmodell	Alternative zum Standardmodell
Höhe der Eigen-kapitalunterlegung		variabel in Höhe des simulierten Verlustes (Haltedauer der Position 10 Tage, Wechselkurs-daten der letzten 3 oder 5 Jahre, Berechnung des Verlustes – 99 oder 95 Prozent Konfidenz-niveau), mindestens aber 2 Prozent der offenen Gesamtposition nach dem Standardverfahren („2 Prozent-Floor")	variabel in Höhe des simulierten Verlustes (Haltedauer der Position 10 Tage, Wechselkursdaten der letzten 5 Jahre, Berechnung des Verlustes – 95 Prozent Konfidenz-niveau), mindestens aber 3 Prozent der offenen Gesamt-position nach dem Standardverfahren („3 Prozent-Floor")
Eigenkapitalklassen zur Unterlegung der Risiken		Tier 1, 2, 3 und 4	Tier 1 und 2

Abbildung 65: Simulationsmethode im Fremdwährungsrisikobereich

Die Durchführung der Simulationsmethode geschieht in folgenden Schritten, die wieder anhand des bereits bekannten *Beispiels* verdeutlicht werden sollen:

- Kaufposition in Höhe von 100 Mio. US-Dollar (150 Mio. DM),
- Verkaufsposition in Höhe von 100 Mio. Kan-Dollar (140 Mio. DM).

Schritt 1: Neubewertung des Fremdwährungsportefeuilles
- Die Kauf- und Verkaufspositionen werden mit den historischen Wechselkursen der letzten drei oder fünf Kalenderjahre (1. September 1989 / 2. September 1991 bis 31. August 1994) neu bewertet.
- Aus den Daten wird eine Zeitreihe mit „simulierten" Gewinnen oder Verlusten (Bewertungsergebnissen) ermittelt, die entstanden wären, wenn diese Positionen für sämtliche gleitenden Zehn-Arbeitstage gehalten worden wären.

Datum	Kan-Dollar	Verkaufs-position in Höhe von 100 Mio. Kan-Dollar	US-Dollar	Kauf-position in Höhe von 100 Mio. US-Dollar	Portefeuille-wert (PW)	Portefeuille-wert-änderungen
		Neubewertung in Mio. DM		Neubewertung in Mio. DM	in Mio. DM	$PW_t - PW_{t-10}$ in Mio. DM
...	...	...	...	...		...
04.08.1994	1,1358	−113,58	1,5744	+157,44	+43,86	...
05.08.1994	1,1479	−114,79	1,5890	+158,90	+44,11	...
08.08.1994	1,1455	−114,55	1,5835	+158,35	+43,80	...
09.08.1994	1,1516	−115,16	1,5856	+158,56	+43,40	...
10.08.1994	1,1487	−114,87	1,5773	+157,73	+42,86	...
11.08.1994	1,1498	−114,98	1,5845	+158,45	+43,47	...
12.08.1994	1,1225	−112,25	1,5536	+155,36	+43,11	...
15.08.1994	1,1242	−112,42	1,5525	+155,25	+42,83	...
16.08.1994	1,1277	−112,77	1,5575	+155,75	+42,98	...
17.08.1994	1,1347	−113,47	1,5608	+156,08	+42,61	...
18.08.1994	1,1238	−112,38	1,5494	+154,94	+42,56	−1,3000
19.08.1994	1,1191	−111,91	1,5370	+153,70	+41,79	−2,3200
22.08.1994	1,1169	−111,69	1,5345	+153,45	+41,76	−2,0400
23.08.1994	1,1129	−111,29	1,5330	+153,30	+42,01	−1,3900
24.08.1994	1,1219	−112,19	1,5424	+154,24	+42,05	−0,8100
25.08.1994	1,1258	−112,58	1,5478	+154,78	+42,20	−1,2700
26.08.1994	1,1263	−112,63	1,5442	+154,42	+41,79	−1,3200
29.08.1994	1,1510	−115,10	1,5779	+157,79	+42,69	−0,1400
30.08.1994	1,1580	−115,80	1,5800	+158,00	+42,20	−0,7800
31.08.1994	1,1540	−115,40	1,5830	+158,30	+42,90	0,2900

Abbildung 66: Wertveränderungen eines Portefeuilles (Kaufposition US-Dollar und Verkaufsposition Kanadischer-Dollar) über einen Zehn-Tages-Zeitraum

Schritt 2: Berechnung der Eigenmittelunterlegung
- Die Beobachtungsreihe der „simulierten" Gewinne und Verluste wird in aufsteigender Reihenfolge geordnet, so daß der größte Verlust am Anfang der Reihe steht und der größte Gewinn am Ende.
- Die Eigenkapitalunterlegung wird von dem ersten Wert, das heißt dem größten simulierten *Verlust* abgeleitet, der sich im Beobachtungszeitraum ergeben hätte. Im Rahmen der Kapitaladäquanzrichtlinie kann das 99 Prozent-Quantil oder das 95 Prozent-Quantil herangezogen werden.
- Bei 1242 Portefeuilleveränderungen in dem Fünfjahreszeitraum und 743 Veränderungen für die Dreijahresperiode ergeben sich folgende Werte für die Quantile: dem 99 Prozent-Quantil entspricht der 12größte bzw. der 7größte Verlust, dem 95 Pro-

134

zent-Quantil der 63größte bzw. der 37größte Verlust der Beobachtungsreihe. Für die größenmäßige Bestimmung nimmt man also den 7. bzw. den 12. oder den 37. bzw. den 62. Wert aus der geordneten Reihe.

Simulations-Methode	Beobachtungs-zeitraum 3 Jahre	Beobachtungs-zeitraum 5 Jahre	Eigenkapital-anforderungen
Maximaler Verlust	–3,00 Mio. DM	–3,39 Mio. DM	3,39 Mio. DM
95 Prozent Quantil	–1,62 Mio. DM (37größter Verlust)	–1,70 Mio. DM (62größter Verlust)	1,70 Mio. DM (95 Prozent, 5 Jahre)
99 Prozent Quantil	–2,25 Mio. DM (7größter Verlust)	–2,51 Mio. DM (12größter Verlust)	2,25 Mio. DM (99 Prozent, 3 Jahre)

Abbildung 67: Eigenkapitalanforderung in der Simulationsmethode

Aufgrund der realen Wechselkurse für den US-Dollar und den Kanadischen Dollar ergeben sich für unser Beispielportefeuille folgende Werte (siehe Abbildung 67):

- Für das gesamte Fremdwährungsportefeuille ergibt sich eine Unterlegung in Höhe von 1,70 Mio. DM (95 Prozent Quantil, Fünfjahreszeitraum, 62größter Verlust) oder 2,25 Mio. DM (99 Prozent Quantil, Dreijahreszeitraum, 7größter Verlust). Mit diesen Eigenkapitalunterlegungsbeträgen wäre ein Institut in der Lage gewesen, in 95 Prozent der 1242 Fälle bzw. in 99 Prozent der 743 Fälle die potentiellen Verluste abzudecken.

- Abbildung 68 zeigt die weite Variation der Verluste eines Portefeuilles im Währungspaar US-Dollar/Kan-Dollar. Es wird deutlich, daß die Verluste relativ niedrig sind, was nicht zuletzt die hohe Korrelation US-Dollar/Kan-Dollar zum Ausdruck bringt. Der hohe maximale Verlust, der um 1/3 höher ist als das 99 Prozent-Quantil und fast genau das Doppelte des 95 Prozent-Quantils beträgt, bringt aber zum Ausdruck, wie plötzliche überdurchschnittliche Veränderungen das Gesamtergebnis beeinflussen können.

Schritt 3: Festlegung der Eigenmittelunterlegung
- Zu prüfen ist, ob die berechneten Eigenkapitalanforderungen nach der Simulationsmethode kleiner sind als 2 Prozent der offenen Gesamtposition, wie sie nach der Standardmethode definiert ist. Wie wir oben gesehen haben, betrug die offene Gesamtposition nach dem Standardverfahren 150 Mio. DM. Eine zweiprozentige Eigenkapitalunterlegung für die Position ergibt einen Betrag von 3 Mio. DM, der über den Ergebnissen der Simulationsmethode liegt. Aus diesem Grund sind nicht diese Resultate, sondern der 2 Prozent-Floor für die Höhe der Eigenmittelunterlegung maßgebend.

Betrachten wir abschließend noch einmal die Ergebnisse *der vier verschiedenen Risikoquantifizierungsverfahren* im Überblick: Die Abbildung 69 zeigt deutlich die Unterschiede zwischen den verschiedenen Methoden, die allerdings für unser Beispielportefeuille (fast gleichhohe entgegengerichtete Positionen in einem Währungspaar mit einer außerge-

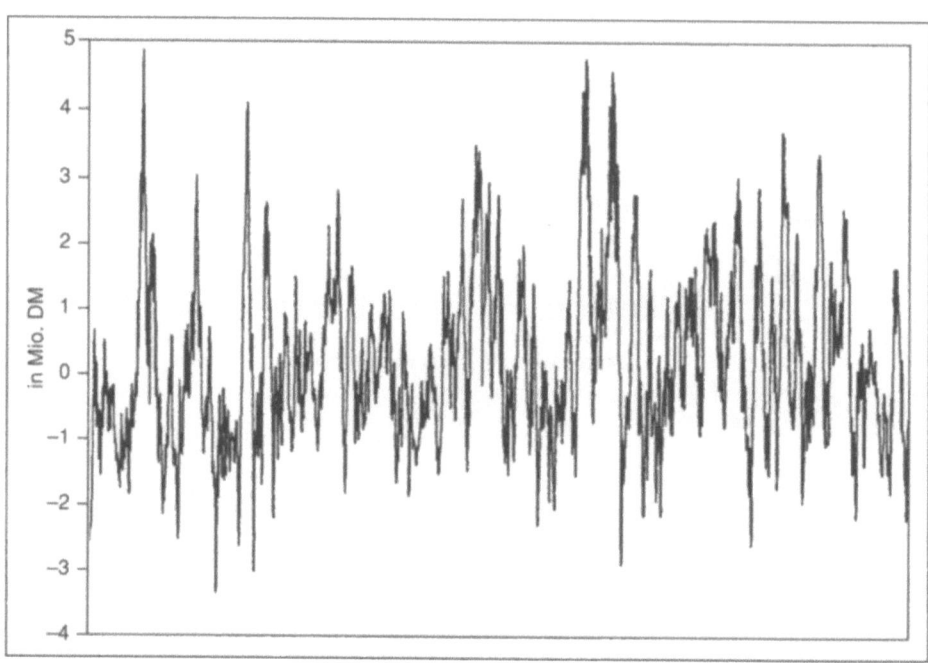

Abbildung 68: *Bewertungsergebnisse (Gewinne/Verluste) in Mio. DM für ein US-Dollar/Kan-Dollar-Portefeuille (Long-Position 100 Mio. US-Dollar, Short-Position 100 Mio. Kan-Dollar) für den Zeitraum 1. September 1989 bis 31. August 1994*

wöhnlich hohen Korrelation) ungemein drastisch ausfallen und daher nicht als repräsentativ angesehen werden dürfen. Zwischen der höchsten Eigenkapitalanforderung, derjenigen nach der Standardmethode, und der geringsten (Simulationsmethode für den Fünfjahreszeitraum) besteht eine Differenz von mehr als einer Zehnerpotenz, wenn es keinen gleichsam nivellierenden „Floor" gäbe". Doch auch bei einem „realistischeren" Portefeuille sind die Unterschiede noch bemerkenswert.

Standardmethode	Berücksichtigung hochkorrelierter Währungspaare	Simulations- methode (ohne „Floor")	Benchmark- methode (ohne „Floor")
11,84 Mio. DM	**6,4 Mio. DM**		
		99 Prozent Quantil, 3 Jahre **2,25 Mio. DM**	99 Prozent Konfidenzniveau, 3 Jahre **2,68 Mio. DM**
		95 Prozent Quantil, 5 Jahre **1,70 Mio. DM**	95 Prozent Konfidenzniveau, 5 Jahre **1,88 Mio. DM**

Abbildung 69: *Vergleich der Eigenkapitalanforderungen für ein bestimmtes Portefeuille bei Anwendung verschiedener Risikoquantifizierungsmodelle im Fremdwährungsbereich*

3.7 Feste Wechselkurssysteme

Ein weiteres Wahlrecht der Aufsichtsbehörden der EU-Mitgliedstaaten im Rahmen der Kapitaladäquanzrichtlinie besteht hinsichtlich der Berücksichtigung von Währungen, die festen Wechselkurssystemen angehören. Bestehen *bindende zwischenstaatliche Vereinbarungen* über eine höchstzulässige Wechselkursveränderung, so darf der Eigenmittelsatz auf *50 Prozent* dieser Veränderung für geschlossene Positionen in Währungspaaren, die dem Fixkurssystem angehören, festgelegt werden.[32] Dies gilt für alle Verfahren zur Bestimmung der Eigenmittelunterlegung, also auch für Simulations- und Benchmarkmethode. Die entsprechenden geschlossenen Positionen müßten also vor Durchführung der Berechnungen aus der Währungsposition herausgenommen werden („Carving-out").

Durch diese Sonderregelung, die sich in den Baseler Marktrisikopapieren nicht findet, wird in ähnlicher Weise wie bei dem Verfahren zur Berücksichtigung hochkorrelierter Währungen dem Umstand einer hohen Korrelation Rechnung getragen, die sich im vorliegenden Falle aus völkerrechtlichen Interventionsverpflichtungen, nicht aber – wie in unserem US-Dollar/Kan-Dollar-Beispiel – aus fundamentalen ökonomischen Zusammenhängen und Verknüpfungen ergeben.

Aufgrund seiner vertraglichen und nicht ökonomischen Basis ist aber auch die Gefahr bei weitem größer, daß die Korrelation zusammenbricht, weil der die Interventionspflicht begründende Vertrag aufgekündigt wurde. Dies wird, so zeigt ein Blick in die Währungsgeschichte, genau dann der Fall sein, wenn erhebliche Wechselkursänderungen bevorstehen, so daß eine jähe Erhöhung der Volatilität und ein Zusammenbruch positiver Korrelationen zeitlich zusammentreffen. Dies bedeutet einen immensen Anstieg des Verlustrisikos aus Positionen in diesen Währungen, insbesondere dann, wenn im Vertrauen auf die Konstanz der Korrelation entgegengerichtete „Hedgepositionen" in beiden Währungen eingegangen wurden (wie in unserem US-Dollar/Kan-Dollar-Beispiel). Aus diesem Grund dürften erhebliche Bedenken bestehen, eine derartige Sonderregelung einzuführen.

3.8 EWS-Sonderregelung

Im Hinblick auf die Schaffung der Europäischen Währungsunion besteht über die Sonderregelung für Fixkurssysteme hinaus ein Wahlrecht, für geschlossene Positionen in EWS-Währungen (genauer: für Währungen von EU-Mitgliedstaaten, die an der zweiten Stufe der Europäischen Währungsunion teilnehmen) nur *1,6 Prozent* Eigenmittelunterlegung zu verlangen. Die oben genannte Beschränkung durch die Protokollerklärung trifft hierfür nicht zu. In Anbetracht der EWS-Unruhen vom Sommer 1992 erscheint diese Sonderregelung wenig vorsichtig und nur durch europapolitische Beweggründe erklärlich. Auch hier dürften erhebliche Bedenken bestehen, diese Regelung in deutsches Recht zu übernehmen.

---

32 Aus einer Protokollerklärung zur Kapitaladäquanzrichtlinie geht hervor, daß Fixkurssysteme, bei denen Austrittsklauseln bestehen („Opting Out"), nicht die Voraussetzung der bindenden zwischenstaatlichen Vereinbarungen erfüllen. Die Währungen von Ländern, die zwar einem Fixkurssystem angehören, aber eine Austrittsklausel in Anspruch nehmen können, sind daher wie alle übrigen, nicht dem Fixkurssystem angehörenden Währungen zu behandeln.

4. Zinsänderungsrisiko

Im Zinsbereich wird das Risiko erfaßt, daß ein Kreditinstitut Verluste aus Positionen in zinsbezogenen Finanzinstrumenten, insbesondere Wertpapieren und Zinsderivaten, erleidet. Im Vordergrund stehen die Risiken aus Kurs- oder Wertveränderungen der entsprechenden Portefeuilles. Einem handelsbezogenen Konzept folgend basiert der verwendete Risikobegriff auf dem Risiko eines *Wertverlustes eines Portefeuilles* an zinstragenden Komponenten im Vergleich zu einem bestimmten Referenzzeitpunkt, in der Regel dem Vortag. Der Wert eines Portefeuilles ergibt sich dabei durch die Addition aller Marktwerte der Einzelbestandteile, also beispielsweise durch die Kurswerte der Wertpapiere, die Barwerte von Zinsderivaten wie Swaps oder die Marktwerte der Zinsoptionen.

Dem „Building Block Approach" folgend werden mit dem *spezifischen Risiko* und dem *allgemeinen Marktrisiko* zwei Risikoursachen identifiziert sowie separat erfaßt und mit Eigenkapital unterlegt.

Hinsichtlich des *spezifischen Risikos* liegt die Überlegung zugrunde, daß es treibende Gründe für Kurssteigerungen und Kursrückgänge gibt, die im individuellen Schuldner (dem Emittenten des Wertpapiers) selbst liegen. Dies zeigt sich am deutlichsten bei Aktien, trifft aber in gleichem Maße auch auf Schuldtitel zu. Geht die Bonität eines Wertpapieremittenten zurück, so wird in der Regel auch der Wertpapierkurs nachgeben (die „Risikoprämie" als Bestandteil der Rendite steigt). Umgekehrt wird ein Wertpapierkurs anziehen, wenn sich die Bonität eines Emittenten verbessert (der „Risikozuschlag" verringert sich). Mit anderen Worten droht das Risiko, daß ein Institut negative Wertveränderungen seines Wertpapierportefeuilles hinnehmen muß, wenn bei einer „Long"-Position der Wertpapierkurs sinkt oder bei einer „Short"-Position steigt. *Instrumente ohne konkretes „Underlying"*, die sich lediglich auf die allgemeinen Marktpreise beziehen (wie Futures oder Zinsswaps), tragen kein spezifisches Risiko, weil sie nicht von der Bonität eines Emittenten abhängig sind. Sie sind daher von einer Eigenmittelunterlegung für das spezifische Risiko ausgenommen.

Das *spezifische Risiko* ist eine besondere Ausprägung des Bonitätsrisikos, das aber Verschiebungen in der Bonität in *beiden* Richtungen umfaßt (Verbessung und Verschlechterung der Bonität). Es beschränkt sich jedoch auf das Bonitätsveränderungsrisiko des Emittenten des einem Geschäft zugrundeliegenden Wertpapiers. Das *Adressenausfallrisiko* bei diesen Geschäften, das das Risiko des Ausfalls des Geschäftspartners beschreibt (z.B. aus einem Termingeschäft oder einem Optionsrecht), ist vom spezifischen Risiko unabhängig und durch eine gesonderte Eigenkapitalunterlegung zu berücksichtigen.

Das *allgemeine Marktrisiko* erfaßt Kursveränderungen, die sich aufgrund einer allgemeinen Marktbewegung ergeben und nicht einer Sonderbewegung des betreffenden Wertpapiers zuzuschreiben sind. Je nach Ausrichtung der Position können die in Kursbewegungen übersetzten allgemeinen Zinsänderungen (in der Höhe des Zinsniveaus, in der Zinsstrukturkurve oder im Verhältnis verschiedener Zinsteilmärkte) zu Wertveränderungen des Portefeuilles führen. Steigerungen des allgemeinen Zinsniveaus führen im Rentenmarkt zu Kursrückgängen, während Zinssenkungen zu Anhebungen des allgemeinen Kursniveaus führen.

4.1 Anrechnungspflichtige Geschäfte

Im Unterschied zum Fremdwährungsrisiko ist – wie auch beim später zu besprechenden Aktienkursrisiko – nicht das gesamte zinsabhängige Geschäft anrechnungspflichtig, sondern lediglich *Geschäfte des Handelsbuches* werden in die Bestimmung der erforderlichen Eigenmittelunterlegung einbezogen. Insbesondere werden auch derivative Geschäfte berücksichtigt, wenn sie zu einem Zinsänderungsrisiko führen (siehe Abbildung 70). In die Anrechnung einzubeziehen sind auch Instrumente, die sich vom Risiko her wie die vorgenannten Instrumente verhalten, auch wenn sie nicht eigentliche Zinsgeschäfte sind. Dazu zählen beispielsweise Vorzugsaktien mit fester Dividende und ohne Wandelrechte, die als quasi festverzinslich angesehen werden können und deren Kurse in größerem Maße vom allgemeinen Zinsniveau abhängen als vom allgemeinen Zustand des Aktienmarktes.

Geschäftspositionen	Grundsatz Ia	Kapitaladäquanz-richtlinie	Baseler Markt-risikopapiere
Geschäftstypen	alle Zinstermin- und -optionsgeschäfte	Geschäfte und Bestände des „Trading-books"	Geschäfte und Bestände des „Trading-books"
Optionen	Stillhalteroptionen (deltagewichtet nach Stufenraster oder internem Optionspreis-modell)	gesamter (deltagewichteter) Optionsbestand	gesamter (deltagewichteter) Optionsbestand
Finanzswaps	valutierende nicht in der Risikoposition erfaßt, Forwardswaps erfaßt	erfaßt, Aufteilung in fiktive Basiswerte, Long- und Short-Positionen getrennt	erfaßt, Aufteilung in fiktive Basiswerte, Long- und Short-Positionen getrennt
Futures	erfaßt, Aufteilung in fiktive Basiswerte, Long- und Short-Positionen getrennt	erfaßt, Aufteilung in fiktive Basiswerte, Long- und Short-Positionen getrennt	erfaßt, Aufteilung in fiktive Basiswerte, Long- und Short-Positionen getrennt

Abbildung 70: Anrechnungspflichtige Geschäftspositionen im Zinsrisikobereich

4.2 Bestimmung der Nettoposition

Bemessungsgrundlage für die Ermittlung der Eigenkapitalunterlegung für das spezifische Risiko wie auch für das allgemeine Marktrisiko im Zinsbereich ist die *Nettoposition* in einem Finanzinstrument. Diese ergibt sich als Unterschiedsbetrag zwischen Kauf- und Verkaufspositionen in den gleichen Aktien, Schuldverschreibungen und Wandelanleihen sowie in identischen Finanzterminkontrakten, Optionen und Optionsscheinen.[33] Positionen in verschiedenen Emissionen desselben Emittenten dürfen nach dem Wortlaut der Kapitaladäquanzrichtlinie nicht miteinander verrechnet und zu einer Nettoposition zusammengefaßt werden, sondern sind als jeweils selbständige Nettopositionen zu behandeln.

---

[33] In der Praxis dürften bei der Bestimmung der „Gleichheit" von Aktien, Schuldverschreibungen usw. Schwierigkeiten bestehen. Man könnte daran denken – wie im Grundsatz Ia – alle Emissionen, die dieselbe Wertpapierkennnummer aufweisen, als „gleich" anzusehen und für diese Papiere eine Positionsverrechnung zuzulassen.

Für *Positionen in derivativen Instrumenten* bestimmt die Richtlinie, daß diese Instrumente in die realen oder fiktiven „Underlyings" wie festverzinsliche Wertpapiere oder Einlagen aufgelöst werden dürfen. Dabei findet dasselbe „*Duplikationsprinzip*" Anwendung, wie es auch im Grundsatz Ia verwirklicht ist. So werden Zinsterminkontrakte („Financial Futures") und Forward Rate Agreements wie auch Wertpapiertermingeschäfte als Kombination von Long- und Short-Positionen betrachtet (siehe dazu Teil D). Eine Long-Position in einem Zinsfuture ist aufzuspalten in eine fiktive Long-Position in dem zugrundeliegenden fiktiven Wertpapier (oder der Einlage) mit einer Zinsfälligkeit zum Rückzahlungstermin und eine Short-Position in gleicher Höhe mit Fälligkeit am Erfüllungstag des Futurekontraktes. Ein Wertpapierterminkauf wird zerlegt in eine Long-Position in dem Wertpapier und eine Short-Position zum Erfüllungsdatum. Finanzswaps werden in ihre beiden Leistungsseiten zerlegt und analog behandelt.

Während die Positionen in einzelnen Wertpapieren zunächst in *Stücken* zu errechnen und anschließend zu den jeweiligen Kurswerten zu bewerten sind, müssen Positionen in Derivaten in Höhe ihrer jeweiligen Nominalwerte einbezogen werden. Wenn die Positionen auf fremde Währung lauten, müssen sie mit dem Stichtagskassakurs in DM umgerechnet werden.

Optionen sind mit ihrem Deltawert zu gewichten und werden danach wie Positionen in dem jeweiligen Optionsgegenstand behandelt. Sie können insbesondere auch mit gegenläufigen Positionen aus anderen Geschäften aufgerechnet werden. Für die Ermittlung des Deltawertes schreibt die Richtlinie vor, daß bei börsengehandelten Optionen der Deltawert der jeweiligen Börse zu verwenden ist. Bei außerbörslich gehandelten Optionen kann der von dem Institut selbst berechnete Wert verwendet werden, sofern das vom Institut verwendete Modell den Anforderungen der Aufsichtsbehörden entspricht. Die Aufsicht kann jedoch auch selbst ein Verfahren zur Feststellung des anzuwendenden Deltawertes vorgeben. Diese Bestimmung ist eine Reminiszenz an die in der Frühphase der Verhandlungen zur Kapitaladäquanzrichtlinie vorgebrachte deutsche Forderung, die gewährleisten sollte, daß ein Grundsatz-Ia-ähnliches Verfahren angewendet werden kann (Vorgabe eines Stufenrasters).

Wegen der teilweise komplexen Risikostrukturen bei Optionen verpflichtet die Richtlinie die Aufsichtsbehörden, neben dem Deltarisiko *weitere Optionsrisiken* zu berücksichtigen und hierfür angemessene Absicherungen zu verlangen. In Betracht kommen hier wohl vor allem die Risiken im Zusammenhang mit der Volatilität des Deltawertes und die Veränderung des Optionspreises bei Änderungen der Volatilität des Basiswertes. Die Richtlinie läßt offen, ob unter den angemessenen Absicherungen zusätzliche Eigenkapitalanforderungen zu verstehen sind und wie diese gegebenenfalls zu quantifizieren sind.

Sonderbestimmungen existieren hinsichtlich der Eigenkapitalanforderungen für *börsengehandelte Termin- und Optionskontrakte*. Hier erlaubt die Richtlinie, anstelle der Kapitalanforderungen nach dem Building Block Approach, wie sie in den folgenden Abschnitten detailliert dargestellt werden, ein abgekürztes Verfahren zu wählen, indem die von der Börse geforderten *Einschüsse* („Margins") als quantitative Bestimmung der erforderlichen Kapitalunterlegung angesehen werden. Dabei bleibt offen, ob es sich dabei nur um die größenmäßige Bestimmung der Kapitalunterlegung handelt oder ob mit der Leistung der Einschüsse an die Börse bereits die Kapitalunterlegungspflicht erfüllt ist.

Alternativ zum Standardverfahren bei der Bestimmung der Nettopositionen dürfen nach der Richtlinie auch „*Sensitivitätsmodelle*" verwendet werden. Die Richtlinie beschränkt diese Möglichkeit jedoch in mehrfacher Weise: nur Institute, die täglich eine Marktbewertung ihrer Positionen durchführen und deren Zinsrisikosteuerung bei Derivaten auf der Verwendung von Barwerten basiert, dürfen Sensitivitätsmodelle verwenden. Diese Modelle sind dann neben den Derivaten auch für Schuldverschreibungen heranzuziehen, die über die Laufzeit getilgt werden („Annuitäten-Bonds"). Die verwendeten Modelle bedürfen der Zustimmung der Aufsichtsbehörden.

Was genau unter einem „*Sensitivitätsmodell*" im Sinne der Kapitaladäquanzrichtlinie zu verstehen ist, ist *unklar*. In der Praxis sind verschiedene Verfahren der Zinsrisikosteuerung vorzufinden. Eines der gebräuchlichen Verfahren zerlegt die Instrumente synthetisch in Null-Kupon-Anleihen, indem die Zahlungsströme des Instrumentes ermittelt und diese dann in äquivalente Null-Kupon-Positionen umgerechnet und aggregiert werden. Die Null-Kupon-Positionen weisen dann insgesamt dieselbe Zinssensitivität wie das duplizierte Instrument auf.

Grundsätzlich führen Sensitivitätsmodelle bei *Geschäftsarten mit typischerweise großen Bruttobeträgen* (vor allem also Finanzswaps), die im Vergleich zu Kupon-Anleihen eine andere zeitliche Struktur und Höhe der Zahlungsströme aufweisen, zu deutlich niedrigeren Eigenmittelunterlegungssätzen. Die Alternative der Sensitivitätsmodelle ist in den Baseler Marktrisikopapieren nur für Swaps vorgesehen, bei denen sie auch die größte (entlastende) Wirkung entfalten.

Institute, die keine Sensitivitätsmodelle verwenden, können statt dessen mit Zustimmung der zuständigen Behörden auch ein anderes Verfahren zur Bestimmung der Nettoposition in Derivaten anwenden. Beim „*Matched-Pairs-Ansatz*" werden alle Positionen in derivativen Instrumenten gegeneinander aufgerechnet, die denselben Wert haben und in der Währung übereinstimmen sowie hinsichtlich der zinsrisikobestimmenden Parameter weitgehend deckungsgleich sind. Die *Deckungsgleichheit* ist dann gegeben, wenn die Referenzzinssätze bei zinsvariablen Instrumenten oder die Nominalverzinsung bei zinsfixen Produkten um nicht mehr als 15 Basispunkte voneinander abweichen. Ferner müssen die Zinsfälligkeitstermine einander entsprechen, wobei die zulässige maximale Abweichung mit zunehmender zeitlicher Entfernung größer wird (siehe Abbildung 71).

bei Fristen	datumsmäßige Übereinstimmung
von weniger als einem Monat	gleicher Tag
zwischen einem Monat und einem Jahr	sieben Tage
von mehr als einem Jahr	30 Tage

Abbildung 71: Erforderliche Fristenkongruenzen beim Matched-Pairs-Ansatz

Die mit Hilfe des Matched-Pairs-Ansatzes ermittelte Nettoposition aus allen in die Verrechnung einbezogenen Derivaten, das heißt der entsprechende Saldo, ist den allgemeinen Regeln für die Bestimmung der Kapitalunterlegung für das allgemeine Marktrisiko zu unterwerfen. Es bleibt allerdings die Frage nach der Behandlung der so berechneten

Nettopositionen beim spezifischen Risiko: wenn die resultierende Nettoposition aus der Verrechnung von Positionen in Wertpapieren unterschiedlicher Emittenten hervorgegangen ist – was für den Regelfall wohl angenommen werden darf –, ist nicht klar, mit welchem Gewicht für das spezifische Risiko die Nettoposition zu belasten ist. Es läßt sich daraus der Schluß ziehen, daß die Verwendung des Matched-Pairs-Ansatzes nur für die Berechnung des allgemeinen Marktrisikos zulässig ist. Dasselbe gilt auch für die Sensitivitätsmodelle.

4.3 Spezifisches Risiko

Das *spezifische Risiko* der Nettopositionen wird nach der *Bonität des Emittenten* bestimmt. Die Nettoposition ist mit einem bonitätsabhängigen Prozentsatz mit Kapital zu unterlegen. Dabei unterscheidet die Richtlinie zwischen den *drei Kategorien*

- „Aktiva des Zentralstaats",
- „qualifizierte Aktiva",
- „sonstige Aktiva",

denen verschieden hohe direkte Kapitalunterlegungssätze zugeordnet werden (siehe Abbildung 72) – im Unterschied zum Grundsatz I, der Adressengewichtungssätze verwendet und damit das Risiko unterschiedlicher Bonitätsgruppen auf eine Referenzgröße ausrichtet und normiert.

Spezifisches Risiko	Grundsatz Ia	Kapitaladäquanz-richtlinie	Baseler Markt-risikopapiere
Regelungsgegenstand	nicht erfaßt	„Nettopositionen" in allen zinsabhängigen Instrumenten und Derivaten mit Underlying	„Nettopositionen" in allen zinsabhängigen Instrumenten und Derivaten mit Underlying
Höhe der Eigenkapitalunterlegung	entfällt	„x" Prozent der Nettoposition in Abhängigkeit vom Emittenten und von der Laufzeit des Papiers	„x" Prozent der Nettoposition in Abhängigkeit vom Emittenten und von der Laufzeit des Papiers
Eigenkapitalklassen zur Unterlegung der Risiken	entfällt	Tier 1, 2, 3 und 4	Tier 1, 2 und 3

Abbildung 72: Spezifisches Risiko im Zinsrisikobereich

Wie bei der Solvabilitätsrichtlinie und dem Grundsatz I wird bei den qualifizierten Aktiva ein *Zeitfaktor* integriert, nämlich die *Restlaufzeit* des mit einem spezifischen Risiko behafteten Instrumentes. Dahinter steht wie bei den beiden genannten Normen die Überlegung, daß das spezifische Risiko mit zunehmender Laufzeit ebenfalls anwächst. Abbildung 73 zeigt die Eigenmittelunterlegungssätze für die verschiedenen Emittentenkategorien.

Emittent	Eigenmittel-unterlegungssatz	vergleichbares Grundsatz-Ia-Bonitätsgewicht
Zentralstaat	0,00 Prozent	0,000 Prozent
Emittenten qualifizierter Aktiva (Rest-) Laufzeit bis zu 6 Monaten (Rest-) Laufzeit von 6 bis 24 Monaten (Rest-) Laufzeit über 24 Monate	0,25 Prozent 1,00 Prozent 1,60 Prozent	3,125 Prozent 12,500 Prozent 20,000 Prozent
Sonstige Emittenten	8,00 Prozent	100,000 Prozent

Abbildung 73: Eigenmittelunterlegungssätze für das spezifische Risiko im Zinsrisikobereich

Zur Kategorie „*Zentralstaat*" zählen die Zentralregierungen (das heißt die oberste Ebene der staatlichen Gebietskörperschaften) der Länder der Zone A und die ihnen gleichgestellten Kontrahentenkategorien. Insbesondere darf auch in der Kapitaladäquanzrichtlinie das in Artikel 7 der Solvabilitätsrichtlinie enthaltene Wahlrecht ausgeübt werden, die staatlichen Stellen unterhalb der Zentralregierung, das heißt Regionalregierungen (Länder) und örtliche Gebietskörperschaften (Gemeinden, Gemeindeverbände), dem Zentralstaat gleichzustellen und für Emissionen dieser Gebietskörperschaften den Kapitalunterlegungssatz von 0 Prozent zu verwenden. Es ist anzunehmen, daß an die gegenseitige Anerkennung auch dieselben Bedingungen geknüpft sind.

Zu den „*qualifizierten Aktiva*" zählen durch den entsprechenden Verweis in der Richtlinie diejenigen Aktiva, die in der Solvabilitätsrichtlinie ein Bonitätsgewicht von 20 Prozent aufweisen. Dazu zählen insbesondere Aktiva, die von Kreditinstituten der Zone A geschuldet werden. Diesen sind Wertpapierhäuser gleichgestellt. Darüber hinaus gelten Aktiva dann als „qualifiziert", wenn die Emissionen

● börsengehandelt,
● hinreichend liquide,
● hinsichtlich des Ausfallrisikos mit den 20 Prozent-Aktiva vergleichbar sind.

Die jeweiligen Aufsichtsbehörden dürfen von dem erstgenannten Erfordernis („*börsengehandelt*") absehen, wenn die dritte Anforderung durch ein entsprechendes Rating zweier anerkannter Rating-Agenturen nachgewiesen wird.[34] Ein Rating durch nur eine Agentur reicht dann aus, wenn keine andere von den Behörden anerkannte Agentur die Emittenten niedriger (als höheres Risiko) einstuft. Allerdings muß diese Anforderung nicht eingehalten werden, wenn die jeweilige Aufsichtsbehörde diese wegen Besonderheiten des Marktes oder des Emittenten für unangemessen hält (siehe Abbildung 74).

Diese *sehr „flexible" Definition* zeigt deutlich, daß es sich hier um ein Gebiet handelt, das im Rahmen der Verhandlungen zur Kapitaladäquanzrichtlinie äußerst umstritten war. Unter Ausschöpfung aller Möglichkeiten, die die Definition der qualifizierten Aktiva bietet, wird es schwerlich noch „unqualifizierte" Aktiva geben. Man muß in Zweifel zie-

---

34 Basel schreibt bei der Definition der qualifizierten Emittenten das Mindestrating „Investment Grade" vor (zum Beispiel „Baa" oder höher von Moodys und „BBB" oder höher von Standard and Poors). In der Kapitaladäquanzrichtlinie hingegen kann gänzlich auf ein Rating oder auf eine Börsennotierung verzichtet werden.

Kapitaladäquanzrichtlinie	Baseler Marktrisikopapiere
Schuldtitel	Wertpapiere
a) auf geregeltem Markt eines EU-Staates oder an anerkannter Börse eines Drittlandes gehandelt	a) öffentlicher Stellen und multilateraler Entwicklungsbanken
b) hinreichend liquide; 20-Prozent-Bonitätsgewicht der Solvabilitätsrichtlinie oder niedriger	
sowie im Ermessen der Aufsichtsbehörden Wertpapiere, wenn	sowie im Ermessen der Aufsichtsbehörden Wertpapiere, wenn
c) von den Instituten als hinreichend liquide eingestuft; vergleichbar mit 20 Prozent-Bonitätsgewicht der Solvabilitätsrichtlinie oder niedriger	b) ohne Rating; Anlagequalität von der Bank oder dem Wertpapierhaus als vergleichbar eingestuft, und Titel des Emittenten werden an einer anerkannten Börse gehandelt
d) Einstufung von zwei anerkannten Rating-Agenturen oder nur einer, wenn keine andere – von den zuständigen Behörden anerkannte – Agentur niedriger einstuft	c) Einstufung als „Investment Grade" von zwei anerkannten Rating-Agenturen oder nur einer, wenn keine andere – von den zuständigen Behörden anerkannte – Agentur niedriger einstuft
e) wegen Besonderheiten des Marktes oder des Emittenten gerechtfertigt	

Abbildung 74: Definition der „qualifizierten Aktiva" im Zinsrisikobereich

hen, ob die Übernahme aller Laxheiten der Richtlinie unter bankaufsichtlichen Vorsichtsaspekten vertretbar ist.

Je nach der Restlaufzeit des Instruments werden für qualifizierte Aktiva Kapitalunterlegungssätze zwischen 0,25 Prozent und 1,60 Prozent vorgeschrieben. Dies entspricht Bonitätsgewichtungsfaktoren, wie sie im Grundsatz I verwendet werden, in Höhe von 3,125 Prozent bis 20 Prozent (siehe Abbildung 73).

In die Kategorie *„Sonstige"* fallen die Aktiva aller übrigen Emittenten, die einen Kapitalunterlegungssatz in Höhe von 8 Prozent erhalten (entsprechend einem Grundsatz-I-Gewicht von 100 Prozent). Die Baseler Marktrisikopapiere sehen für die „ganz schlechten" Emittenten eine Sonderbestimmung vor: nach dem Ermessen der nationalen Aufsichtsbehörden kann für hochverzinsliche Schuldverschreibungen (eine Umschreibung für die unter dem pejorativen Namen „Junk Bonds" bekannten hochriskanten Papiere) ein höherer Unterlegungsfaktor als 8 Prozent vorgesehen werden. Ferner dürfen die Aufsichtsbehörden untersagen, daß bei der Berechnung des allgemeinen Marktrisikos zwischen solchen Wertpapieren eine Positionssaldierung vorgenommen wird. Die Kapitaladäquanzrichtlinie schreibt in diesen Fällen lediglich vor, daß unabhängig davon, ob das Papier an einer Börse gehandelt wird, in jedem Fall ein Kapitalunterlegungsfaktor von 8 Prozent angewendet werden muß (die Definition von „Junk Bonds" ist allerdings wiederum unpräzise).

Ein *Zahlenbeispiel* soll das Verfahren zur Berechnung der erforderlichen *Eigenkapitalunterlegung* für das *spezifische Risiko* verdeutlichen, wobei wir auf die Geschäftsvorfälle zurückgreifen, die bereits beim Grundsatz Ia als Beispiel gedient hatten. Zum Stichtag 31. Dezember 1994 wird eine Marktrendite von 8 Prozent unterstellt:

- G-1: *Bundesanleihe* (BUN), fällig am 4. Januar 1999, Restlaufzeit 4,01 Jahre,[35] Nominalwert 150 Mio. DM, Nominalzins 6 Prozent, Kurs am Stichtag 99,33 Prozent, Kurswert 149 Mio. DM,[36]
- G-2: *Bankschuldverschreibung* (BSV), fällig am 1. Dezember 1995, Restlaufzeit 0,92 Jahre, Nominalwert 100 Mio. DM, Nominalzins 9 Prozent, Kurs am Stichtag 101,55 Prozent, Kurswert am Stichtag 101,55 Mio. DM,
- G-3: *Null-Kupon-Anleihe* der Weltbank (ZER), fällig am 15. September 2015, Restlaufzeit 20,71 Jahre, Nominalwert 100 Mio. DM, Nominalzins 0 Prozent, Kurs am Stichtag 20,32 Prozent, Kurswert am Stichtag 20,32 Mio. DM,
- G-4 bis G-7: Als Positionen, die nicht dem Handelsbuch zugeordnet sind, werden diese Geschäfte nicht von der Unterlegungspflicht nach der Kapitaladäquanzrichtlinie erfaßt,
- G-8: Zinsswap *„Fixed-to-Floating"* (SWAP), abgeschlossen am 1. Juli 1993, Laufzeit 9 Jahre, Restlaufzeit 7,5 Jahre, Anspruch auf Erhalt eines festen Zinssatzes in Höhe von 8 Prozent, Verpflichtung zur Zahlung eines Sechs-Monats-FIBOR-Satzes in Höhe von derzeit 7 Prozent, nächste Zinsanpassung 3. Juli 1995, Nominalbetrag 100 Mio. DM,
- G-9: *Hereinnahme eines Forward Forward Deposit* 3/9 (FFD), Erfüllungszeitpunkt 10. Februar 1995, Fälligkeit des Geschäftsgegenstandes 10. August 1995, Betrag 400 Mio. DM,
- G-10: *Verkauf Forward Rate Agreement* 3/15 (FRA), Erfüllungszeitpunkt 3. Februar 1995, Fälligkeit des Geschäftsgegenstandes 5. Februar 1996, Betrag 300 Mio. DM,
- G-11: *Kauf Interest Rate Future* (IRF), Erfüllungszeitpunkt 22. September 1995, Fälligkeit des Geschäftsgegenstandes 22. Juli 1997, Betrag 150 Mio. DM,
- G-12: *Terminkauf inländischer Industrieobligationen* (WPT1), Erfüllungszeitpunkt 2. September 2002, Fälligkeit des Geschäftsgegenstandes (festverzinsliches Wertpapier, Nominalzins 2,5 Prozent) 2. Januar 2008, Betrag 50 Mio. DM,
- G-13: *Terminverkauf der Bundesanleihen* G-1 (WPT2), Erfüllungszeitpunkt 1. August 1995, Fälligkeit des Geschäftsgegenstandes 2. Januar 1999, Nominalwert 150 Mio. DM, Kurswert 149 Mio. DM (siehe G-1),
- G-14: *Optionsgeschäft als Stillhalter* (OPT), Verkauf einer Verkaufsoption (Put), Erfüllungszeitpunkt 16. Oktober 1995, Fälligkeit des Geschäftsgegenstandes (festverzinsliche Bankschuldverschreibung) 1. Dezember 1996, Betrag 40 Mio. DM, angenommenes Deltagewicht 50 Prozent,
- G-15: *Optionsgeschäfte als Wähler* (RECHTE), es wird angenommen, daß das Kreditinstitut am Stichtag dieselben aktivischen Nettopositionen aus erworbenen Optionen in Höhe von +20 Mio. DM und passivischen Nettopositionen in Höhe von -40 Mio. DM besitzt wie im Beispiel zum Grundsatz Ia (siehe Teil D, Abbildung 36, Spalte 5 und 6 sowie Anhang I). Die Fälligkeit der Optionsgegenstände liegt im Jahr 2002, das Datum der Optionsausübung ist der 13. April 1995.

---

35 Bei der Berechnung der Laufzeit wird die in Deutschland übliche Zinstageformel 30E/360 verwendet, das heißt das Jahr wird mit 360, jeder volle Monat mit 30 Zinstagen angesetzt.

36 In die Kursberechnung wurden die Stückzinsen bereits einbezogen („Dirty Price").

- Die Geschäftsvorfälle G-4 bis G-7 betreffen Transaktionen, die nicht dem Handelsbuch zugehören, die Geschäftsvorfälle G-8 bis G-11 und G-15 betreffen Zinsderivate ohne konkretes „Underlying". Diese Vorfälle können bei der Ermittlung der Eigenkapitalanforderung für das spezifische Risiko vernachlässigt werden. Abbildung 75 zeigt die Ermittlung der Nettoposition für die übrigen Geschäfte.

Geschäfts-vorfall	Emittent des Geschäftsgegenstandes	Kaufposition in Mio. DM	Verkaufs-position in Mio. DM	Nettokauf- (+) oder Verkaufs-position (–) in Mio. DM
G-1 G-13	Staat (BUN) Staat (WPT2)	149,00	149,00	0,00
G-2	inländische Bank (BSV)	101,55		+ 101,55
G-3	Weltbank (ZER)	20,32		+ 20,32
G-12	Industrie (WPT1)	50,00		+ 50,00
G-14	Kreditinstitut der Präferenz-zone (OPT)	20,00		+ 20,00

Abbildung 75: Ermittlung der Nettoposition für das spezifische Risiko im Zinsrisikobereich

Schritt 2: Ermittlung der Eigenmittelanforderung für das spezifische Risiko

- Die Geschäftsvorfälle G-1 und G-13 betreffen Bundeswertpapiere, so daß die resultierende Nettoposition (im Beispiel eine Nullposition) in der Spalte „Zentralstaat" einzutragen ist.

Emittent	Zentralstaat	Qualifizierte Emittenten			Sonstige Emittenten
Laufzeiten	alle	(Rest-) Lauf-zeit bis zu 6 Monaten	(Rest-) Laufzeit von 6 bis 24 Monaten	(Rest-) Laufzeit über 24 Monate	alle
Eigenmittel-unterlegungs-sätze	0,00 Prozent	0,25 Prozent	1,00 Prozent	1,60 Prozent	8,00 Prozent
G-1 und G-13	0,00				
G-2			101,55		
G-3				20,32	
G-12				50,00	
G-14			20,00		
Eigenmittelunterlegung			**2,34**		

Abbildung 76: Ermittlung der Eigenmittelunterlegung für das spezifische Risiko im Zinsrisikobe-reich

- Die für das spezifische Risiko mit Kapital zu unterlegenden Nettopositionen aus den übrigen Geschäftsvorfällen sind der Kategorie „qualifizierte Emittenten" zuzurechnen. Bei den Geschäftsvorfällen G-12 und G-14 ist zu erkennen, wie das „Duplikationsprinzip" bei Zinsderivaten angewendet worden ist: die im Rahmen des Termin- bzw. Optionsgeschäfts entstehende Nettoposition aus der Abnahmeverpflichtung des Geschäftsgegenstandes (Wertpapier) wird bei den „qualifizierten Emittenten" erfaßt, während die korrespondierende Zahlungsverpflichtung – entsprechend der Vorschrift der Kapitaladäquanzrichtlinie – der Rubrik „Zentralstaat" zugeordnet wird (siehe Abbildung 76).

4.4 Allgemeines Marktrisiko

Beim *allgemeinen Marktrisiko* werden die Risiken aus möglichen Kursveränderungen erfaßt, die auf Änderungen des allgemeinen Marktzinsniveaus zurückzuführen sind und nicht mit spezifischen Merkmalen einzelner Wertpapiere in Zusammenhang stehen. Für die Ermittlung der zur Risikoabdeckung erforderlichen Eigenmittelunterlegung stehen eine verhältnismäßig einfache *Standardmethode* und eine komplexere Weiterentwicklung zur Verfügung, die auf der Verwendung der finanzmathematischen Kennziffer *„Duration"* aufbaut.

Bei beiden Verfahren wird zur Bestimmung der Eigenkapitalanforderung für das allgemeine Marktrisiko aus Positionen in zinstragenden Wertpapieren und Zinsderivaten ein *Risikoerfassungssystem* in Form einer *Zinsbindungsbilanz* mit festen Gewichtungssätzen zugrundegelegt, das große Gemeinsamkeiten mit dem System des Grundsatzes Ia aufweist. Im Unterschied zum Grundsatz Ia findet hier jedoch das *Stromgrößenkonzept* Verwendung. Dementsprechend wird jedem Laufzeitband ein Gewichtungssatz zugeordnet, dessen Höhe mit der zeitlichen Entfernung vom Stichtag steigt, während der Grundsatz Ia mit seinem *Bestandsgrößenkonzept* konstante Gewichtungssätze vorsieht.

Wie beim Grundsatz Ia werden die Zinsrisikopositionen *für jede Währung einzeln* berechnet, das heißt, es besteht keine Möglichkeit, Zinspositionen zwischen verschiedenen Währungen miteinander zu verrechnen.[37] Im Unterschied zum Grundsatz Ia berücksichtigen Kapitaladäquanzrichtlinie und Baseler Marktrisikopapiere jedoch in gewissem Maße die Basisrisiken innerhalb der Laufzeitbänder und die Zusammenhänge zwischen den einzelnen Segmenten der Zinsstrukturkurve.

4.4.1 Standardmethode (Jahresbandmethode)

Die Geschäftspositionen werden bei der *„Jahresbandmethode"* mit dem Zeitpunkt ihrer Zinsfälligkeit, das heißt dem Ablauf der Frist ihrer Zinsfixierung (dem Rückzahlungstermin oder dem Zeitpunkt der nächsten Zinsfestsetzung), in die Laufzeitbänder einer Zinsablaufbilanz eingestellt.

---

37 Vgl. Gröschel/Maes (1994), S. 34 ff. Die Autoren beachten in ihrem Beispiel diese Vorgabe nicht und fassen währungsübergreifend zusammen, indem sie US-Dollar- mit DM-Zinspositionen verrechnen.

Das Risikoerfassungssystem der Jahresbandmethode ist in drei zeitliche *Anrechnungsbereiche oder Laufzeitzonen* gegliedert:

- die *kurzfristige* Zone (Zone 1), bestehend aus den dem Stichtag folgenden Jahr,
- die *mittelfristige* Zone (Zone 2), bestehend aus den drei darauf folgenden Jahren,
- die *langfristige* Zone (Zone 3), bestehend aus allen folgenden Jahren.

Im Unterschied zum Grundsatz Ia ist das Laufzeitraster *nach oben offen*, das heißt, es erfaßt alle Zeitperioden, in denen Zinsfälligkeiten liegen. Der Grundsatz Ia weist hingegen eine zeitliche Obergrenze (fünfzehn Jahre) auf: Offene Zinspositionen, die in Zeiträumen ab dem fünfzehnten Kalenderjahr liegen, werden im Risikoerfassungssystem des Grundsatzes Ia nicht mehr abgebildet und werden daher auch nicht von der Positionsbegrenzung erfaßt. Allerdings endet die auf Jahren basierende Unterteilung ab dem Jahr 20, so daß offene Positionen über dieser Grenze quasi systembedingt miteinander saldiert werden. Weiterhin ist das Laufzeitsystem der Kapitaladäquanzrichtlinie nicht wie der Grundsatz Ia auf Kalenderjahre aufgebaut, sondern auf *stichtagsbezogene Zeiträume*. Dies führt zu der praktischen Schwierigkeit, daß für jeden Stichtag (das heißt jeden Arbeitstag) die Zuordnung der einzelnen Positionen zu den Komponenten des Laufzeitfächers neu erfolgen muß.

Die Zinssensitivität von *Null-Kupon-Anleihen* (Zero Bonds) und *Anleihen mit geringem Nominalzins* („Deep Discount Bonds") ist größer als die von höher verzinslichen Wertpapieren, wobei in der Kapitaladäquanzrichtlinie die Unterscheidungsgrenze bei einer Kuponhöhe von 3 Prozent gezogen wurde. Aus diesem Grund sind *zwei separate Laufzeitsysteme* vorgeschrieben, die sich in den Laufzeitbändern innerhalb der Zonen wie auch der Abgrenzung der Zonen 2 und 3 unterscheiden (siehe Abbildung 77).

Zonen	Laufzeitbänder I (für Kupons ≥ 3 Prozent)	Laufzeitbänder II (für Kupons < 3 Prozent)	Gewicht der Jahresbandmethode (in Prozent)	Unterstellte Renditeänderung für die Jahresbandmethode (in Prozent)
(1)	(2)	(3)	(4)	(5)
Zone 1	0-1 Monat	0-1 Monat	0,00	0,00
	> 1-3 Monate	> 1-3 Monate	0,20	1,00
	> 3-6 Monate	> 3-6 Monate	0,40	1,00
	> 6-12 Monate	> 6-12 Monate	0,70	1,00
Zone 2	> 1-2 Jahre	> 1,0-1,9 Jahre	1,25	0,90
	> 2-3 Jahre	> 1,9-2,8 Jahre	1,75	0,80
	> 3-4 Jahre	> 2,8-3,6 Jahre	2,25	0,75
Zone 3	> 4-5 Jahre	> 3,6-4,3 Jahre	2,75	0,75
	> 5-7 Jahre	> 4,3-5,7 Jahre	3,25	0,70
	> 7-10 Jahre	> 5,7-7,3 Jahre	3,75	0,65
	> 10-15 Jahre	> 7,3-9,3 Jahre	4,50	0,60
	> 15-20 Jahre	> 9,3-10,6 Jahre	5,25	0,60
	über 20 Jahre	> 10,6-12,0 Jahre	6,00	0,60
		> 12,0-20,0 Jahre	8,00	0,60
		über 20 Jahre	12,50	0,60

Abbildung 77: Laufzeitbänder und Gewichtungsfaktoren für Jahresbandmethode

Standardmethode/ Jahresbandmethode	Grundsatz Ia	Kapitaladäquanz- richtlinie	Baseler Markt- risikopapiere
Umfang	Zinstermingeschäfte, nur Stillhalteroptionen, keine valutierenden Swaps	alle zinsabhängigen Instrumente einschließ- lich Derivate	alle zinsabhängigen Instrumente einschließ- lich Derivate
Bestimmung der offenen Nettoposition	„risikoerhöhende" Position	Überschuß der Kauf- (Verkaufs-)positionen über die Verkaufs- (Kauf-)positionen	Überschuß der Kauf- (Verkaufs-)positionen über die Verkaufs- (Kauf-)positionen
Zinsbindungsbilanz • Laufzeitscheiben • Zahl der „Bereiche" • Gewichtungssätze für offene Positionen • Gewichtungssätze für geschlossene Positionen („Basisrisiko") • Berücksichtigung unterschiedlicher Volatilitäten von kurz- und lang- fristigen Zinssätzen • Berücksichtigung von „Basisrisiken" • Berücksichtigung von Zinsdrehungen • Berücksichtigung der Zinszusammenhänge zwischen Ländern	Bestandskonzept • Quartale / Jahre / „Bereiche" • 4 • 2 Prozent pro Jahr, konstant • keine • ja, indirekt (Malus- Satz 0,5 Prozent für die ersten 3 Quartale des ersten Jahres) • Verrechnung inner- halb der Jahresbän- der möglich (außer Malus-Sätze) • Verrechnung zwi- schen den Bereichen nicht möglich • nein, Berechnung pro Einzelwährung	Stromgrößenkonzept • Monate / Jahre / „Bereiche" • 3 • 0 bis 12,5 Prozent laufzeitabhängig • 10 Prozent („Disallowance") • ja, direkt (kurzfristige Zinsen ±1 Prozent / lang- fristige Zinsen ±0,6 Prozent) • Verrechnung innerhalb der Laufzeitbänder möglich (außer „Disallowance") • Verrechnung zwi- schen den Bereichen möglich, jedoch nicht vollständig („Disallowance- Faktoren") • nein, Berechnung pro Einzelwährung	Stromgrößenkonzept • Monate / Jahre / „Bereiche" • 3 • 0 bis 12,5 Prozent laufzeitabhängig • 10 Prozent („Disallowance") • ja, direkt (kurzfristige Zinsen ±1 Prozent / lang- fristige Zinsen ±0,6 Prozent) • Verrechnung innerhalb der Laufzeitbänder möglich (außer „Disallowance") • Verrechnung zwi- schen den Bereichen möglich, jedoch nicht vollständig („Disallowance- Faktoren") • nein, Berechnung pro Einzelwährung
Höhe der Eigenka- pitalunterlegung	keine, Limitkonzept (max. 14 Prozent des haftenden Eigen- kapitals)	„y" Prozent (in Abhän- gigkeit von der Struktur des Zinsportefeuilles) als Resultat von bestimmten Rechenoperationen	„y" Prozent (in Abhän- gigkeit von der Struktur des Zinsportefeuilles) als Resultat von bestimmten Rechenoperationen
Eigenkapitalklassen zur Limitierung/Unter- legung der Risiken	Tier 1 und 2	Tier 1, 2, 3 und 4	Tier 1, 2 und 3

Abbildung 78: Jahresbandmethode (Standardmethode) im Zinsrisikobereich

Die Abbildung 78 gibt einen *zusammenfassenden Überblick* über Gemeinsamkeiten und Unterschiede der Jahresbandmethode der Kapitaladäquanzrichtlinie und der Baseler Marktrisikopapiere im Vergleich zum bestehenden Grundsatz Ia.

Für die Berechnung der *Kapitalunterlegung* nach der *Standardmethode* sind die Nettopositionen in die entsprechenden Laufzeitbänder einzustellen und mit dem zugeordneten *Gewichtungsfaktor* zu multiplizieren. Die jeweiligen Gewichtungsfaktoren sind aus finanzmathematischen Überlegungen auf der Basis der Modified Duration abgeleitet worden (siehe dazu Abschnitt 4.4.2).[38] Diese Kennziffer wurde für ein festverzinsliches Wertpapier mit einem Nominalzinssatz in Höhe von 8 Prozent und einer Fälligkeit berechnet, die in der Mitte des jeweiligen Laufzeitbandes liegt. Als Marktrendite wurde ebenfalls ein Zinssatz von 8 Prozent angenommen. Zusammen mit der für das Laufzeitband unterstellten „normalen" Zinssatz- oder Renditeänderung (in statistischen Untersuchungen bestimmt als etwa zwei Standardabweichungen der durchschnittlichen einmonatlichen Renditevolatilität an den bedeutenden Märkten) ergab sich daraus mittels Multiplikation der beiden Faktoren der Risikogewichtungssatz. Insofern leitet sich die Standardmethode von der weiter unten zu besprechenden Durationmethode her und stellt lediglich eine Vereinfachung dar. Abbildung 79 zeigt den grundsätzlichen Rechengang.

Zone-Band	Laufzeit-bänder für Kupons ≥ 3 Prozent	Laufzeit-bänder für Kupons < 3 Prozent	Unterstellte Zinsänderung (in Prozent)	Implizite Modified Duration	Gewicht (in Prozent)
1-1	0-1 M.	0-1 M.	0,00	0,000	0,00
1-2	> 1-3 M.	> 1-3 M.	1,00	0,200	0,20
1-3	> 3-6 M.	> 3-6 M.	1,00	0,400	0,40
1-4	> 6-12 M.	> 6-12 M.	1,00	0,700	0,70
2-5	> 1-2 J.	> 1,0-1,9 J.	0,90	1,389	1,25
2-6	> 2-3 J.	> 1,9-2,8 J.	0,80	2,188	1,75
2-7	> 3-4 J.	> 2,8-3,6 J.	0,75	3,000	2,25
3-8	> 4-5 J.	> 3,6-4,3 J.	0,75	3,667	2,75
3-9	> 5-7 J.	> 4,3-5,7 J.	0,70	4,643	3,25
3-10	> 7-10 J.	> 5,7-7,3 J.	0,65	5,769	3,75
3-11	> 10-15 J.	> 7,3-9,3 J.	0,60	7,500	4,50
3-12	> 15-20 J.	> 9,3-10,6 J.	0,60	8,750	5,25
3-13	über 20 J.	> 10,6-12,0 J.	0,60	10,000	6,00
3-14	–	> 12,0-20,0 J.	0,60	13,333	8,00
3-15	–	über 20,0 J.	0,60	20,833	12,50

Abbildung 79: Herleitung der Gewichtungsfaktoren bei der Jahresbandmethode

Die gewichteten Nettopositionen sind im nächsten Schritt in Long- und Short-Positionen zu trennen und getrennt in Teilsummen zu aggregieren. Die folgenden Berechnungsschritte haben das „*vertikale*" und das „*horizontale Hedging*" zum Gegenstand, bei dem die of-

---

38 Die Baseler Marktrisikopapiere beschreiben dieses Verfahren kurz in Kapitel 2, Tz. 14. Vgl. Baseler Ausschuß für Bankenaufsicht (1994a), insbesondere den dortigen Anhang 2.

fenen Positionen innerhalb der Laufzeitbänder und zwischen den Laufzeitbändern gegeneinander aufgerechnet werden können und als deren Resultat sich die gesamte Eigenmittelanforderung für den betreffenden Währungsbereich ergibt.

4.4.1.1 Vertikales Hedging

Im Rahmen des „vertikalen Hedgings" werden innerhalb desselben Zeitbandes gegenläufige Positionen gegeneinander aufgerechnet. In die Verrechnung gehen die Teilsummen aller gewichteten Long- und Short-Positionen ein. Die Aufrechnung ist jedoch nicht kapitalneutral, denn zur Abdeckung des „Basisrisikos" sind in den einzelnen Zeitbändern die geschlossenen (ausgeglichenen) gewichteten Positionen mit *10 Prozent* Eigenkapital zu unterlegen.

Unter dem *Basisrisiko* versteht man das Risiko eines Auseinanderlaufens der Differenzen zwischen den Kursen verschiedener Instrumente, beispielsweise zwischen einem Wertpapierbestand und einem als Absicherung getätigten Futuregeschäft. Nur wenn diese Differenz, das heißt die „Basis" des Hedge, sich nicht ändert, gleichen sich die Gewinne und Verluste in den gegengerichteten Positionen vollständig aus. Dasselbe gilt für Long- und Short-Positionen in unterschiedlichen Wertpapieren, die innerhalb eines Laufzeitbandes miteinander verrechnet werden können. Hier besteht das Risiko, daß aufgrund unterschiedlicher Fälligkeitstermine (ein Termin liegt nahe am Anfang des Laufzeitbandes, der andere am Ende, was durch die Verrechnung innerhalb des Bandes nivelliert wird) und unterschiedlicher Kupons die Kurse beider Papiere selbst bei identischer Veränderung des allgemeinen Zinsniveaus unterschiedlich reagieren.

Da sich die Regelungen der Kapitaladäquanzrichtlinie und der Baseler Marktrisikopapiere nur auf die Bestandteile des Trading-books beziehen, scheidet ein „Back Hedging" wie im Grundsatz Ia aus (Verrechnung mit gegenläufigen Positionen aus dem übrigen Bankgeschäft, wie aus Krediten und Einlagen). Darüber hinaus geht es um die Erfassung des gesamten Risikos und nicht – wie beim Grundsatz Ia – nur um die risikoerhöhenden Positionen.

4.4.1.2 Horizontales Hedging

Nach dem vertikalen Hedging stehen für jedes Laufzeitband die geschlossenen oder ausgeglichenen gewichteten Positionen sowie als Restgröße die offenen gewichteten Positionen fest. Für jede Laufzeitzone werden die offenen gewichteten Positionen wiederum getrennt nach ihrer Ausrichtung (long, short) summiert und einander gegenübergestellt. Die sich ergebende ausgeglichene Position für die Laufzeitzone („horizontales Hedging") ist – analog zum Vorgehen für jedes Laufzeitband – wiederum mit einem bestimmten Prozentsatz mit Eigenmitteln zu unterlegen. Damit wird der Möglichkeit nicht paralleler Veränderungen der Zinsen für verschiedene Laufzeiten, das heißt von Drehungen der Zinsstrukturkurve, Rechnung getragen. Die ausgeglichenen Positionen in den Zonen 2 und 3 sind mit *30 Prozent*, die geschlossene Position der Zone 1 hingegen mit *40 Prozent* Eigenmitteln zu unterlegen.

Die verbleibenden *offenen gewichteten Positionen der drei Laufzeitzonen* können im weiteren Verlauf der Berechnung wiederum miteinander verrechnet werden, wobei auf die jeweils entstehende ausgeglichene Position ebenfalls wieder ein Kapitalunterlegungsfaktor angewendet wird. Zu verrechnen sind zunächst die unausgeglichenen Positionen zwischen zwei benachbarten Zonen, wobei nach Wahl des Instituts zuerst eine Verrechnung zwischen den Zonen 1 und 2 und dann zwischen 2 und 3 durchgeführt wird oder in umgekehrter Reihenfolge zwischen den Zonen 2 und 3 und danach zwischen 1 und 2. Für die ausgeglichenen Positionen zwischen zwei benachbarten Laufzeitzonen ist eine Eigenmittelunterlegung von *40 Prozent* erforderlich. Die verbleibenden offenen Positionen der Zonen 1 und 3 werden zum Schluß gegeneinander gestellt, wobei die entstehende ausgeglichene Position mit *150 Prozent* Eigenkapital zu unterlegen ist.

Die nach dieser letzten Verrechnung verbleibenden offenen gewichteten Positionen sind in voller Höhe mit Eigenkapital zu unterlegen. Abbildung 80 faßt die dargestellten, im Rahmen des „horizontalen Hedgings" anzuwendenden Kapitalunterlegungsfaktoren für ausgeglichene gewichtete Positionen zur besseren Übersicht zusammen.

für geschlossene gewichtete Positionen	innerhalb des Laufzeitbandes	innerhalb der Laufzeitzone	zwischen benachbarten Laufzeitzonen	zwischen nicht benachbarten Laufzeitzonen
Zone 1	10 Prozent	40 Prozent	40 Prozent	
Zone 2	10 Prozent	30 Prozent	40 Prozent	
Zone 3	10 Prozent	30 Prozent	40 Prozent	150 Prozent (Zone 1 und 3)

Abbildung 80: Kapitalunterlegungsfaktoren für ausgeglichene Positionen im Rahmen des „horizontalen Hedgings" bei der Standardmethode

4.4.1.3 Beispiel zur Ermittlung der Eigenkapitalanforderung

Grundlage des Beispiels sind die Geschäftsvorfälle G-1 bis G-3 und G-8 bis G-15, da die Geschäftsvorfälle G-4 bis G-7 nicht dem Handelsbuch zugeordnet sind und daher nicht unter die Bestimmungen der Kapitaladäquanzrichtlinie fallen. Dabei fassen wir die in den vorangegangenen Abschnitten dargestellten Rechenschritte zur besseren Übersicht in *mathematischer Notation* zusammen.

Schritt 1: Ermittlung der Nettopositionen pro Laufzeitband
- Abbildung 81 zeigt die Ermittlung der Nettopositionen der Geschäftsvorfälle pro Laufzeitband. Hervorzuheben ist, daß die Geschäftsvorfälle G-1 und G-13 zu einer Nullposition in der Bundesanleihe führen, welche daher nicht als Nettoposition zu berücksichtigen ist.

Schritt 2: Ermittlung der gewichteten offenen Positionen in den Laufzeitbändern (L_b; S_b)
- Die Nettopositionen werden entsprechend der Restlaufzeit bzw. dem nächsten Zinsfestsetzungstermin und dem Zinssatz in die entsprechenden Laufzeitbänder (b=1, ..., 15) der drei Zonen eingeordnet (siehe Abbildung 82, Spalten 1 und 2) und anschließend mit den zugehörigen Gewichtungssätzen multipliziert (Spalte 5). Im Ergebnis erhält man die gewichteten offenen Positionen (L_b; S_b), daß heißt die *quantifizierten Zinsrisikobeträge* (Spalte 8 und 9). Die Short-Positionen sind hierbei als absolute Zahlen angegeben ($S_b \geq 0$).

Zone-Band	Geschäfte (in Mio. DM)	Long (in Mio. DM)	Geschäfte (in Mio. DM)	Short (in Mio. DM)
1-2	+400 (FFD) +20 (RECHTE) =	+420,00	-300 (FRA) -10 (RECHTE) =	– 310,00
1-4	+101,55 (BSV) =	+101,55	-100 (SWAP) -400 (FFD) -150 (IRF) -20 (OPT) =	– 670,00
2-5	+20 (OPT) + 300 (FRA) =	+320,00		
2-6	+150 (IRF) =	+150,00		
3-10	+100 (SWAP) +10 (RECHTE) =	+110,00	-50 (WPT1) -20 (RECHTE) =	– 70,00
3-11	+50 (WPT1) =	+50,00		
3-15	+20,32 (ZER) =	+20,32		•

Abbildung 81: Ermittlung der Nettopositionen für das allgemeine Marktrisiko bei Anwendung der Jahresbandmethode im Zinsrisikobereich

Zone-Band	Laufzeitbänder (für Kupons ≥ 3 Prozent)	Laufzeitbänder (für Kupons < 3 Prozent)	Gewicht (in Prozent)	Offene Positionen		Gewichtete offene Positionen	
				Long	Short	Long	Short
	(1)	(2)	(5)	(6)	(7)	(8) = (3)×(6)	(9) = (3)×(7)
1-1	0-1 M.	0-1 M.	0,00	0,00	0,00	0,00	0,00
1-2	> 1-3 M.	> 1-3 M.	0,20	420,00	310,00	0,84	0,62
1-3	> 3-6 M.	> 3-6 M.	0,40	0,00	0,00	0,00	0,00
1-4	> 6-12 M.	> 6-12 M.	0,70	101,55	670,00	0,71	4,69
2-5	> 1-2 J.	> 1,0-1,9 J.	1,25	320,00	0,00	4,00	0,00
2-6	> 2-3 J.	> 1,9-2,8 J.	1,75	150,00	0,00	2,63	0,00
2-7	> 3-4 J.	> 2,8-3,6 J.	2,25	0,00	0,00	0,00	0,00
3-8	> 4-5 J.	> 3,6-4,3 J.	2,75	0,00	0,00	0,00	0,00
3-9	> 5-7 J.	> 4,3-5,7 J.	3,25	0,00	0,00	0,00	0,00
3-10	> 7-10 J.	> 5,7-7,3 J.	3,75	110,00	70,00	4,13	2,63
3-11	> 10-15 J.	> 7,3-9,3 J.	4,50	50,00	0,00	2,25	0,00
3-12	> 15-20 J.	> 9,3-10,6 J.	5,25	0,00	0,00	0,00	0,00
3-13	über 20 J.	> 10,6-12,0 J.	6,00	0,00	0,00	0,00	0,00
3-14		> 12,0-20,0 J.	8,00	0,00	0,00	0,00	0,00
3-15		über 20,0 J.	12,50	20,32	0,00	2,54	0,00

Abbildung 82: Ermittlung der gewichteten offenen Positionen bei der Jahresbandmethode

Schritt 3: Ermittlung der gewichteten geschlossenen Positionen in den Laufzeitbändern (G_b) – „vertikales Hedging"

- Verrechnung der gewichteten Kauf- und Verkaufspositionen (L_b; S_b) in jedem der 15 Laufzeitbänder. Die geschlossene Position ist die jeweils kleinere absolute Zahl von L_b und S_b pro Band b.

153

- Die insgesamt geschlossene Position (G_b) ergibt sich als Summe der geschlossenen Positionen über alle Laufzeitbänder (siehe Abbildung 83, Spalten 8 bis 10):

$$G_b = \sum_{b=1}^{15} Min\{L_b; S_b\} = 3,96$$

Zone-Band	Gewicht (in Prozent)	Offene Positionen		Gewichtete offene Positionen		Gewichtete geschlossene Positionen
		Long	Short	Long	Short	
	(5)	(6)	(7)	(8) =(5)x(6)	(9) =(5)x(7)	(10) =Min((8);(9))
1-1	0,00	0,00	0,00	0,00	0,00	0,00
1-2	0,20	420,00	310,00	0,84	0,62	0,62
1-3	0,40	0,00	0,00	0,00	0,00	0,00
1-4	0,70	101,55	670,00	0,71	4,69	0,71
2-5	1,25	320,00	0,00	4,00	0,00	0,00
2-6	1,75	150,00	0,00	2,63	0,00	0,00
2-7	2,25	0,00	0,00	0,00	0,00	0,00
3-8	2,75	0,00	0,00	0,00	0,00	0,00
3-9	3,25	0,00	0,00	0,00	0,00	0,00
3-10	3,75	110,00	70,00	4,13	2,63	2,63
3-11	4,50	50,00	0,00	2,25	0,00	0,00
3-12	5,25	0,00	0,00	0,00	0,00	0,00
3-13	6,00	0,00	0,00	0,00	0,00	0,00
3-14	8,00	0,00	0,00	0,00	0,00	0,00
3-15	12,50	20,32	0,00	2,54	0,00	0,00
1) Summe der geschlossenen Positionen in den Bändern =						3,96

Abbildung 83: *Ermittlung der geschlossenen Positionen in den Laufzeitbändern bei der Jahresbandmethode im Zinsrisikobereich*

Schritt 4: Ermittlung der geschlossenen Positionen in den Zonen (G_z)

- Die geschlossene Position in einer Zone z (z=1, 2, 3), G_z, ergibt sich als die jeweils kleinere Summe der gewichteten Kauf- oder Verkaufspositionen (L_b; S_b) der einzelnen Bänder innerhalb einer Zone abzüglich der geschlossenen Position in dem jeweiligen Band (siehe Abbildung 84, Spalten 8, 9, 11 und 13).

$$G_1 = Min\left\{\sum_{b=1}^{4} L_b ; \sum_{b=1}^{4} S_b\right\} - \sum_{b=1}^{4} Min\{L_b ; S_b\} = Min\{1,55; 5,31\} - 1,33 = 0,22$$

$$G_2 = Min\left\{\sum_{b=5}^{7} L_b ; \sum_{b=5}^{7} S_b\right\} - \sum_{b=5}^{7} Min\{L_b ; S_b\} = Min\{6,63; 0,00\} - 0,00 = 0,00$$

$$G_3 = Min\left\{\sum_{b=8}^{15} L_b ; \sum_{b=8}^{15} S_b\right\} - \sum_{b=8}^{15} Min\{L_b ; S_b\} = Min\{8,92; 2,63\} - 2,63 = 0,00$$

Zone-Band	Laufzeit-bänder I für Kupons ≥ 3 Prozent	Laufzeit-bänder II für Kupons < 3 Prozent	Gewichtete offene Positionen		Endgültige offene Positionen		Geschlossene Positionen in Zonen 1, 2 und 3	
			Long	Short	Long	Short		
	(1)	(2)	(8) =(5)*(6)	(9) =(5)*(7)	(11) =(8)-(10)	(12) =(9)-(10)	(13) =Min((11);(12))	
1-1	0-1 M.	0-1 M.	0,00	0,00	0,00	0,00		
1-2	>1-3 M.	>1-3 M.	0,84	0,62	0,22	0,00		
1-3	>3-6 M.	>3-6 M.	0,00	0,00	0,00	0,00		
1-4	>6-12 M.	>6-12 M.	0,71	4,69	0,00	3,98		
					0,22	3,98	2)	0,22
2-5	>1-2 J.	>1,0-1,9 J.	4,00	0,00	4,00	0,00		
2-6	>2-3 J.	>1,9-2,8 J.	2,63	0,00	2,63	0,00		
2-7	>3-4 J.	>2,8-3,6 J.	0,00	0,00	0,00	0,00		
					6,63	0,00	3)	0,00
3-8	>4-5 J.	>3,6-4,3 J.	0,00	0,00	0,00	0,00		
3-9	>5-7 J.	>4,3-5,7 J.	0,00	0,00	0,00	0,00		
3-10	>7-10 J.	>5,7-7,3 J.	4,13	2,63	1,50	0,00		
3-11	>10-15 J.	>7,3-9,3 J.	2,25	0,00	2,25	0,00		
3-12	>15-20 J.	>9,3-10,6 J.	0,00	0,00	0,00	0,00		
3-13	über 20 J.	>10,6-12,0 J.	0,00	0,00	0,00	0,00		
3-14		>12,0-20,0 J.	0,00	0,00	0,00	0,00		
3-15		über 20,0 J.	2,54	0,00	2,54	0,00		
					6,29	0,00	4)	0,00

Abbildung 84: Ermittlung der geschlossenen Positionen in den Zonen bei der Jahresbandmethode im Zinsrisikobereich

Schritt 5: Ermittlung der endgültig offenen Positionen in den Zonen (O_z)
- Die endgültigen offenen Kauf- oder Verkaufspositionen in den Bändern O_b (Differenz von L>0 und S>0 in jedem Band, das heißt, $O_b = L_b - S_b$ ist kleiner, gleich oder größer Null) werden zur Ermittlung der offenen Positionen in den Zonen (O_z) innerhalb der Zonen vorzeichengerecht addiert (siehe Abbildung 85, Spalte 11, 12, 14 und 15).

$$O_1 = \sum_{b=1}^{4} O_b = \sum_{b=1}^{4} (L_b - S_b) = -3,76$$

$$O_2 = \sum_{b=5}^{7} O_b = \sum_{b=5}^{7} (L_b - S_b) = +6,63$$

$$O_3 = \sum_{b=8}^{15} O_b = \sum_{b=8}^{15} (L_b - S_b) = +6,29$$

Schritt 6: Ermittlung der übrigen offenen Position (O_u)
- Die endgültigen offenen Kauf- oder Verkaufspositionen (O_b>0 oder O_b<0) in den einzelnen Bändern werden zur Ermittlung der übrigen offenen Position (O_u) innerhalb der Zonen vorzeichengerecht addiert (siehe Abbildung 85, Spalten 11, 12, 14 und 15).

155

Zone-Band	Laufzeitbänder I für Kupons ≥ 3 Prozent	Laufzeitbänder II für Kupons < 3 Prozent	Endgültige offene Positionen in Laufzeitbändern		Endgültige offene Positionen in Zonen	
			Long	Short	Long	Short
	(1)	(2)	(11) $=(8)-(10)$	(12) $=(9)-(10)$	(14) $=(11)-(13)$	(15) $=(12)-(13)$
1-1	0-1 M.	0-1 M.	0,00	0,00		
1-2	>1-3 M.	>1-3 M.	0,22	0,00		
1-3	>3-6 M.	>3-6 M.	0,00	0,00		
1-4	>6-12 M.	>6-12 M.	0,00	3,98		
			0,22	3,98	0,00	3,76
2-5	>1-2 J.	>1,0-1,9 J.	4,00	0,00		
2-6	>2-3 J.	>1,9-2,8 J.	2,63	0,00		
2-7	>3-4 J.	>2,8-3,6 J.	0,00	0,00		
			6,63	0,00	6,63	0,00
3-8	>4-5 J.	>3,6-4,3 J.	0,00	0,00		
3-9	>5-7 J.	>4,3-5,7 J.	0,00	0,00		
3-10	>7-10 J.	>5,7-7,3 J.	1,50	0,00		
3-11	>10-15 J.	>7,3-9,3 J.	2,25	0,00		
3-12	>15-20 J.	>9,3-10,6 J.	0,00	0,00		
3-13	über 20 J.	>10,6-12,0 J.	0,00	0,00		
3-14		>12,0-20,0 J.	0,00	0,00		
3-15		über 20,0 J.	2,54	0,00		
			6,29	0,00	6,29	0,00
					12,92	3,76
		8) übrige offene Position			9,16	0,00

Abbildung 85: Ermittlung der übrigen offenen Positionen bei der Jahresbandmethode im Zinsrisikobereich

$$O_{\ddot{u}} = O_1 + O_2 + O_3$$

$$O_{\ddot{u}} = \sum_{b=1}^{4}\left(L_b - S_b\right) + \sum_{b=5}^{7}\left(L_b - S_b\right) + \sum_{b=8}^{15}\left(L_b - S_b\right) = -3,76 + 6,63 + 6,29 = 9,16$$

Schritt 7: Geschlossene Positionen zwischen den Zonen ($Z_{z/z}$)

- „Hedging-Verfahren A": Zur Ermittlung der ausgeglichenen Position zwischen Zone 1 und 2 ($Z_{1/2}$) wird der Betrag der nicht ausgeglichenen gewichteten Kauf- (Verkaufs-) Position in Zone 1 mit der entsprechenden Position aus Zone 2 verrechnet (siehe Abbildung 85, Spalte 16).

  Hierbei lassen sich zwei Fälle unterscheiden:
  - Sind die endgültig offenen Positionen in den Zonen (O_Z) gleichgerichtet, das heißt beide aktivisch ($O_1 \geq 0$ und $O_2 \geq 0$) oder beide passivisch ($O_1 < 0$ und $O_2 < 0$), so lassen sie sich nicht verrechnen. Es ergibt sich $Z_{1/2} = 0$.
  - Wenn die Positionen entgegengesetzt sind ($O_1 < 0$ und $O_2 > 0$ oder $O_1 > 0$ und $O_2 < 0$), bestimmt sich die ausgeglichene Position $Z_{1/2}$ nach der Formel:

$$Z_{1/2} = Min\{|O_1|;|O_2|\} = Min\left\{\left|\sum_{b=1}^{4}(L_b - S_b)\right|;\left|\sum_{b=5}^{7}(L_b - S_b)\right|\right\}.$$

- Im Beispiel sind die Positionen entgegengesetzt (O_1=-3,76<0 und O_2=+6,63>0), so daß sich folgender Wert ergibt:

$$Z_{1/2} = Min\{|-3,76|;|+6,63|\} = 3,76.$$

- Nachfolgend wird die gleiche Rechenoperation für jenen Teil der nicht ausgeglichenen Position in Zone 2, der übriggeblieben ist ($O_2^{Rest} = |O_2| - Z_{1/2}$), und die nicht ausgeglichene Position in Zone 3 durchgeführt (O_3). Auch bei der Ermittlung der ausgeglichenen Position zwischen Zone 2 und 3 ($Z_{2/3}$) sind zwei Fälle zu unterscheiden:
  - Für gleichgerichtete Positionen ($O_2^{Rest} \geq 0$ und $O_3 \geq 0$ oder $O_2^{Rest} < 0$ und $O_3 < 0$) ist $Z_{2/3} = 0$.
  - Für entgegengesetzte Positionen ($O_2^{Rest} < 0$ und $O_3 > 0$ oder $O_2^{Rest} > 0$ und $O_3 < 0$) ist

$$Z_{2/3} = Min\{|O_2^{Rest}|;|O_3|\} = Min\{|O_2| - Z_{1/2};|O_3|\}$$

$$Z_{2/3} = Min\left\{\left|\sum_{b=5}^{7}(L_b - S_b)\right| - Z_{1/2};\left|\sum_{b=8}^{15}(L_b - S_b)\right|\right\}.$$

  - Im Beispiel sind die Positionen gleichgerichtet ($O_2^{Rest} = +2,87$ und $O_3 = +6,29 > 0$), so daß $Z_{2/3} = 0$ ist

- Abschließend wird die ausgeglichene Position in Zone 1 und 3 bestimmt ($Z_{1/3}$). Dazu wird der Restbetrag der nicht ausgeglichenen Position in Zone 1 ($O_1^{Rest} = |O_1| - Z_{1/2}$) mit dem Restbetrag für Zone 3 ausgeglichen ($O_3^{Rest} = |O_3| - Z_{2/3}$).
  - Sind die nicht ausgeglichenen Positionen in den Zonen beide aktivisch ($O_1^{Rest} \geq 0$ und $O_3^{Rest} \geq 0$) oder beide passivisch ($O_1^{Rest} < 0$ und $O_3^{Rest} < 0$) ist $Z_{1/3} = 0$.
  - Für den Fall entgegengesetzter Positionen ($O_1^{Rest} < 0$ und $O_3^{Rest} > 0$ oder $O_1^{Rest} > 0$ und $O_3^{Rest} < 0$) gilt

$$Z_{1/3} = Min\{|O_1^{Rest}|;|O_3^{Rest}|\} = Min\{|O_1| - Z_{1/2};|O_3| - Z_{2/3}\}$$

$$Z_{1/3} = Min\left\{\left|\sum_{b=1}^{4}(L_b - S_b)\right| - Z_{1/2};\left|\sum_{b=8}^{15}(L_b - S_b)\right| - Z_{2/3}\right\}.$$

  - Für das Beispiel gilt die Bezeichnung $O_1^{Rest} = 0$ und $O_3^{Rest} = +6,29 > 0$, so daß $Z_{1/3} = 0$.

- Die Reihenfolge der Einzelschritte kann gegebenenfalls umgekehrt werden, ohne daß dies jedoch das Resultat in unserem Beispiel verändern könnte. Beim „Hedging-Verfahren B" (siehe Abbildung 87) wird zuerst die ausgeglichene Position zwischen Zone 3 und 2 bestimmt ($Z_{3/2}$), bevor die entsprechende Position für die Zonen 2 und 1 berechnet werden ($Z_{2/1}$). Abschließend wird der Restbetrag der nicht ausgeglichenen Position in Zone 3 mit dem Restbetrag für Zone 1 ausgeglichen ($Z_{3/1}$).

Hedging-Verfahren		
(16) =Positionen aus (14) u. (15)		
Methode A		
Zone 1	0,00	3,76
Zone 2	6,63	0,00
5a) **Zone 1/2 (geschl.)**	**3,76**	**0,00**
Zone 2 (Rest)	2,87	0,00
Zone 3	6,29	0,00
6a) **Zone 2/3 (geschl.)**	**0,00**	**0,00**
Zone 1 (Rest)	0,00	0,00
Zone 3 (Rest)	6,29	0,00
7a) **Zone 1/3 (geschl.)**	**0,00**	**0,00**
		3,76

Abbildung 86: *Ermittlung der geschlossenen Positionen zwischen den Zonen mit dem Hedging-Verfahren A bei der Jahresbandmethode im Zinsrisikobereich*

Hedging-Verfahren		
(16) =Positionen aus (14) u. (15)		
Methode B		
Zone 3	6,29	0,00
Zone 2	6,63	0,00
5b) **Zone3/2 (geschl.)**	**0,00**	**0,00**
Zone 2 (Rest)	6,63	0,00
Zone 1	0,00	3,76
6b) **Zone 2/1 (geschl.)**	**3,76**	**0,00**
Zone 3 (Rest)	6,29	0,00
Zone 1 (Rest)	0,00	0,00
7b) **Zone 3/1 (geschl.)**	**0,00**	**0,00**
		3,76

Abbildung 87: *Ermittlung der geschlossenen Positionen zwischen den Zonen mit dem Hedging-Verfahren B bei der Jahresbandmethode im Zinsrisikobereich*

Schritt 8: Ermittlung der Eigenkapitalunterlegung (K)
- Die Kapitalunterlegung ergibt sich aus der Summe der mit bestimmten Gewichtungssätzen multiplizierten nachfolgenden acht Positionen (siehe Abbildung 88, Spalten 17 bis 21):
- 10 Prozent der geschlossenen Positionen in den Laufzeitbändern (G_b),
- 40 Prozent der geschlossenen Position in Zone 1 (G_{z1}),
- 30 Prozent der geschlossenen Position in Zone 2 (G_{z2}),

Eigenmittelunterlegung	EK-Satz	Positionen nach Hedging-Meth. A	B	Eigenmittelanforderung nach Hedging-Meth. A	B
	(17)	(18)	(19)	(20) =(17)×(18)	(21) =(17)×(19)
1) geschlossene Positionen in den Laufzeitbändern	**10%**	3,96	3,96	0,40	0,40
2) geschlossene Position in Zone 1	**40%**	0,22	0,22	0,09	0,09
3) geschlossene Position in Zone 2	**30%**	0,00	0,00	0,00	0,00
4) geschlossene Position in Zone 3	**30%**	0,00	0,00	0,00	0,00
5a od. 5b) geschlossene Position zwischen Zone 1 und 2 oder 2 und 1	40%	3,76	0,00	1,50	0,00
6a od. 6b) geschlossene Position zwischen Zone 2 und 3 oder 3 und 2	40%	0,00	3,76	0,00	1,50
7a od. 7b) geschlossene Position zwischen Zone 1 und 3 oder 3 und 1	150%	0,00	0,00	0,00	0,00
8) übrige offene Position	100%	9,16	9,16	9,16	9,16
		Kapitalunterlegung		**11,14**	**11,14**

Abbildung 88: Ermittlung der Eigenkapitalunterlegung bei der Jahresbandmethode im Zinsrisikobereich

- 30 Prozent der geschlossenen Position in Zone 3 (G_{z3}),
- 40 Prozent der geschlossenen Position zwischen Zone 1/2 oder 2/1 ($Z_{1/2} = Z_{2/1}$),
- 40 Prozent der geschlossenen Position zwischen Zone 2/3 oder 3/2 ($Z_{2/3} = Z_{3/2}$),
- 150 Prozent der geschlossenen Position zwischen Zone 1/3 oder 3/1 ($Z_{1/3} = Z_{3/1}$),
- 100 Prozent der übrigen offenen Position ($O_{ü}$).

Insgesamt ergibt sich eine Kapitalunterlegung ein Höhe von 11,14. Anlage II faßt die gesamte Berechnung noch einmal zusammen.

4.4.2 Durationmethode

Alternativ zum Standardverfahren nach der „Jahresbandmethode" kann von den Aufsichtsbehörden auch ein zweites Verfahren zugelassen werden (als generelles oder einzelfallbezogenes Wahlrecht), das auf der finanzmathematischen Kennzahl der „Duration" basiert („Durationmethode"). Diese Kennzahl wurde bereits im Jahre 1938 von *Frederick H. Macaulay* als Kenngröße zur Berechnung der mittleren Fälligkeit eines festverzinslichen Wertpapiers bestimmt (daher auch als „*Macauley-Duration*" bezeichnet).[39] Sie gibt die mittlere Zeitspanne an, in der das Vermögen in einem Wertpapier gebunden ist („durchschnittliche Bindungsdauer") und ist ein Maß für das Zinsänderungsrisiko.[40]

---

39 Vgl. Macaulay (1938), Bierwag (1978), Rudolph (1981a) und Weil (1973).
40 Die Duration ist vergleichbar mit der durchschnittlichen Kreditlaufzeit. Im Gegensatz zu dieser werden aber Zinserträge berücksichtigt und man bedient sich des Instrumentariums der Zinseszinsrechnung.

4.4.2.1 Theorie der Duration

Zur Erläuterung der Duration-Kennziffer sind zwei Wirkungen des Zinsänderungsrisikos zu unterscheiden, die auf unterschiedliche zeitliche Planungshorizonte des Vermögensbesitzers abstellen und Zinseszinseffekte beinhalten. Eine Zinsänderung kann zunächst ein „*Endwertänderungsrisiko*" bedeuten, das heißt das Risiko, daß zum Zeitpunkt der Tilgung der Anleihe nicht der Betrag erlöst wird, der beim Kauf des Wertpapiers erwartet wurde, weil bei Zinssenkungen die zwischenzeitlich fließenden Zinszahlungen nur noch zu ungünstigeren Konditionen angelegt werden konnten. Dieses Risiko ist für einen Anleger relevant, der die gekaufte Anleihe bis zur Fälligkeit durchhalten will, also einen Planungshorizont bis zur Fälligkeit hat.

Gleichzeitig macht sich eine Zinsänderung als *Kurswertänderung* bemerkbar: die Zinssenkung in unserem Beispiel führt zu einer Kurswertsteigerung, die dann für den Vermögensbesitzer relevant wird, wenn sein Planungshorizont kurzfristiger ist, das heißt, nicht bis zum Fälligkeitstermin der Anleihe reicht. Die angenommene Zinssenkung hat also zwei entgegengesetzte Effekte: einerseits führt sie zu einer Kurswertsteigerung, andererseits zu einer Endwertsenkung. Die Duration-Kennzahl gibt nun denjenigen Zeitpunkt an, an dem sich die beiden Wirkungen genau die Waage halten, das heißt die Kurswertsteigerung den negativen Effekt der geringeren Erlöse aus der Wiederanlage der Zinsen rechnerisch genau kompensiert.

Die Duration (DUR) wird anhand der folgenden Formel berechnet:[41]

$$DUR = \frac{\sum_{t=1}^{m} \frac{g \times C_t}{(1+r)^g}}{\sum_{t=1}^{m} \frac{C_t}{(1+r)^g}}$$

Dabei bedeuten:

t   = Zeitpunkt (Laufindex),
C_t = Cash-flows zu den Zeitpunkten t,
m = Anzahl der Cash-flow-Termine,
r   = interner Zinsfuß des Wertpapiers,

g   = Gewichtungsfaktor mit $g = t + \left(\left(\frac{w}{M} \right) - 1 \right)$

w = Zeit von heute bis zum nächsten Cash-flow,
M = gesamte Zeit zwischen den einzelnen Cash-flows.

Aus der Formel sind verschiedene Zusammenhänge direkt ableitbar. So kann die Duration eines Wertpapiers nie größer sein als die Laufzeit. Bei Null-Kupon-Anleihen ist die Duration gleich der Laufzeit, bei Kuponpapieren stets kleiner. Grundsätzlich ist die Duration umso niedriger, je höher der Nominalzins und der interne Zinsfuß ist und je früher die Tilgung einsetzt.

Beispielhaft soll die *Berechnung der Duration* eines Bundeswertpapieres verdeutlicht werden (siehe Abbildung 89).

---

41 Vgl. Diwald (1994), S. 32.

Schritt 1: Aufstellung der Zahlungsreihe des Wertpapiers
- Bundesanleihen, fällig am 31. Dezember 1997, Restlaufzeit 3 Jahre, Nominalwert 100 Mio. DM, Nominalzins 6,45 Prozent, Kurswert am Stichtag 96 Mio. DM.
- Es werden zunächst sämtliche Zahlungszeitpunkte der Rückflüsse aus dem festverzinslichen Wertpapier ermittelt. Bezogen auf das Beispiel fließen nach dem ersten, zweiten und dritten Jahr insgesamt drei Zinszahlungen sowie eine Tilgungszahlung in Höhe des Nennbetrages am Fälligkeitstermin der Anlage zu (Spalten 1 und 2).

Schritt 2: Berechnung der Barwerte
- Zur Berechnung der Barwerte (Gegenwartswerte, „Present Values") der Cash-flows sind die Zins- und Tilgungszahlungen zum Zeitpunkt t bis zum Fälligkeitstermin m (C_t) mit der effektiven Rendite (r) des Wertpapiers abzuzinsen. Man verwendet den Diskontierungsfaktor $R = 1/(1+r)$. Bei variabel verzinslichen Instrumenten wird zur Berechnung der Rendite angenommen, daß beim nächsten Zinsanpassungstermin die Anlage zurückgezahlt wird. Die Rendite entspricht dem Marktzins für vergleichbare Anlagen (Spalte 3).

Schritt 3: Bestimmung der Anteilsfaktoren
- Die ermittelten Barwerte werden addiert. Der Gesamtbarwert entspricht dem rechnerischen Kurs (Preis) des Wertpapiers (Spalte 3).
- Die einzelnen Barwerte werden dann in das Verhältnis gesetzt zum Gesamtbarwert des Wertpapiers. Die Anteilsfaktoren geben somit den prozentualen Anteil eines einzelnen Barwertes am Gesamtbarwert an (Spalte 4).

Schritt 4: Ermittlung der Duration
- Die ermittelten Anteilsfaktoren werden mit den einzelnen Zahlungszeitpunkten gewichtet und anschließend addiert. Mit anderen Worten dienen die relativen Gegenwartswerte der einzelnen Zahlungsströme als Gewichte. Die Summe ist die Duration (Spalte 5). In unserem Beispiel ergibt sich eine Duration von 2,818 Jahren.

Bei der Jahresbandmethode werden die Nettopositionen anhand der (Rest-) Laufzeit in die Zinsbindungsbilanz eingestellt. Da die (Rest-) Laufzeit weder Zinszahlungen noch Diskontierungsfaktoren berücksichtigt, kann sie nur Auskunft geben über den Zeitraum bis zum letzten Zahlungszeitpunkt. Ganz anders die Duration: Sie gibt Auskunft über die *zeitliche Struktur der Cash-flows*, da neben der Laufzeit auch die Höhe der Kuponzahlungen

Zahlungs-zeitpunkte	Zahlungsreihe	Barwerte (Kalkulationszins 8 Prozent)	Anteilsfaktoren	Duration
(1)	(2)	(3)	(4)	(5)=(1)x(4)
t=1	6,45	5,97	0,062	0,062
t=2	6,45	5,53	0,058	0,115
t=3	106,45	84,50	0,880	2,641
Summe	119,35	96,00		2,818

Abbildung 89: Ermittlung der Durationkennzahl

161

und die Rendite des Wertpapiers in die Berechnung eingehen. Insbesondere bei Instrumenten mit unterschiedlichen Cash-flow-Strukturen ist die (Rest-) Laufzeit im Vergleich zur Duration völlig unbrauchbar.

Der wesentliche *Nachteil der Macaulay-Duration* ist die Verwendung eines einheitlichen Diskontierungszinssatzes, also die Vernachlässigung der Existenz einer laufzeitabhängigen Zinsstruktur („Zinsstrukturkurve", „Yield Curve"). Man geht also von einer *flachen „Zinsstrukturgeraden"* aus und unterstellt parallele Zinsveränderungen entlang der gesamten „Kurve". Zur Vermeidung dieser unrealistischen Prämisse mit ihren Auswirkungen auf die Verwendungsfähigkeit der Durationkennzahl in der Praxis wurde deshalb ein Verfahren vorgeschlagen, das die Barwerte mit den zinsstrukturbezogenen Null-Kupon-Abzinsungsfaktoren bestimmt.[42] Die Prämisse der Parallelverschiebung der Zinskurve („Parallel Shift") und der Vernachlässigung von Drehungen der Kurve kann damit wohl nicht aufgehoben werden. Auf diese zweifellos interessanten theoretischen Diskussionen soll im vorliegenden Zusammenhang aber nicht weiter eingegangen werden.

4.4.2.2 Modifizierte Duration als Sensitivitätsmaß

Die „*Modified Duration*" (oft auch als „Adjusted Duration" bezeichnet) wurde von *John Hicks* im Jahre 1939 unabhängig von *F. Macaulay* als Maßstab für die Einschätzung des Zinsänderungsrisikos entwickelt.[43] Interessant in diesem Zusammenhang ist, daß die Modified Duration als Kennzahl von theoretischen Ökonomen keynesianischer Provenienz entwickelt wurde, also keine betriebswirtschaftliche Errungenschaft darstellt.

Die „modifizierte Duration" (schlecht eingedeutschte Fassung der Kapitaladäquanzrichtlinie) ergibt sich durch die Multiplikation der Duration mit dem Diskontierungsfaktor R (= 1/(1+r)):

$$\text{Mod D} = DUR \times R = \frac{DUR}{(1+r)}.$$

Für unser Beispiel der Bundesanleihe im vorherigen Abschnitt beträgt die ModD = 2,818/1,08 = 2,61 Prozent. Man beachte, daß die modifizierte Duration im Unterschied zur Duration nicht in der Einheit „Jahre", sondern in „Prozent" gemessen wird.

Mit dieser Kennzahl ist es möglich, die bei einer Zinsänderung *zu erwartende prozentuale Kursänderung* eines Wertpapieres (näherungsweise) zu bestimmen. Dazu wird die Wertpapierposition mit der modifizierten Duration und der unterstellten Zinsänderung sowie dem Faktor -1 multipliziert:

Δ Kursveränderung = Wertpapierposition × ModD × Δ Rendite × (−1)

Für unser Bundesanleihenbeispiel bedeutet dies, daß sich bei einer Renditeänderung in Höhe von beispielsweise 100 Basispunkten (=1 Prozent) der Kurs des Papieres um ungefähr 2,61 Prozent ändert. Steigt also die allgemeine Marktrendite von 8 auf 9 Prozent, so würde der Kurs von 96 auf näherungsweise 93,5 fallen. Umgekehrt würde der Kurs auf etwa 98,5 steigen, wenn die Rendite von 8 auf 7 Prozent fällt.

---

42 Vgl. Fisher/Weil (1971), die ein solches Verfahren vorschlagen.
43 Vgl. Hicks (1939). Zu Darstellungen dieser Maßzahl vgl. Bierwag/Kaufmann/Khang (1978), Bühler/Herzog (1989), Eller (1991), Gramlich/Walz (1991) und Rudolph (1981b).

Rendite (in Prozent)	Kurs	Kurs geschätzt mit der modifizierten Duration	Abweichung
1	198,35	145,58	-52,77
2	172,76	136,90	-35,87
3	151,33	128,21	-23,12
4	133,30	119,52	-13,77
5	118,07	110,84	-7,23
6	105,16	102,15	-3,01
7	94,17	93,47	-0,71
8	**84,78**	**84,78**	**0,00**
9	76,72	76,10	-0,63
10	69,78	67,41	-2,37
11	63,77	58,72	-5,04
12	58,54	50,04	-8,51
13	53,99	41,35	-12,63
14	50,00	32,67	-17,33
15	46,48	23,98	-22,50

Abbildung 90: Zusammenhang zwischen Kurs und Rendite bei festverzinslichen Anleihen

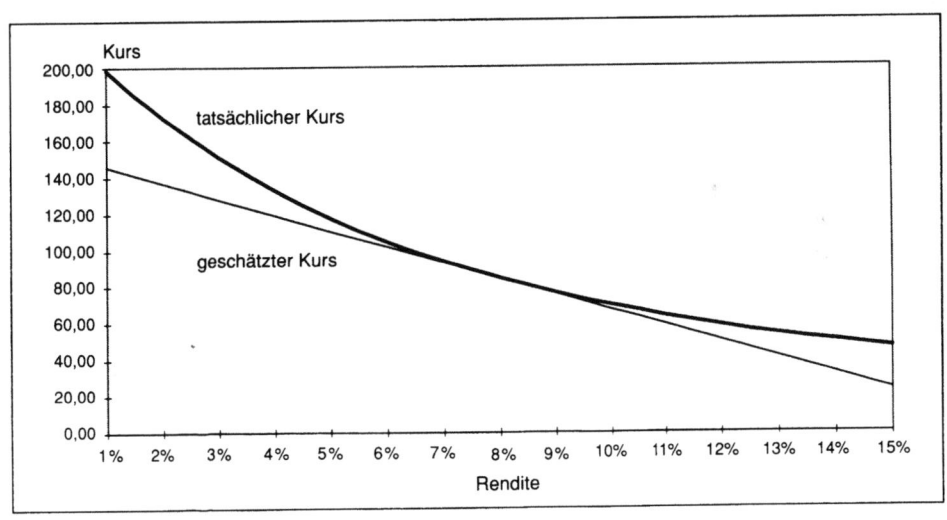

Abbildung 91: Zusammenhang zwischen Kurs und allgemeiner Marktrendite bei festverzinslichen An-
leihen

Die Kursänderung läßt sich mit der modifizierten Duration deshalb nur *näherungsweise* ab-schätzen und nicht exakt quantifizieren, weil der Zusammenhang zwischen Rendite und Kursveränderung nicht linear, sondern positiv konvex, also gekrümmt ist. Zur graphischen

Veranschaulichung haben wir die Laufzeit der bekannten Bundesanleihe von 3 auf 20 Jahre erhöht, um eine deutlicher gewölbte Kurve des tatsächlichen Kursverlaufes zu bekommen. Abbildung 90 gibt Auskunft über die berechneten Kurswerte und Abbildung 91 stellt diesen Sachverhalt graphisch dar.[44]

Die modifizierte Duration stellt einen *linearen* Zusammenhang zwischen Kurs und Rendite her, wobei die Höhe der Steigung der Geraden gleich dem Wert der modifizierten Duration ist.[45] Je höher die Renditeänderung ist, das heißt je weiter vom bei der Berechnung verwendeten Wert von 8 Prozent abgewichen wird, desto ungenauer fällt die Schätzung aus. Streng genommen ist dieses Verfahren also nur bei geringen Schwankungen der Renditen ohne große Fehler zu verwenden. Weiterhin können auch mit der Modified Duration nur Parallelverschiebungen der Zinsstrukturkurve untersucht werden.

4.4.2.3 Anwendung der Durationmethode

Bei Verwendung der Durationmethode sieht die Kapitaladäquanzrichtlinie keine einzelnen Laufzeitbänder, sondern nur noch *drei Laufzeitzonen* vor. Dies unterscheidet sie von den Baseler Marktrisikopapieren, die auch bei der Durationmethode Laufzeitbänder kennen, die allerdings in ihrer zeitlichen Festlegung von den Laufzeitbändern der Jahresbandmethode abweichen (siehe Abbildung 92). Ferner unterscheiden sich die Kapitaladäquanzrichtlinie und die Baseler Marktrisikopapiere in der Festlegung der zeitlichen Obergrenze

Zone-Band	Laufzeitbänder für Duration-methode in der Kapitaladäquanz-richtlinie	Unterstellte Zinsänderung (in Prozent)	Laufzeitbänder für Duration-methode Baseler Marktrisiko-papiere	Unterstellte Zinsänderung (in Prozent)
1-1	0-1 M.	–	0-1 M.	1,00
1-2	> 1-3 M.	1,00	1-3 M.	1,00
1-3	> 3-6 M.		3-6 M.	1,00
1-4	> 6-12 M.		6-12 M.	1,00
2-5	> 1,0-1,9 J.		1,0-1,8 J.	0,90
2-6	> 1,9-2,8 J.	0,85	1,8-2,6 J.	0,80
2-7	> 2,8-3,6 J.		2,6-3,3 J.	0,75
3-8	> 3,6-4,3 J.		3,3-4,0 J.	0,75
3-9	> 4,3-5,7 J.		4,0-5,2 J.	0,70
3-10	> 5,7-7,3 J.		5,2-6,8 J.	0,65
3-11	> 7,3-9,3 J.	0,70	6,8-8,6 J.	0,60
3-12	> 9,3-10,6 J.		8,6-9,9 J.	0,60
3-13	> 10,6-12,0 J.		9,9-11,3 J.	0,60
3-14	> 12,0-20,0 J.		11,3-16,6 J.	0,60
3-15	über 20,0 J.		> 16,6 J.	0,60

Abbildung 92: Festlegung der Laufzeitbänder und -zonen und der unterstellten Zinsänderungen bei der Durationmethode

---

44 Vgl. Eller (1993b), S. 46 ff.
45 Vgl. Eller (1993b), S. 48. Genaugenommen ergibt sich die Steigung der Tangente aus dem Produkt der modifizierten Duration und dem Kurs. Wären auf der Ordinate die prozentualen Kursänderungen abgetragen, entspräche die Steigung der Tangente dem Wert der modifizierten Duration.

für geschlossene gewichtete Positionen	innerhalb des Laufzeitbandes (Basel)	innerhalb der Laufzeitzone (Basel)	innerhalb des Laufzeitbandes und der Laufzeitzone (Kapitaladäquanzrichtlinie)	zwischen benachbarten Laufzeitzonen	zwischen nicht benachbarten Laufzeitzonen
Zone 1	10 Prozent	40 Prozent	2 Prozent	40 Prozent	
Zone 2	10 Prozent	30 Prozent	2 Prozent	40 Prozent	
Zone 3	10 Prozent	30 Prozent	2 Prozent	40 Prozent	150 Prozent (Zone 1 und 3)

Abbildung 93: Kapitalunterlegungsfaktoren für ausgeglichene gewichtete Positionen im Rahmen des „horizontalen Hedgings" bei der Durationmethode

für die Zone 2: während die Richtlinie die Grenze bei 3,6 Jahren zieht, legen die Baseler Papiere den Zonenübergang auf 3,3 Jahre fest.

Bei der Anwendung der Durationmethode ist die zu betrachtende Nettoposition zunächst in die entsprechende Laufzeitzone / das entsprechende Laufzeitband einzuordnen. Anschließend wird die Modified Duration für die jeweilige Nettoposition ermittelt und mit der der Zone / dem Band zugeordneten unterstellten Zinsänderung multipliziert. Mit diesem Rechenschritt erhält man – wie oben dargestellt wurde – die absolute Kursveränderung der Nettoposition, wenn eine Zinsänderung im unterstellten Ausmaß eintritt. Diese *hypothetische Kursveränderung* dient als *Risikomaß* in gleicher Weise wie bei der Jahresbandmethode, die mit festen Gewichtungssätzen und damit nur mit ungenaueren Werten für die Modified Duration der einzelnen Nettopositionen arbeitet. Auch der weitere Rechengang zur Bestimmung der Eigenmittelunterlegung stimmt mit dem Vorgehen bei der Jahresbandmethode überein.[46]

Lediglich bei den im Rahmen des „vertikalen" und „horizontalen Hedgings" anzuwendenden Unterlegungssätzen bestehen *Unterschiede*. So sind geschlossene Positionen innerhalb desselben Zeitbandes bzw. innerhalb derselben Zone nur mit *2 Prozent* (statt 10 Prozent) Eigenmitteln zu unterlegen, so daß gegenläufige Positionen fast vollständig miteinander aufgerechnet werden können. Die Anrechnungsfaktoren für das Aufrechnen von gegenläufigen Positionen zweier Laufzeitzonen („horizontales Hedging") stimmen mit denen aus der Jahresbandmethode überein (siehe Abbildung 93).

---

46 Dies wird explizit ausgesagt im Rahmen der Baseler Marktrisikopapiere. Die Kapitaladäquanzrichtlinie schreibt vordergründig ein anderes Verfahren vor, das jedoch wenig Sinn macht (Einordnung der Nettopositionen in Zonen entsprechend der Modified Duration statt entsprechend der Restlaufzeit, Messung der Modified Duration in „Jahren" statt in „Prozent"). In Anbetracht der Tatsache, daß die Regelungen der Richtlinie aus früheren Fassungen der Baseler Marktrisikopapiere übernommen wurden, ist dabei ein redaktionelles Versehen zu unterstellen. Im Rahmen der Umsetzung der Kapitaladäquanzrichtlinie in deutsches Aufsichtsrecht wird jedenfalls zu prüfen sein, inwieweit den wenig sinnvollen Vorschriften der Richtlinie gefolgt werden muß oder die kohärenten und risikoadäquaten Regeln der Baseler Marktrisikopapiere übernommen werden können.

4.4.2.4 Beispiel zur Ermittlung der Eigenkapitalanforderung

Auch bei diesem Beispiel sollen die Geschäfte G-2 und G-3, G-8 bis G-12, G-14 und G 15 wieder verwendet werden. Anhang III faßt die gesamte Ermittlung auf einen Blick zusammen.

Schritt 1: Ermittlung der Duration und der modifizierten Duration
- Abbildung 94 zeigt die Werte der Duration und modifizierten Duration für die Geschäfte. Beim Geschäft G-15 wird der Einfachheit halber die Laufzeit als Duration angenommen (siehe Abbildung 81).

Schritt 2: Ermittlung der gewichteten offenen Positionen
- Die Nettokauf- und Nettoverkaufspositionen in den Instrumenten werden in Abhängigkeit von der Duration jeweils einem der drei Laufzeitzonen der Zinsablaufbilanz zugeordnet. Für jede Zone wird eine bestimmte Zinssatzänderung unterstellt (siehe Abbildung 95, Spalten 1 und 2).
- Die Aufteilung der Zonen in einzelne Bänder (siehe Abbildung 95, Spalte 1) ist in der Kapitaladäquanzrichtlinie zwar nicht explizit vorgesehen, hat aber auf die Höhe der Eigenkapitalunterlegung keinen Einfluß. In der Abbildung soll dadurch deutlich werden, daß die festen Gewichte der Jahresbandmethode (Spalte 4) auch aufgrund eines Durationkonzeptes ermittelt wurden. Die implizite modifizierte Duration der

Geschäft	Duration (in Jahre)		Modifizierte Duration (in Prozent)		Zone-Band		Positionen	
	Long	Short	Long	Short	Long	Short	Long	Short
G-2	0,919		0,851		1-4		101,55	
G-3	20,708		19,174		3-15		20,32	
G-12	10,092	6,853	9,344	6,345	3-12	3-10	50,00	50,00
G-8	5,709	0,503	5,286	0,466	3-10	1-4	100,00	100,00
G-9	0,111	0,611	0,103	0,566	1-2	1-4	400,00	400,00
G-10	1,023	0,092	0,947	0,085	2-5	1-2	300,00	300,00
G-11	2,390	0,728	2,213	0,674	2-6	1-4	150,00	150,00
G-14	1,899	0,794	1,758	0,736	2-5	1-4	20,00	20,00

Abbildung 94: Einstellung der Nettoposition für das allgemeine Marktrisiko bei Anwendung der Durationmethode im Zinsrisikobereich

festen Gewichtungssätze der Jahresbandmethode liegt grundsätzlich jeweils in der Mitte des entsprechenden Laufzeitbandes (Spalte 1). Dies zeigt den engen Zusammenhang beider Methoden.

- Die durationgewichtete Position jedes Wertpapiers wird dann durch Multiplikation seines Marktwertes mit der modifizierten Duration sowie der angenommenen Zinssatzänderung ermittelt. Im Ergebnis erhält man die gewichteten offenen Positionen, daß heißt die quantifizierten Zinsrisikobeträge (siehe Abbildung 95, Spalten 7 und 8).

Zone-Band	Laufzeit-bänder Duration	Erwar-tete Zins-änderung (in Pro-zent)	Implizite modifi-zierte Duration	Gewicht (in Prozent)	Offene Positionen		Gewichtete offene Positionen	
					Long	Short	Long	Short
	(1)	(2)	(3)	(4)	(5)	(6)	(7) =(4)x(5)	(8) =(4)x(6)
1-1	0-1 M.			0,00	0,00	0,00	0,00	0,00
1-2	>1-3 M.	1,00	0,200	0,20	420,00	310,00	0,84	0,62
1-3	>3-6 M.	1,00	0,400	0,40	0,00	0,00	0,00	0,00
1-4	>6-12 M.	1,00	0,700	0,70	101,55	670,00	0,71	4,69
2-5	>1,0-1,9 J.	0,85	1,389	1,18	320,00	0,00	3,78	0,00
2-6	>1,9-2,8 J.	0,85	2,188	1,86	150,00	0,00	2,79	0,00
2-7	>2,8-3,6 J.	0,85	3,000	2,55	0,00	0,00	0,00	0,00
3-8	>3,6-4,3 J.	0,70	3,667	2,57	0,00	0,00	0,00	0,00
3-9	>4,3-5,7 J.	0,70	4,643	3,25	0,00	0,00	0,00	0,00
3-10	>5,7-7,3 J.	0,70	5,769	4,04	110,00	70,00	4,44	2,83
3-11	>7,3-9,3 J.	0,70	7,500	5,25	0,00	0,00	0,00	0,00
3-12	>9,3-10,6 J.	0,70	8,750	6,13	50,00	0,00	3,06	0,00
3-13	>10,6-12,0 J.	0,70	10,000	7,00	0,00	0,00	0,00	0,00
3-14	>12,0-20,0 J.	0,70	13,333	9,33	0,00	0,00	0,00	0,00
3-15	>20,0 J.	0,70	20,833	14,58	20,32	0,00	2,96	0,00

Abbildung 95: Ermittlung der gewichteten offenen Positionen bei der Durationmethode im Zinsrisikobereich

Schritt 3: Ermittlung der geschlossenen Positionen in den Laufzeitzonen (und in den Laufzeitbändern)

- Die gewichteten Kauf- und Verkaufspositionen in den Laufzeitbändern werden verrechnet. Die insgesamt geschlossene Position ergibt sich als Summe der geschlossenen Positionen über alle Laufzeitbänder (siehe Anhang III, Spalten 7 bis 9).
- Die geschlossene Position in einer Zone ergibt sich als die jeweils kleinere (absolute) Summe der gewichteten Kauf- oder Verkaufspositionen der einzelnen Bänder innerhalb einer Zone abzüglich der geschlossenen Position in dem jeweiligen Band (siehe Anhang III, Spalten 7, 8, 9, 10 und 11).
- Hinweis: Ohne die Laufzeitbandeinteilung wäre die Summe der geschlossenen Positionen innerhalb der Zonen mit der Summe der beiden zuvor genannten Beträge identisch, die aufgrund der Bändereinteilung ermittelt wurden.

Schritt 4: Ermittlung der übrigen offenen Position

- Die endgültigen offenen Kauf- oder Verkaufspositionen in den einzelnen Bändern werden zur Ermittlung der übrigen offenen Position innerhalb der Zonen vorzeichengerecht addiert (siehe Anhang III, Spalten 10, 11, 13 und 14).

Schritt 5: Ermittlung der geschlossenen Positionen in den Zonen

- Die endgültigen offenen Kauf- oder Verkaufsposition in den einzelnen Bändern werden zur Ermittlung der offenen Positionen in den Zonen innerhalb der Zonen vorzeichengerecht addiert (siehe Anhang III, Spalten 11, 12, 14 und 15).

Schritt 6: Geschlossene Positionen zwischen den Zonen

- Hedging-Verfahren A oder B analog der Laufzeitmethode (siehe Anhang III, Spalte 15).

Schritt 7: Ermittlung der Eigenkapitalunterlegung (K)

- Die Kapitalunterlegung ergibt sich aus der Summe der mit bestimmten Gewichtungssätzen multiplizierten nachfolgenden Positionen (siehe Anhang III, Spalten 16 bis 20):
  - 2 Prozent der geschlossenen Position in den Zonen 1 bis 3,
  - 40 Prozent der geschlossenen Position zwischen Zone 1/2 oder 2/1,
  - 40 Prozent der geschlossenen Position zwischen Zone 2/3 oder 3/2,
  - 150 Prozent der geschlossenen Position zwischen Zone 1/3 oder 3/1,
  - 100 Prozent der offenen Positionen.

Nach der Durationmethode ergibt sich eine Kapitalunterlegung in Höhe von 12,04 Mio. DM. Diese ist damit im Vergleich zur Standardmethode etwas höher, bedingt durch die Positionen in den längerfristigen Bereichen.

5. Aktienkursrisiko

Auch für das Preisrisiko aus offenen Positionen in *Anteilspapieren* (einschließlich der davon abgeleiteten Instrumente wie Aktientermingeschäfte und -optionen) wird grundsätzlich der Building Block Approach angewendet. Das insgesamt bereitzustellende Eigenkapital für das Positionsrisiko von Anteilspapieren ergibt sich als Summe der Beträge für das spezifische Risiko und das allgemeine Marktrisiko.

Geschäftspositionen	Grundsatz Ia	Kapitaladäquanz-richtlinie	Baseler Markt-risikopapiere
Umfang	„risikoerhöhende" Termin- und Optionsgeschäfte	alle Handelsbuchgeschäfte	alle Handelsbuchgeschäfte
Optionen	nur Stillhalteroptionen (deltagewichtet)	gesamter Optionsbestand (deltagewichtet)	gesamter Optionsbestand (deltagewichtet)
Aktienindex-Positionen	erfaßt	erfaßt	erfaßt
Aktienswaps	nicht erfaßt	erfaßt	erfaßt
Bestimmung der Nettoposition	Unterschiedsbetrag zwischen Long- und Short-Positionen für jeden Geschäftsgegenstand separat	Unterschiedsbetrag zwischen Long- und Short-Positionen für jeden Geschäftsgegenstand separat	Unterschiedsbetrag zwischen Long- und Short-Positionen für jeden Geschäftsgegenstand separat

Abbildung 96: Anrechnungspflichtige Geschäftspositionen im Aktienkursrisikobereich

5.1 Anrechnungspflichtige Geschäfte

Wie beim Zinsrisiko sind *nur Geschäfte und Bestände des Handelsbuches* anrechnungspflichtig. Insbesondere werden auch derivative Geschäfte einbezogen, wenn sie ein Aktienkursrisiko beinhalten (siehe Abbildung 96). Neben den Positionen in individuellen Aktien werden auch Aktienindexgeschäfte einbezogen. Die Nettopositionen sind für jeden Geschäftsgegenstand (das heißt für jede individuelle Aktie und jeden Index) getrennt zu ermitteln; dabei besteht keine Aufrechnungsmöglichkeit. Für die Eigenkapitalanforderung für das spezifische und das allgemeine Marktrisiko sind die beiden Größen Brutto- und Nettogesamtposition relevant. Die *Bruttogesamtposition* besteht aus der Summe aller Nettopositionen in den einzelnen Geschäftsgegenständen (Aktien und Indizes). Die *Nettogesamtposition* wird von der größeren der beiden Summen aller Long- und Short-Nettopositionen gebildet.

Die Baseler Marktrisikopapiere widmen dem Instrument des „*Aktienswaps*" („Equity Swaps") besondere Aufmerksamkeit. Zur Verdeutlichung des generellen Prinzips, daß alle Geschäfte und Finanzinstrumente entsprechend dem ihnen innewohnenden Risiko gegebenenfalls in mehreren Risikopositionen zu erfassen sind, schreibt Basel vor, daß Aktienswaps, die sich auf beiden Seiten auf Aktienkurse oder Aktienindizes beziehen, in die entsprechenden Positionen einzubeziehen sind. Wenn eine Seite allerdings auf einen Zinssatz lautet (die Erträge aus einem definierten Aktienportefeuille werden gegen einen fixen Zinssatz ausgetauscht), so ist diese Seite mit ihrem Zinsfälligkeitstermin im Zinsrisikobereich zu erfassen.

5.2 Spezifisches Risiko

Für das *spezifische Risiko* setzt die Richtlinie einen Anrechnungssatz in Höhe von *4 Prozent der Bruttogesamtposition* fest. Unter bestimmten Voraussetzungen können die zuständigen Behörden einen reduzierten Satz von *2 Prozent* zulassen. Voraussetzungen dafür sind:

- im Wertpapierportefeuille dürfen keine Aktien vorhanden sein, bei denen der Emittent im Rahmen der Beurteilung des spezifischen Risikos bei Schuldverschreibungen mit 8 Prozent gewichtet würde, das heißt der Klasse „Sonstige Emittenten" angehört,
- die Aktien werden von den zuständigen Behörden als hochliquide eingestuft,
- keine Einzelposition übersteigt 5 Prozent des Gesamtportefeuilles (Ausnahme: der Grenzwert beträgt 10 Prozent, sofern der Gesamtwert solcher Einzelpositionen 50 Prozent des Gesamtportefeuilles nicht überschreitet).

In den *Baseler Marktrisikopapieren* beträgt der Unterlegungssatz für das spezifische Risiko *8 Prozent*, der im Rahmen der vergleichbaren Ausnahmeregelung auf nicht unter 4 Prozent reduziert werden darf. Arbitragegeschäfte in Aktienindizes, bei denen die Anwendung des Bausteinprinzips unter Umständen zu sehr hohen Unterlegungsanforderungen für das spezifische Risiko führen könnte, dürfen nach den Baseler Regelungen aus dem Building Block Approach herausgenommen werden (siehe Abbildung 97).

Spezifisches Risiko	Grundsatz Ia	Kapitaladäquanz-richtlinie	Baseler Markt-risikopapiere
„Kreditrisiko" der offenen Positionen	nicht vorgesehen (Long-Positionen werden im Grundsatz I mit Eigen-kapital unterlegt)	alle Aktien und Derivate mit Underlying	alle Aktien und Derivate mit Underlying; Sonder-regelung für Index-arbitragegeschäfte
anrechnungspflichtige Position		Bruttogesamtposi-tion = Gesamtbetrag aller Long- und Short-Positionen	Bruttogesamtposition = Gesamtbetrag aller Long- und Short-Positionen
Höhe der Eigenkapital-unterlegung – Aktien		generell 4 Prozent (2 Prozent, falls liquide und diversifiziert)	generell 8 Prozent (mindestens 4 Prozent, falls liquide und diver-sifiziert)
Höhe der Eigenkapital-unterlegung – Aktien-indexgeschäfte		0 Prozent	2 Prozent (verschiedene Sonderregelungen)
Eigenkapitalklassen zur Unterlegung der Risiken		Tier 1, 2, 3 und 4	Tier 1, 2 und 3

Abbildung 97: Spezifisches Risiko im Aktienkursrisikobereich

5.3 Allgemeines Marktrisiko

5.3.1 Standardmethode

Der Unterlegungssatz für das *allgemeine Marktrisiko* beträgt *8 Prozent* der Nettogesamt-position. Sonderregelungen bestehen in der Kapitaladäquanzrichtlinie lediglich hinsicht-lich der Behandlung von Aktienindexpositionen, während die Baseler Marktrisikopapiere darüber hinaus noch spezielle Regelungen für futuresbezogene Arbitragegeschäfte in Ak-tienindizes vorsehen (siehe Abbildung 98).

5.3.2 Behandlung von Aktienindexgeschäften

Aktienindexinstrumente, das heißt Terminkontrakte und Optionen, die sich auf Aktienindi-zes beziehen, sind nach der Kapitaladäquanzrichtlinie grundsätzlich wie einzelne Aktien zu behandeln. Nettopositionen sind daher mit Eigenmitteln für das spezifische und für das allgemeine Marktrisiko zu unterlegen. Lediglich für Positionen in börsengehandelten Ak-tienindexinstrumenten, die sich auf Indizes mit einem hohen Diversifizierungsgrad bezie-hen, werden keine Kapitalanforderungen für das spezifische Risiko gestellt.

Offen ist dabei die Frage, was unter einem *Index mit hohem Diversifizierungsgrad* zu verste-hen ist. Die gleichlautende Regelung der Baseler Marktrisikopapiere sagt hierzu ganz deut-lich, daß sektorale Indizes nicht hierunter fallen. Im Rahmen von „inoffiziellen Nachver-handlungen" wurde bei der Kapitaladäquanzrichtlinie allerdings in einem Protokollpapier festgehalten, daß auch sektorale Indizes als hoch diversifiziert angesehen werden können.

Standardmethode	Grundsatz Ia	Kapitaladäquanz-richtlinie	Baseler Markt-risikopapiere
Umfang	risikoerhöhende Termingeschäfte und Stillhalteroptionen	alle Aktien und Derivate	alle Aktien und Derivate
Bestimmung der offenen Nettoposition	Überschuß der Kauf-(Verkaufs-) positionen über die Verkaufs-(Kauf-) positionen	Überschuß der Kauf-(Verkaufs-) positionen über die Verkaufs-(Kauf-) positionen	Überschuß der Kauf-(Verkaufs-) positionen über die Verkaufs-(Kauf-) positionen
Höhe der Eigenkapitalunterlegung	nein, Limitkonzept (max. 7 Prozent des haftenden Eigenkapitals)	8 Prozent der Netto-Gesamtposition (Sonderregelungen für Indexgeschäfte)	8 Prozent der Netto-Gesamtposition (Sonderregelungen für Arbitrage- und Indexgeschäfte)
Eigenkapitalklassen zur Limitierung/Unterlegung der Risiken	Tier 1 und Tier 2	Tier 1, 2, 3 und 4	Tier 1, 2 und 3

Abbildung 98: Standardmethode im Aktienkursrisikobereich

Gegenläufige Positionen in Aktienindexgeschäften können in der Regel untereinander aufgerechnet werden, natürlich nur, sofern derselbe Index betroffen ist. Alternativ zu diesem Standardverfahren erlaubt die Richtlinie, daß die Aktienindexpositionen in Positionen der dem Index zugrundeliegenden Aktien aufgeschlüsselt werden. Damit können Aktienindex-Termin- und -Optionsgeschäfte mit Positionen an Aktien, die im Index enthalten sind, verrechnet werden. Bei dieser Verrechnung ist allerdings zusätzlich dem Basisrisiko aus den Terminkontrakten Rechnung zu tragen, das heißt dem Risiko, daß die Wertentwicklung von Einzelaktien und Terminkontrakt oder von Terminkontrakten verschiedener Laufzeit und/oder Zusammensetzung nicht völlig parallel verläuft. Hierfür müssen die Aufsichtsbehörden eine angemessene Eigenkapitalunterlegung vorschreiben, wobei die dabei anzuwendenden Verfahren nicht beschrieben und damit ins Belieben der nationalen Aufsichtsbehörden gestellt sind.

5.4 Übernahmegarantien (Underwriting)

Spezielle Regelungen gelten für Garantien zur Übernahme von Schuldverschreibungen und Aktien, die ein Institut im Rahmen des *„Underwriting"* übernommen hat. Das Underwriting ist eine am Euromarkt gängige, aus dem englischen Kapitalmarktbereich stammende Emissionsmethode. Hierbei schließt das die Emission führende Institut den Übernahmevertrag mit dem Emittenten, sichert sich jedoch die Mithilfe weiterer Institute, die für einen bestimmten Teil der Emission per Konsortialvertrag das Plazierungsrisiko übernehmen. Die „Underwriter" garantieren die Übernahme der nicht am Markt unterzubringenden Stücke und erhalten dafür eine Provision von etwa 1/4 Prozent.

Für diese Garantien kann eine *Freistellung* von der Eigenmittelunterlegung durch die Aufsichtsbehörde gewährt werden, indem die Nettopositionen aus Underwriting-Verpflichtun-

Arbeitstag	Reduktion um
Null	100 Prozent
Eins	90 Prozent
Zwei	75 Prozent
Drei	75 Prozent
Vier	50 Prozent
Fünf	25 Prozent
Sechs und folgende	0 Prozent

Abbildung 99: Kürzungssätze für Nettopositionen aus Underwriting-Verpflichtungen

gen (das heißt nach Abzug der Beträge, die von Dritten garantiert werden) mit Prozentsätzen gewichtet werden, die je nach der Zahl der seit der Übernahme der Underwriting-Verpflichtung verflossenen Arbeitstage stufenweise abnehmen. Als Arbeitstag "Null" gilt der Tag, an dem das Institut die uneingeschränkte Verpflichtung eingeht, eine bestimmte Menge Wertpapiere zu einem vereinbarten Preis zu übernehmen. Nach diesem Tag können die anzurechnenden Nettopositionen um bestimmte Prozentsätze gekürzt werden (siehe Abbildung 99). Ab dem sechsten Arbeitstag, das heißt nach einer Woche, ist der garantierte Betrag in voller Höhe in die Eigenkapitalunterlegung einzubeziehen.

5.5 Integrierter Ansatz

Die Baseler Marktrisikoregelungen wurden vor ihrer Veröffentlichung über einen vergleichsweisen langen Zeitraum intensiv diskutiert. Ein Hauptaugenmerk war während dieser Zeit darauf gerichtet, mit den in der IOSCO zusammengeschlossenen Wertpapieraufsichtsbehörden zu einer einvernehmlichen Regelung hinsichtlich der Kapitalunterlegung für Positionsrisiken zu kommen. Ein solches Einvernehmen konnte letztlich wegen teilweise fundamentaler Differenzen zwischen einzelnen Wertpapieraufsichtsbehörden (britischer SIB und amerikanischer SEC) nicht erreicht werden. Um dennoch für die IOSCO „die Tür offen" zu halten, lassen die Baseler Papiere die Möglichkeit zu, daß einzelne nationale Aufsichtsbehörden beim Aktienkursrisiko statt des Bausteinprinzips einen „integrierten Ansatz" („*Comprehensive Approach*") verfolgen, bei dem spezifisches und allgemeines Risiko in einem einzigen Risikofaktor erfaßt werden. Bedingung dabei ist nur, daß die resultierenden Eigenkapitalanforderungen mindestens so hoch wie beim Bausteinverfahren sind.

6. Abwicklungs- und Lieferrisiken

Neben den Positionsrisiken müssen die möglichen Verlustrisiken aus bestimmten noch nicht vollständig abgewickelten Handelsbuchgeschäften mit Eigenmitteln unterlegt werden. Mit anderen Worten entstehen zusätzliche Kapitalunterlegungspflichten für *Abwicklungs- und*

Lieferrisiken, die durch Ausfall eines Kontraktpartners entstehen können. Betroffen sind Transaktionen mit Wertpapieren (Schuldtiteln und Anteilspapieren) außer den speziellen Regelungen unterliegenden Pensions- und Leihgeschäften mit diesen Gegenständen.

Ist ein Geschäft von beiden beteiligten Geschäftspartnern noch nicht erfüllt, kann dem Institut durch eine *verspätete Abwicklung* ein Verlust entstehen. So kann ein Institut gezwungen sein, bei verzögerter Erfüllung der Lieferverpflichtung aus einem Termingeschäft die benötigten Wertpapiere zu einem höheren Kurs als dem vertraglich kontrahierten am Markt zu kaufen, um seinerseits mögliche Lieferpflichten aus Verkäufen vertragsgerecht erfüllen zu können. Als Bemessungsgrundlage für dieses potentielle Verlustrisiko dient der Differenzbetrag zwischen den Vertragskonditionen und den aktuellen Marktkonditionen für das betreffende Geschäft, sofern er positiv ist, das heißt sofern die vertraglichen Abmachungen günstiger als die Marktbedingungen sind. Das *Anknüpfen am „Marktwert"* ähnelt dem Verfahren bei der Eigenkapitalunterlegung der Adressenausfallrisiken im Grundsatz I bzw. der Solvabilitätsrichtlinie, unterscheidet sich von jenem aber durch das Fehlen eines Zusatzfaktors („Add-on") für die zukünftig möglichen Risikoerhöhungen, die völlig vernachlässigt werden.

Der *Kapitalunterlegungsbetrag* ergibt sich aus der Multiplikation des potentiellen Verlustes mit einem prozentualen Gewichtungsfaktor, der von der Anzahl der Tage nach dem festgesetzten Abrechnungstermin abhängt. Bis zu einer Terminüberschreitung von 45 Tagen kann auch ein vereinfachtes Verfahren angewandt werden, bei dem der vereinbarte Abrechnungspreis[47] mit einem (deutlich geringeren) Faktor multipliziert wird (siehe Abbildung 100).

Anzahl Arbeitstage nach dem vereinbarten Erfüllungstermin	Standardverfahren	vereinfachtes Verfahren
< 5	0 Prozent	0,0 Prozent
5 – 15	8 Prozent	0,5 Prozent
16 – 30	50 Prozent	4,0 Prozent
31 – 45	75 Prozent	9,0 Prozent
> 45	100 Prozent	Anwendung nicht mehr zulässig

Abbildung 100: Gewichtungsfaktoren des Standard- und vereinfachten Verfahrens im Abwicklungs- und Lieferrisikobereich

Ein *Beispiel* soll zur Verdeutlichung dienen. Das Kreditinstitut hat per Termin 3. Januar 1995 1 000 Aktien der Dresdner Bank zum Kurs von 350 DM erworben. Der vereinbarte Erfüllungstermin wird vom Geschäftspartner nicht eingehalten; die Papiere werden nicht geliefert. Am 18. Januar 1995 bei einem Marktpreis der Aktien von 378 DM hätte das Institut nach dem *Standardverfahren* eine Eigenkapitalanforderung zur Abdeckung der Verlustrisiken aus der verspäteten Abwicklung in Höhe von (378 DM – 350 DM =) 28 DM x 8 Prozent (Überschreitung von 11 Arbeitstagen) = 2,24 DM pro Aktie und 2 240 DM für 1 000 Aktien zu erfüllen. Nach dem *vereinfachten Verfahren* müßten Eigenmittel von (1 000 Stück x 350 DM =) 350 000 DM x 0,5 Prozent = 1 750 DM unterlegt werden.

---

47 Gemeint ist wohl nicht der „Preis", der in der Transaktion vereinbart wurde, sondern der „ausmachende Betrag" (Preis pro Stück x Stückzahl).

7. Adressenausfallrisiken

Die Kapitaladäquanzrichtlinie erfaßt auch das Adressenausfallrisiko bei verschiedenen Geschäftsarten zur zeitweiligen Überlassung von Wertpapieren und schreibt eine Eigenmittelunterlegung vor. Erfaßt werden dabei *Pensionsgeschäfte* („Repurchase Agreements" und „Reverse Repurchase Agreements") sowie *Wertpapierleihgeschäfte* („Securities Lending Agreements"). Die Bemessungsgrundlage für die Anrechnung ist wie bei den Abwicklungs- und Lieferrisiken grundsätzlich der Verlust, der dem Institut bei Ausfall des Kontrahenten aufgrund unvorteilhafter Marktbewegungen entstehen könnte.

Der (potentielle) *Verlust* wird in Abhängigkeit von der Stellung des Instituts als Geldgeber oder Geldleiher wie folgt bestimmt:

- Bei Pensionsgeschäften, bei denen das Institut als Pensionsnehmer auftritt („Repurchase Agreements"), und bei Wertpapierleihgeschäften erhält das Institut Wertpapiere gegen einen Geldbetrag. Dabei können die Wertpapiere physisch übertragen oder verpfändet worden sein. Es hat die Stellung eines Kreditgebers in Geld. Sein Risiko bei Ausfall der Gegenpartei liegt darin, daß zwischenzeitlich die Marktpreise für die Wertpapiere gesunken sind und ein Verkauf der Papiere weniger Geld erbringen würde als im Pensions- oder Leihgeschäft weggegeben wurde. Der Verlust besteht daher in der positiven Differenz zwischen dem hingegebenen (verliehenen) Betrag und dem Marktwert der erhaltenen Papiere.
- Bei Pensionsgeschäften, bei denen das Institut als Pensionsgeber auftritt („Reverse Repurchase Agreements"), und Wertpapierverleihgeschäften erhält das Institut einen Geldbetrag gegen den Verkauf oder die Verpfändung von Wertpapieren. Es ist Kreditnehmer im Geld. Sein Risiko liegt in der Preissteigerung der Wertpapiere, das heißt in der positiven Differenz zwischen dem Marktwert der hingegebenen Papiere und dem entliehenen Betrag.

Bei den erhaltenen und verliehenen Beträge sowie den Marktwerten der Wertpapiere sind jeweils die *aufgelaufenen Zinsen* zu berücksichtigen. Der Verlust wird mit dem Bonitätsgewicht der jeweiligen Adresse (Zentralstaat 0 Prozent, qualifizierte Emittenten 1,6 Prozent, sonstige Kontrahenten 8 Prozent) gewichtet und ist mit 8 Prozent Eigenmitteln zu unterlegen.

Weiterhin schreibt die Richtlinie die Unterlegung der Adressenausfallrisiken bei *fremdwährungs- und zinssatzbezogenen OTC-Derivaten* (Freiverkehrsderivate) vor, die im Rahmen der Bestimmung des spezifischen Positionsrisikos mit einem Nullgewicht berücksichtigt wurden. Die Kapitaladäquanzrichtlinie übernimmt dabei die Verfahren der Solvabilitätsrichtlinie; dementsprechend können die „Marktbewertungs-" und die „Laufzeit-Methode" herangezogen werden. Die anzuwendenden Bonitätsgewichte entsprechen den Gewichtungsfaktoren beim spezifischen Positionsrisiko.

Darüber hinaus werden *Aktienderivate* wie erworbene Aktienoptionen und gedeckte Optionsscheine („Covered Warrants") erfaßt. Da für sie im Rahmen der Solvabilitätsrichtlinie keine Regelungen getroffen werden, bestimmt die Kapitaladäquanzrichtlinie, daß diese Geschäfte wie die fremdwährungsbezogenen Derivate behandelt werden sollen und stimmt insoweit mit dem Vorgehen des Grundsatzes I überein.

Bei Geschäften, bei denen das Institut vorgeleistet hat („*Free Deliveries*"), fordert die Richtlinie eine zusätzliche Kapitaldeckung für das Adressenausfallrisiko, da sich aus der späteren Erfüllung des Geschäftes durch den Kontrahenten ein Verlust für das Institut ergeben kann. Die Eigenmittelanforderung ist allerdings auf grenzüberschreitende Transaktionen beschränkt, findet also auf Geschäfte innerhalb eines Landes keine Anwendung. Die Höhe der Kapitalunterlegung richtet sich nach dem Marktwert der von dem Institut bereits vorab gelieferten Wertpapiere oder des bereits vorab gezahlten Geldbetrages und der Bonitätsgewichtung der Gegenpartei.

Eine *Sonderregelung* besteht hinsichtlich der Buchforderungen in Form von *Gebühren, Provisionen, Zinsen, Dividenden und Börsenmargins,* die nicht anderweitig erfaßt (z.B. beim Positionsrisiko) oder von den Eigenmitteln abzuziehen sind. Nach der allgemeinen Philosophie der Kapitaladäquanzrichtlinie wäre hier grundsätzlich die Solvabilitätsrichtlinie mit ihren wesentlich vorsichtigeren Adressengewichtungssätzen anzuwenden. Zur Entlastung der Wertpapierhäuser bestimmt die Richtlinie aber, daß auch auf diese Forderungen, soweit sie im Zusammenhang mit dem Handelsbuch stehen, die Bonitätsgewichte der Kapitaladäquanzrichtlinie anzuwenden sind. Dies bedeutet, daß ein Wertpapierhaus in aller Regel ausschließlich die Kapitaladäquanzrichtlinie anwenden muß und nicht gezwungen ist, ein paralleles System zur Berechnung der Solvabilitätsrichtlinie einzuführen, während die als Universalbanken tätigen Kreditinstitute eine solche aufwendige und kostenträchtige Maßnahme tätigen müssen.

8. Großrisikopositionen

Für Kreditrisiken aus *Großengagements außerhalb des Handelsbuches* ist die EG-Großkreditrichtlinie anzuwenden, welche im Rahmen der Fünften Novelle des Kreditwesengesetzes Mitte 1994 umgesetzt wurde. Danach gelten Kredite an einen Kreditnehmer dann als Großkredit, wenn sie insgesamt 10 Prozent oder mehr des haftenden Eigenkapitals des Kreditinstitutes betragen. Der einzelne Großkredit darf 25 Prozent des haftenden Eigenkapitals des Kreditinstitutes nicht übersteigen. Die Summe aller Großkredite darf nicht über das Achtfache des haftenden Eigenkapitals hinausgehen.

Die *Großrisikopositionen aus dem Handelsbuch* unterliegen nach Artikel 5 Absatz 2 der Kapitaladäquanzrichtlinie ebenfalls den Bestimmungen der Großkreditrichtlinie, wobei allerdings einige Modifikationen und Änderungen Platz greifen:

Das *Großrisiko* gegenüber einem Kunden aus dem Handelsbuch ist durch Addition der folgenden Werte zu ermitteln:

- die Nettokaufposition (falls vorhanden) für alle von dem betreffenden Kunden begebenen Finanzinstrumente,
- die Nettopositionen aus Übernahmegarantien für Schuldverschreibungen und Aktien (unter Anwendung der oben genannten „Freistellungsfaktoren").

- die Bemessungsgrundlagen für Adressenausfallrisiken (das heißt Beträge ohne Bonitätsgewichte) für OTC-Derivate, Vorleistungen, Pensions- und Wertpapierleihgeschäfte,
- Positionen aus Abwicklungs- und Lieferrisiken.

Grundsätzlich dürfen die Risiken aus Handelsbuch und Nicht-Handelsbuch die in der Großkreditrichtlinie enthaltene *Schwelle* von *25 Prozent* der Eigenmittel nicht übersteigen. Die Kapitaladäquanzrichtlinie sieht jedoch eine Ausnahmeregelung vor, wonach die Schwelle von 25 Prozent durch Risiken aus dem Handelsbuch dann überschritten werden darf, wenn für den übersteigenden Teil eine zusätzliche, je nach Höhe und Zeitdauer der Überschreitung gestaffelte Eigenmittelunterlegung vorgehalten wird (siehe Abbildung 101). Die Ausnahmeregelung ist also *kein „Limit"*, sondern eine Eigenkapitalunterlegung der überschreitenden Großrisikobeträge und insofern eine *deutliche Aufweichung* der Vorschriften der Großkreditrichtlinie.

Im einzelnen schreibt die Kapitaladäquanzrichtlinie vor, daß Überschreitungen innerhalb der ersten 10 Tage pauschal mit zusätzlichen 200 Prozent Eigenmitteln zu unterlegen sind. Als Bemessungsgrundlage dient dabei die bereits nach anderen Vorschriften der Richtlinie vorzuhaltende Kapitalanforderung. Diese ist mit anderen Worten zu verdreifachen. Nach einem Zeitraum von 10 Tagen tritt an die Stelle der pauschalen eine differenzierte Zusatzanforderung. Der die Höchstkreditgrenze übersteigende Betrag wird nach dem Grad der Überschreitung aufgeteilt. Für den Teilbetrag, der die Grenze um mehr als 40, aber weniger als 60 Prozent übersteigt, ist das Doppelte der „normalen" Kapitalanforderung vorzuhalten; für den nächsten Teilbetrag, der die Grenze zwischen 60 und 80 Prozent übersteigt, das Dreifache usw. (siehe Abbildung 101).

Tage/Höhe der Überschreitung		Kapitalanforderungen
Bis 10 Tage		200 Prozent der Kapitalanforderung
Über 10 Tage		Nach der Höhe der Überschreitung gemessen in Prozent der haftenden Eigenmittel gestaffelt.
	bis 40 Prozent	200 Prozent
40	bis 60 Prozent	300 Prozent
60	bis 80 Prozent	400 Prozent
80	bis 100 Prozent	500 Prozent
100	bis 250 Prozent	600 Prozent
250	und mehr Prozent	900 Prozent

Abbildung 101: Eigenkapitalanforderung bei Überschreiten der Großkreditgrenze

Ein *Beispiel* soll die Regelung verdeutlichen. Ein Kreditinstitut mit einem Eigenkapital in Höhe von 100 Mio. DM habe ein Risikoengagement aus dem Handelsbuch gegenüber einem Kontrahenten von 117 Mio. DM (Positionsgröße!). Die Großkreditgrenze beträgt für dieses Institut nach der Großkreditrichtlinie 25 Mio. DM. Diese wird demnach um 92 Mio. DM überschritten. Das gesamte Risikoengagement ist nun – nach resultierenden

Kapitalanforderungen für das spezifische Positionsrisiko, das Abwicklungs- und Vorleistungsrisiko usw. sortiert – aufzuschlüsseln. Die Positionen mit den höchsten Kapitalanforderungen sind zusammenzufassen, bis ihre aggregierte Positionsgröße den Betrag der Überschreitung der Großkreditgrenze erreicht. Die ebenfalls aggregierten Kapitalanforderungen ergeben in ihrer Summe die Bemessungsgrundlage für die zusätzliche Eigenmittelanforderung. Nehmen wir weiter an, das Gesamtengagement des Instituts gegenüber dem betroffenen Kontrahenten sei wie in Abbildung 102 zusammengesetzt.

Positionsnummer	Positionsgröße (in Mio. DM)	Kapitalanforderung (in Mio. DM)
1	43	2,35
2	24	1,77
3	20	1,20
4	8	0,97

Abbildung 102: Beispiel eines Gesamtengagements eines Institutes gegenüber einem Kontrahenten zur Berechnung der Großkreditgrenze

Innerhalb der ersten zehn Tage muß das Institut eine zusätzliche Kapitalanforderung von 200 Prozent erfüllen, also das Doppelte der bereits für andere Risiken vorzuhaltenden Eigenmittelunterlegung. Diese Summe beträgt 2,35 + 1,77 + 1,20 = 5,32 Mio. DM für die ersten drei Positionen. Da die volle Einbeziehung der letzten Position in Höhe von 8 Mio. DM die Überschreitung der Höchstkreditgrenze ihrerseits um 3 Mio. DM übersteigen würde, ist die hierauf entfallende Kapitalanforderung auch nur mit dem anzurechnenden Teil zu gewichten. Die Kapitalanforderung von 0,97 Mio. DM ist mit 5/8 zu gewichten, woraus sich eine Gesamtkapitalanforderung von 5,32 + (0,97 x 5/8) = 5,93 Mio. DM ergibt. Diese ursprüngliche Kapitalanforderung ist um zusätzliche 200 Prozent wegen Überschreitung der Höchstkreditgrenze aufzustocken, so daß das Institut zusätzlich 11,86 Mio. DM Eigenmittel vorzuhalten hat.

Dauert die *Überschreitung länger als 10 Tage* an, so ist die Zusatzanforderung nach Überschreitungstranchen differenziert zu berechnen (siehe Abbildung 103). Die ersten 40 Prozent des Überschreitungsbetrages, das heißt 40 Mio. DM, werden der Position #1 zugeordnet, die eine Kapitalunterlegung von 2,35 Mio. DM aufweist. Diese ist mit dem Anteil, mit der die Position dieser ersten Tranche zugeordnet wurde (40 Mio. DM von insgesamt 43 Mio. DM, das heißt 93,0 Prozent) zu gewichten und bildet die Bemessungsgrundlage für die Anhebung um 200 Prozent für diese Tranche. Der folgende Teilbetrag der Überschreitung in Höhe von 60 Prozent (20 Mio. DM), wird der Position #1 in Höhe des verbleibenden Restes von 3 Mio. DM und der Position #2 im noch benötigten Umfang, nämlich 17 Mio. DM zugeordnet. Der dritten Tranche, die Überschreitung um bis zu 80 Prozent, also 20 Mio. DM, werden die verbleibenden 7 Mio. DM der Position #2 und 13 Mio. DM der Position #3 zugeordnet. Die Kapitalunterlegung für diese Tranche ermittelt sich aus der gewichteten Summe der Unterlegungsbeträge für die einbezogenen Positionen, also 29,2 Prozent x 1,77 Mio. DM plus 65,0 Prozent x 1,20

prozentuale Überschreitung der Höchstgrenze von 25 Mio. DM bis	Überschreitungsbetrag (in Mio. DM)	Betroffene Position und Betrag in Mio. DM	Kapitalanforderung (in Mio. DM)	Hebesatz (in Prozent)	Zusatzanforderung (in Mio. DM)
40 Prozent	40	40 von #1	93,0 Prozent x 2,35 = **2,19**	200	**4,38**
60 Prozent	20	3 von #1, 17 von #2	7,0 Prozent x 2,35 + 70,8 Prozent x 1,77 = **1,42**	300	**4,26**
80 Prozent	20	7 von #2, 13 von #3	29,2 Prozent x 1,77 + 65,0 Prozent x 1,20 = **1,30**	400	**5,20**
100 Prozent	12	7 von #3, 5 von #4	35,0 Prozent x 1,20 + 62,5 Prozent x 0,97 = **1,02**	500	**5,10**
250 Prozent	—	—	—	600	—
> 250 Prozent	Restbetrag: Überschreitung – Höchstgrenze	—	—	900	—

Abbildung 103: Beispiel zur Ermittlung der Kapitalanforderung bei Überschreiten der Großkreditgrenze

Mio. DM. Der verbleibende Teil der Position #3 geht in die vierte Tranche ein usw. Die für die einzelnen Tranchen ermittelten gewichteten Kapitalunterlegungsbeträge werden mit den zugehörigen Hebesätzen multipliziert, so daß sich insgesamt eine Zusatzkapitalanforderung in Höhe von 18,94 Mio. DM ergibt, also ein Plus von rund 7 Mio. DM gegenüber der Zusatzanforderung für Überschreitungen von bis zu zehn Tagen.

Zwei weitere Bestimmungen der Richtlinie hinsichtlich der Überschreitungen der Höchstkreditgrenze sind noch bedeutsam:

- Bei Überschreitungen der 25-Prozentschwelle für bis zu zehn Tage darf das Einzelengagement (das heißt die aggregierte Position gegenüber dem Kontrahenten) 500 Prozent der Eigenmittel des Institutes nicht überschreiten. Eine Begrenzung für alle Überschreitungen existiert nicht !
- Für alle Überschreitungen über zehn Tage Dauer besteht ein Limit in Höhe von 600 Prozent der Eigenmittel, wobei die Bemessungsgrundlage für das Limit aber *die Überschreitung selbst* und nicht etwa die verursachende Position ist !

Für die Erfüllung der Eigenmittelanforderungen aus Überschreitungen der Höchstkreditgrenzen kann die alternative Kapitaldefinition verwendet werden, das heißt insbesondere auch Tier-3- und Tier-4-Kapital. Zusätzlich besteht eine quartalsweise Meldepflicht der Institute, die den Kunden und die Höhe der Überschreitung enthalten muß.

F. Entwicklungstendenzen in der Bankenaufsicht

In den vorangegangenen Teilen wurden die bestehenden Regelungen für die Adressenaus-fallrisiken aus bilanziellen und bilanzunwirksamen Geschäften der Banken sowie insbe-sondere die künftigen bankaufsichtlichen Normen für Marktrisiken ausführlich behandelt. Mit der Neufassung des Eigenkapitalgrundsatzes I im Rahmen der gegenwärtig in den par-lamentarischen Gremien beratenen Sechsten Novelle des Kreditwesengesetzes werden die-se Marktrisikonormen in das deutsche Bankaufsichtsrecht eingeführt.[1] Am 10. Mai 1996 hat das Bundesaufsichtsamt für das Kreditwesen seinen „Vorentwurf für eine *Neufassung des Grundsatzes I*" vorgelegt, der mit einem Umfang von annähernd 200 Seiten (einsch-ließlich der Erläuterungen) seinen Vorläufern – insbesondere dem Grundsatz Ia – eben-bürtig ist. Er sieht eine neue Gliederungsweise in Abschnitte und Paragraphen vor und in-tegriert den bislang als selbständige Regelung bestehenden Grundsatz Ia in ein einheitli-ches Regelwerk. Neben den inhaltlichen Neuerungen zur Eigenmittelunterlegung von Ri-sikopositionen ist vor allem die Ausweitung des Anwendungsbereiches auf Wertpapier-häuser (in der Sechsten KWG-Novelle „Finanzdienstleistungsinstitute" genannt) bedeut-sam.

Mit der Neufassung des Grundsatzes I wird im wesentlichen die Brüsseler Kapitalad-äquanzrichtlinie aus dem Jahr 1993 und die *Marktrisikoregelungen des Baseler Ausschus-ses für Bankenaufsicht* vom Januar 1996 in nationales Bankaufsichtsrecht umgesetzt.[2] Die Marktrisikoregelungen erweitern die Baseler Eigenkapitalübereinkunft (Capital Accord) zum Adressenausfallrisiko aus dem Jahr 1988.[3] Das Baseler Papier legt – wie die Kapital-adäquanzrichtlinie – Mindesteigenkapitalanforderungen für Marktpreisrisiken fest. Die Beschlüsse, die von den nationalen Bankaufsichtsbehörden bis spätestens Ende 1997 zu implementieren und von den Kreditinstituten ab dem 1. Januar 1998 einzuhalten sind, gel-ten zwar nur für international tätige Kreditinstitute, haben aber de facto einen verbindli-chen Charakter für alle Institute: die Wahrung eines adäquaten Aufsichtsstandards liegt im Interesse des Finanzplatzes Deutschland.

Die Brüsseler EU-Kommission bereitet eine Änderung der Kapitaladäquanzrichtlinie mit der Absicht vor, die grundlegenden Neuerungen der Baseler Regelungen aufzunehmen. Leider scheinen EU-interne politische Auseinandersetzungen eine vollständige und in-haltsgleiche Übernahme der Baseler Regelungen zu verhindern, da insbesondere von bri-tischer Seite auf eine Abweichung von Basel im Bereich der Anforderungen für Rohwa-renrisiken (Commodities) gedrängt wird, vorrangig um den Rohwarenhandel der London Metal Exchange und die Vielzahl meist sehr kleiner Rohwarenhandelsfirmen zu schützen.

---

1 Vgl. Bundesaufsichtsamt für das Kreditwesen (1996), Bundesrat (1996a, 1996b) sowie erläuternd Boos (1997).
2 Baseler Ausschuß für Bankenaufsicht (1996a).
3 Baseler Ausschuß für Bankenaufsicht (1988).

Der Gedanke eines *Level Playing Fields* für alle Institute scheint so mehr und mehr seine allgemeine Akzeptanz zu verlieren. Vor diesem Hintergrund beschränkt sich die EU-Kommission im Projekt *„Kapitaladäquanzrichtlinie II"* nach dem derzeitigen Stand auf die Übernahme der Modellalternative (ausführlich dazu weiter unten) und der Aufstellung von Kapitalanforderungen für Rohwarenpreisrisiken, die sie nach dem Wortlaut der Richtlinie bereits 1993 hätte vorlegen müssen. Die im Vergleich zur Kapitaladäquanzrichtlinie II präziseren Baseler Regelungen über *besondere Optionsrisiken* (Gamma- und Vegarisiko)[4] werden wahrscheinlich nicht aufgenommen werden.

Die mit *Wechselkurs- und Rohwarenpreisrisiken* behafteten offenen Positionen sind künftig von sämtlichen Instituten (Kreditinstitute und Wertpapierhäuser) mit Eigenkapital zu unterlegen. Die Limitierung dieser Risiken im derzeitigen Grundsatz Ia, der offene Risikopositionen nur auf bestimmte, im Verhältnis zum haftenden Eigenkapital fixierte Proportionen begrenzt, wird damit – entsprechend den zwingenden Vorgaben der Kapitaladäquanzrichtlinie und der Baseler Regelungen – aufgegeben.

Für den Bereich der *Zinsänderungs- und Aktienkursrisiken* wird zwischen *„Handelsbuchinstituten"* und *„Nicht-Handelsbuchinstituten"* unterschieden; die Definitionen werden mit der Sechsten KWG-Novelle in das Gesetz eingefügt. Eine *Eigenkapitalunterlegungspflicht* für offene Positionen besteht in diesem Bereich nur für Handelsbuchinstitute, die dafür die Limitierung der Geschäfte nach dem Grundsatz Ia nicht mehr einhalten müssen. Nicht-Handelsbuchinstitute müssen nach dem Vorentwurf zum Grundsatz I zur Limitierung ihrer Zins- und Aktienkursrisiken weiterhin den modifizierten bisherigen Grundsatz Ia anwenden.

Mit dem Grundsatzvorentwurf werden auch die bisherigen Regelungen im *Kreditrisikobereich*, also im traditionellen Bereich des Grundsatzes I, geändert und erweitert. Sämtliche Institute unterlegen ihre Kreditrisiken des Nicht-Handelsbuches nach den Regelungen des bisherigen Grundsatzes I. Zinspapiere und Aktien, die nicht dem Handelsbuch zugeordnet wurden, sind also wie bisher mit Eigenkapital zu unterlegen. Die Adressenausfallrisiken aus derivativen Geschäften des Handelsbuches (Risiko des Ausfalls des Geschäftspartners) sind analog zu den bisherigen Regelungen ebenfalls mit Eigenmitteln zu unterlegen (siehe Teil E, Abschnitt 7). Für das Adressenausfallrisiko aus Schuldverschreibungen und Aktien (Emittentenausfallrisiko) gelten neue Eigenmittelunterlegungsregelungen für das „spezifische Risiko" (siehe Teil E, Abschnitte 4.3 und 5.2); Handelsbuchinstitute haben darüber hinaus noch weitere Ausfallrisiken im Zusammenhang mit den Geschäften des Handelsbuches mit Eigenkapital zu unterlegen (siehe Teil E, Abschnitte 6 und 8).

Eine wesentliche Erweiterung stellen die neuen *Nettingregelungen* zur Bestimmung des Adressenausfallrisikos bei außerbörslich gehandelten bilanzunwirksamen Geschäften dar (siehe Teil C, Abschnitt 4.2.5.2). Damit werden die Regelungen der Brüsseler Nettingrichtlinie[5] sowie die diesbezüglichen Änderungen der Baseler Eigenkapitalübereinkunft

---

4 Vgl. Schulte-Mattler (1996a, 1996b).
5 Vgl. EG-Kommission (1996a).

vom Juli 1994 und April 1995 aufgegriffen.[6] Die Baseler Änderung vom April 1995 soll auf EU-Ebene in eine noch zu verabschiedende „Nettingrichtlinie II" eingehen, die für das Jahr 1997 vorgesehen ist.[7]

Neben den Änderungen auf der Seite der risikobehafteten Geschäfte bringt die *Sechste KWG-Novelle* auch Veränderungen bei der Festlegung der unterlegungsfähigen Eigenmittel. Im Kreditrisikobereich darf auch künftig das Verhältnis zwischen dem haftenden Eigenkapital (Kern- und Ergänzungskapital; Tier-1- und Tier-2-Kapital) eines Institutes und seinen gewichteten Risikoaktiva (das heißt für Aktiva mit Kreditrisiken) täglich 8 Prozent nicht unterschreiten. Maßgeblicher Zeitpunkt für die Einhaltung ist der Geschäftsschluß, der in der Kreditbestimmungsverordnung näher definiert wird. Die Anrechnungsbeträge für die Marktrisikopositionen können durch das freie haftende Eigenkapital und *Drittrangmittel* (kürzerfristige nachrangige Darlehen und Nettogewinne aus Handelsbuchgeschäften, Tier-3- und Tier-4-Kapital) gedeckt werden (siehe Teil C, Abschnitt 2).[8]

Eine wesentliche Neuerung der Baseler Marktrisikoregelungen, die auch im Grundsatz-I-Entwurf aufgenommen ist, besteht darin, daß für die Zwecke der Ermittlung des bankaufsichtlich vorzuhaltenden Eigenkapitals neben den in Teil E dargestellten standardisierten Risikoerfassungs- und Risikomeßmethoden zusätzlich auch die *bankintern* verwendeten *Risikomodelle* zugelassen werden; der Grundsatz-I-Entwurf widmet den zulassungsfähigen (geeigneten) Risikomodellen einen eigenen, aus sechs Paragraphen bestehenden Abschnitt. Diesem – zumindest für das deutsche Bankaufsichtsrecht – revolutionären Schritt liegt die Überlegung zugrunde, daß die als „Standardverfahren" vorgesehenen Methoden das jeweils aktuell bestehende Risiko (verstanden als Wahrscheinlichkeit der Wertminderung des gesamten Marktrisikoportefeuilles) weniger präzise messen als die in einigen Kreditinstituten verwendeten fortgeschrittenen Methoden. Dies liegt in der Natur der Sache, da sich insbesondere im Bereich der Preisrisiken Präzision und Komplexität proportional zueinander verhalten und der Baseler Ausschuß bewußt auch einfach handhabbare Meßmethoden vorgesehen hat.

Mit einer Zulassung bankinterner Risikomodelle auch für bankaufsichtliche Zwecke wird zweifelsohne die Präzision der Risikoerfassung gesteigert, wenngleich die damit erreichbare Präzisionssteigerung nicht überschätzt werden darf. Auch von seiten einiger Risikomodellexperten der in diesem Bereich uneingeschränkt führenden amerikanischen Banken und Wertpapierhäuser wird immer wieder hervorgehoben: „Risk Modelling is more an Art than a Science". Außerdem darf nicht außer acht gelassen werden, daß ein Risikobegriff verwendet wird, dessen Angemessenheit für Universalbanken mit langfristiger Orientierung und Geschäftsperspektive durchaus kritisch gesehen werden muß.

---

6 Vgl. Baseler Ausschuß für Bankenaufsicht (1994d, 1995) und Höfer (1997).

7 Vgl. EG-Kommission (1996b).

8 Institute, die weiterhin ihre Zins- und Aktienkursrisiken mit dem modifizierten Grundsatz Ia limitieren (Sechster Abschnitt im Grundsatzentwurf), sollen auch weiterhin als Bezugsgröße nur Kern- und Ergänzungskapital verwenden. Die Limite sollen dann unverändert bleiben (14 Prozent für Zinsrisiken; 7 Prozent für Aktienkursrisiken).

Die von den Kreditinstituten verwendeten fortgeschrittenen Risikomodelle folgen weitgehend dem Konzept des „Value at Risk" (VaR). Andere oft verwendete Begriffe mit teilweise abweichender Definition sind „Money at Risk" (MaR), „Daily-Earnings-at-Risk" (DEaR) und „Capital at Risk" (CaR).[9] Alle Risikomodelle haben die Aufgabe, Verlustpotentiale eines Portefeuilles von Finanzinstrumenten (sowohl klassische Finanzinstrumente wie Aktien und Anleihen als auch derivative Instrumente) durch Abschätzung monetär zu quantifizieren. Während das klassische Konzept der Risikomessung (Markowitz-Theorie) auf die Varianz oder Schwankungsbreite der Wertveränderungen eines Portefeuilles zurückgreift, beruht ein VaR-Risikomodell auf der Verwendung eines Quantils, indem der Value-at-Risk-Betrag eine Schranke für potentielle Verluste eines Portefeuilles zwischen zwei vorgegebenen Zeitpunkten angibt, die mit einer vorgegebenen Wahrscheinlichkeit nicht überschritten wird.

Basis eines Risikomodells ist somit die *Quantifizierung der Wertveränderungen* eines Portefeuilles im Zeitverlauf.[10] Wenn ΔW die interessierende negative Veränderung zwischen dem Wert des Portefeuilles zum Zeitpunkt t_0 (Gegenwart) und dem Wert zu einem zukünftigen Zeitpunkt t_1, also den Verlust $W(t_1) - W(t_0) < 0$, bezeichnet, dann gibt der Betrag des Value at Risk die für eine vorgegebene Wahrscheinlichkeit bestehende, in Geldeinheiten ausgedrückte Verlustoberschranke an; es gilt also $\Delta W \leq VaR$ (beide Größen als positive Beträge gefaßt). Die Wertänderung ΔW wird von zufälligen Ereignissen bestimmt, nämlich den künftigen Entwicklungen der Marktpreise, und ist daher nicht mit Sicherheit vorhersagbar. Die Unsicherheit in den Einflußgrößen zur Bewertung eines Portefeuilles (Marktpreise) überträgt sich auf die Zielgröße, die Risikokennzahl „Value at Risk". Da eine vollkommene Sicherheit nicht erreichbar ist, kann nur gefordert werden, daß die Abschätzung des potentiellen Risikobetrags mit einer genügend großen Wahrscheinlichkeit P (dem sogenannten Sicherheitsniveau, z. B. 99 Prozent) gilt. Formal ausgedrückt also: $P(\Delta W \leq VaR)$ = 0,99. Dieses Quantil bezieht sich dabei auf eine Prognoseverteilung der Portefeuillewertänderungen zum Zeitpunkt t_1.

Die Prognoseverteilung selbst ergibt sich aus einer Verknüpfung ökonomischer Größen (Marktwerte von Positionen, die mittels Preisfunktionen aus den Marktpreisen bestimmt werden, und Sensitivitäten der Marktwerte hinsichtlich Veränderungen der preisbestimmenden Marktgrößen, die aus den Preisfunktionen abgeleitet werden) mit stochastischen Größen (Verteilungen, die die Unsicherheit in den Basisvariablen modellieren). Die eigentliche *Berechnung des Value-at-Risk-Betrages* gliedert sich dabei in zwei Teilschritte:

- Der erste Teilschritt dient der *Bestimmung des Marktwertes* jeder Position des Portefeuilles aus den preisbestimmenden Einflußgrößen mit Hilfe einer Preisfunktion (wie Black-Scholes-Formel und Barwertformel). Unter bestimmten Umständen kann die Preisfunktion durch eine Taylorapproximation beliebig genau angenähert und diese der Va-

---

9 Vgl. hierzu ausführlich die ausgezeichneten Arbeiten von Jorion (1997) und Alexander (1996) sowie das mittlerweile als Standardwerk etablierte „RiskMetrics Technical Document" von J. P. Morgan (1996). Im deutschen Sprachraum existieren nur einige kursorische Überblicksartikel wie Johannig (1996), Uhlir/Aussenegg (1996) oder Wittrock/Jansen (1996).

10 Die in Teil E (Fremdwährungsrisikobereich) ausführlich dargestellten Benchmark- und Simulationsmethoden können in dieser Hinsicht als zwei stark vereinfachte Beispiele für interne Modelle angesehen werden.

lue-at-Risk-Berechnung zugrunde gelegt werden. In diesem Schritt werden auch die Sensitivitäten der Marktwerte der Finanzinstrumente oder Portefeuilles bestimmt. Die Beantwortung der Frage, ob die Berechnung von Sensitivitäten erforderlich ist, hängt von der gewählten Berechnungsmethode ab. So ist die Monte-Carlo-Simulation insbesondere dadurch charakterisiert, daß statt der Sensitivitäten die Preisfunktionen selbst verwendet werden.

- Der zweite Teilschritt bestimmt ein stochastisches Modell zur *Abbildung der Dynamik der preisbestimmenden Marktgrößen* oder Risikofaktoren. Im Zusammenhang mit Risikomodellen ist hierunter die Spezifikation eines Zeitreihenmodells zu verstehen, das sowohl die Dynamik als auch die Unsicherheit (Innovationen) der betrachteten Variablen (des Risikofaktors) beschreibt. Einfachstes Beispiel hierfür ist ein „Random Walk", bei dem die Innovationen aus einer Normalverteilung stammen; denkbar sind aber auch komplexere Modelle der GARCH-Familien. Ist ein solches Zeitreihenmodell (Prozeß) spezifiziert, so sind die jeweiligen Verteilungsparameter (wie Varianz einer Normalverteilung oder Betafaktoren) numerisch zu bestimmen (zu schätzen). Dies setzt voraus, daß ein Stichprobenmodell existiert, das den formalen Rahmen für die konkrete Schätzung der Parameter gibt. Wichtigster Parameter des Stichprobenmodells wiederum ist der Stichprobenumfang oder – im Falle der hier interessierenden Zeitreihen – der Beobachtungszeitraum. Die bekanntesten und meist genutzten Ausgestaltungen der Modellparameterschätzungen sind gleichgewichtete oder exponentiell gewichtete Mittelwerte. Da der Value-at-Risk-Betrag im Regelfall für ein Portefeuille von Finanzinstrumenten zu berechnen ist, sind die oben genannten Einzelschritte in geeigneter Weise auf den mehrdimensionalen (multivariaten) Fall zu übertragen und auszuweiten. Als wesentliche neue Parameter treten dann die Korrelationen hinzu.

Das *stochastische Modell* ist die Einheit aus den Modellgleichungen (Zeitreihe, Verteilungsannahme) und dem Stichprobenmodell (Beobachtungszeitraum, Gewichtungsfaktoren) und bildet zusammen mit bestimmten analytischen Approximationen (Sensitivitäten, Zinsstrukturmodelle) die mathematisch-statistischen Grundstrukturen, die zur Bestimmung des Value-at-Risk-Betrages unabdingbar sind. Dies ergibt sich zwingend aus der grundlegenden Begriffsbestimmung des Value at Risk, denn nur ein stochastisches Modell ist in der Lage, Prognosen zu erstellen, dessen Plausibilität durch eine Wahrscheinlichkeitsaussage beurteilt werden kann. Da sich das zu berechnende Quantil zur quantitativen Bestimmung des Value-at-Risk-Betrages auf eine Prognoseverteilung bezieht, kann auf eine stochastische Modellierung nicht verzichtet werden. Dies bedeutet, daß die Verwendung von Methoden zur Bestimmung des Value at Risk, die sich ausschließlich auf Methoden der deskriptiven Statistik oder auf subjektiv bestimmte Szenarien beziehen, keine geeignete Grundlage zur Bestimmung des potentiellen Risikobetrages und damit von vornherein kein „geeignetes" Risikomodell im Sinne des Grundsatzes I darstellen, da sie die nach der grundlegenden Definition des Value at Risk notwendigen Eigenschaften nicht besitzen: Sie weisen weder den geforderten Zeitbezug, der eine Analyse der vergangenen Marktpreisbewegungen (Zeitreihenanalyse) voraussetzt, noch die Ableitung von Wahrscheinlichkeiten (stochastische Darstellung) auf.

Wie deutlich wurde, wird bei Risikomodellen grundsätzlich unterstellt, daß die Preis- oder Kursbewegungen der Vergangenheit auch für die Zukunft zu erwarten sind und daß das Portefeuille eine bestimmte Zeit gehalten wird. Die *Ergebnisse* der Risikoquantifizierung hängen von der Beantwortung der folgenden Fragen ab:

- Wie weit geht man in die Vergangenheit zurück, um die für die Zukunft anzunehmende Marktbewegung, das heißt die Volatilität der Marktpreise, zu bestimmen (historische Beobachtungsperiode)?
- Welche Zeitspanne unterstellt man als notwendig für die Schließung der Positionen, mithin als Gradmesser für die Liquidität der verschiedenen Märkte (Haltedauer)?
- Mit welchem Grad an Wahrscheinlichkeit wird bestimmt, ob Marktbewegungen als normal zu betrachten sind (Konfidenzniveau)?

Um das notwendige Maß an Eigenkapitaldeckung zur Abfederung von Verlusten zu gewährleisten, gibt die Bankenaufsicht folgende *quantitative Mindestparameter* vor:

- Die negative Wertänderung eines Portefeuilles (VaR-Betrag) ist auf Grundlage einer *historischen Beobachtungsperiode* von mindestens einem Jahr zu schätzen. Sofern ein parametrisches Modell (z. B. Varianz-Kovarianz-Ansatz)[11] verwendet wird, sind die verwendeten Datensätze mindestens alle drei Monate, bei erheblichen Marktpreisänderungen jedoch unverzüglich zu aktualisieren.
- Es wird eine *Haltedauer* von zehn Tagen unterstellt, das heißt, man nimmt an, daß verlusttragende Positionen innerhalb dieser Zeitspanne glattgestellt werden. Sofern ein Institut den VaR-Betrag auf der Basis einer eintägigen Haltedauer ermittelt, darf dieses Ergebnis durch Multiplikation mit $\sqrt{10}$ auf eine zehntägige Haltedauer hochgerechnet werden. Zwar treten in diesem Fall insbesondere bei Optionspositionen Fehler auf, die jedoch bis auf weiteres, das heißt bis zu einem Zeitpunkt, an dem nach Einschätzung des Baseler Ausschusses die meisten Institute entsprechend genaue Risikomodelle entwickelt haben, hingenommen werden.
- Die Risikobeträge müssen auf dem 99prozentigen *Konfidenzniveau* eines einseitigen Prognoseintervalls basieren, das heißt, in 99 Prozent aller Fälle wird ein Verlust kleiner als die Risikomeßgröße erwartet. Wenn das Risikomodell mit der Annahme einer Normalverteilung der Gewinne und Verluste eines Portefeuilles arbeitet, läßt sich die Höhe des Risikobetrages mit dieser Eigenschaft als das 2,33fache der zehntägigen Portefeuillewertänderungen bestimmen.

Das *Eigenkapitalerfordernis* ergibt sich dann als der höhere der beiden folgenden Beträge:

- Risikobetrag des Vortages,
- durchschnittlicher Risikobetrag der letzten sechzig Handelstage, multipliziert mit einem zusätzlichen Skalierungsfaktor in Höhe von (mindestens) 3.[12]

---

11 Vgl. J. P. Morgan (1996).

12 Um den Anforderungen der Kapitaladäquanzrichtlinie zu entsprechen, enthält der Grundsatz-I-Vorentwurf noch den „Amsterdam Accord", der mittels eines komplizierten Algorithmus die Vereinbarkeit von „Modellalternative" und Kapitaladäquanzrichtlinie herzustellen versucht. Mit der Novellierung der Kapitaladäquanzrichtlinie wird dies jedoch hinfällig werden.

Der *Skalierungsfaktor* soll u. a. dem Sachverhalt Rechnung tragen, daß zur Berechnung des VaR-Betrages normale Marktverhältnisse unterstellt werden. Plötzliche Marktzusammenbrüche, sprunghafte Preis- und Kursveränderungen, Marktcrashs, Austrocknen der Märkte, „Corner-Situationen" und dergleichen mehr werden nicht berücksichtigt. Derartige Streßsituationen müssen zwar von der Bank im Rahmen der Erfüllung der nachfolgenden qualitativen Anforderungen durchgespielt und im Risiko quantifiziert, nicht aber unmittelbar mit Eigenkapital abgefangen werden. Ferner dient der Skalierungsfaktor dem bankaufsichtlich notwendigen Ausgleich für modellinterne Schwächen, die wie die Stationaritätsannahme allen Modelltypen eigen ist.[13] Die Risikocontroller und Modellentwickler in den internationalen Banken haben gehandelt wie Faust: „Im Anfang war die Tat"; die wissenschaftliche Forschung auf dem Gebiet der Abschätzung des jedem Modell eigentümlichen Schätzfehlers befindet sich aber noch in ihren Anfängen.

Der Skalierungsfaktor hat einen wesentlichen *Nachteil*: er basiert auf den Resultaten der Modellberechnungen. Sollte das interne Modell selbst Schwächen haben oder gar fehlerhaft sein und mit nur geringen Value-at-Risk-Beträgen aufwarten, so wird die Eigenkapitalanforderung auch bei Anwendung eines Skalierungsfaktors nur gering sein, da bereits die Basis, auf die er angewendet wird, klein ist.

Für die Entscheidung des Baseler Ausschusses, die Verwendung interner Risikomodelle für bankaufsichtliche Zwecke zuzulassen, war es eine conditio sine qua non, daß das für die Ermittlung der aufsichtlich geforderten Eigenmittelunterlegung für Preisrisiken eingesetzte Modell mit dem von der Bank im täglichen Risikosteuerungsprozeß verwendeten Modell in vollem Umfang identisch ist (mit Ausnahme von Abweichungen bei den quantitativen Parametern). Aus diesem Grund müssen auch die folgenden *qualitativen Anforderungen* bei der Verwendung von internen Modellen erfüllt sein:

- die Modelle müssen in die Risikosteuerung des Instituts voll integriert und die Grundlage für die täglichen Positionsentscheidungen und die Ausgestaltung des im Handel eingesetzten Limitsystems sein, was eine zeitnahe Ermittlung der Risikobeträge und eine entsprechende Ausgestaltung der Aufbau- und Ablauforganisation des Instituts zwingend voraussetzt,
- die für den Handel verantwortlichen Leitungsebenen des Instituts sind über die Ergebnisse des Modells zu unterrichten und haben diese als maßgebende Entscheidungsgrundlage heranzuziehen,
- routinemäßig müssen außerordentliche Marktsituationen (Stressed Markets) mit den Modellen durchgespielt werden, um die modellmäßig verwendeten Parameter auf Angemessenheit und Realitätsnähe zu überprüfen,
- ein vom Handel unabhängiges „Risiko-Controlling" muß die Modelle, ihre Rechenergebnisse und Verfahrensweisen laufend auf Realitätsnähe überprüfen (beispielsweise durch Gegenüberstellung historischer Modellprognosen mit tatsächlichen Marktentwicklungen und deren Einflüssen auf den Barwert des Portefeuilles),
- zusätzlich sind die Modelle zum Gegenstand interner und externer Kontrollen und Prüfungen zu machen.

---

13 Vgl. hierzu z. B. Beder (1995), Derman (1996), Lawrence/Robinson (1995).

Unabhängig von den Vor- und Nachteilen der einzelnen Modelltypen hat der Baseler Ausschuß für Bankenaufsicht ein Verfahren vorgesehen, mit dessen Hilfe die Genauigkeit der bankinternen Risikomodelle ex-post überprüft werden soll (Backtesting).[14] Hier ist die Frage zu beantworten, ob die Portefeuillewertveränderungen, die sich bei unveränderter Zusammensetzung des Portefeuilles ergeben haben, die bankinternen Schätzungen übersteigen. In Abhängigkeit von der Anzahl der „Ausreißer", das heißt der Fälle, in denen die Verluste die modellmäßig geschätzten Verlustbeträge übersteigen, kann die Aufsicht einen Zuschlag zum oben genannten Skalierungsfaktor festlegen und somit einen Anreiz zur Verbesserung des Risikomodells geben.

Das *Backtesting-Verfahren* legt zur Beurteilung interner Modelle einen auf einem Binomialtest basierenden „*Ampelansatz*" in Abhängigkeit von der Ausreißerzahl zugrunde. Die Farbeinteilung ergibt sich aufgrund der Höhe der kumulierten Einzelwahrscheinlichkeit P für das Auftreten einer bestimmten Anzahl k von Ausreißern X bei n Handelstagen (unter der Ausreißerwahrscheinlichkeit p):

$$P(X \leq k) = \sum_{x \leq k} p^x \cdot (1 - p)^{n-x} \cdot \binom{n}{x}$$

Ist die Anzahl der Ausreißer (Portefeuillewertveränderung größer als erwartet) in den letzten 250 Handelstagen kleiner gleich 4, zeigt die Ampel *grün* und das Modell wird von der Bankenaufsicht ohne Zuschlag als geeignet akzeptiert (P $(X \leq 4)$ = 89,22 Prozent). Die Ampel zeigt *gelb* bei bis zu 9 Ausreißern (P $(X \leq 9)$ = 99,97 Prozent). Das Kreditinstitut kann das Modell bei Anwendung eines Zuschlagsfaktors bis zu 0,85 weiter verwenden. Liegt die Ausreißerzahl noch höher, zeigt die Ampel *rot*. Der Zuschlagsfaktor beträgt in diesem Fall 1, und die Bankenaufsicht kann die Verwendung des bankinternen Modells zur Bestimmung der Eigenkapitalanforderung gänzlich untersagen.

Die Zulassung interner Risikosteuerungsmodelle zum Zweck der Berechnung der aufsichtlich notwendigen Kapitalunterlegung stellt insbesondere für die deutsche Bankenaufsicht eine fundamentale Neuausrichtung, einen großen Schritt in Richtung auf eine mehr *qualitativ orientierte Bankenaufsicht* dar. Das Bundesaufsichtsamt für das Kreditwesen wird künftig – in Zusammenarbeit mit der Deutschen Bundesbank – selbst die Eignung der Risikomodelle für die Zwecke des Grundsatzes I *vor Ort* prüfen.

---

14 Baseler Ausschuß für Bankenaufsicht (1996b).

Anhang 1: Grundsatz 1a zur Erfassung des Zinsänderungsrisikos

Anrechnungsbereich Nr.	Festzinspositionen (bilanzielle und sonstige) Stichtag per 31.12.1994 / vierteljährig (1) Zinsfälligkeiten (+)aktiv (-)passiv	(1) kumulierte Bestände am Ende der Periode aktiv 600	(1) passiv -600	(2) offene Festzinsposition	Zinstermin- und Optionsgeschäftsposition (FFD, FRA, IRF, WPT, Stillhalter-Optionen) Stichtag 31.12.1994 / täglich (3) Komponenten (+)aktiv (-)passiv	(3) kumulierte Bestände am Ende der Periode aktiv 620	(3) passiv -620	(4) offene vorläufige Zinsgeschäftsposition	Zinsoptionsrechte (5) Aktiv (+) buy call	(6) Passiv (-) buy put	(7)= Verrechnung (5) u (6) sofern gegenläufige Positionen gegenüberstehen	(8)= (2)+(7) Gesamtzinsposition Position nach Back-hedging	(9)= ABS(8)- ABS(2)>0 Risikoerhöhende Beträge	(10) Umrechnungsfaktor in %	(11) Malus-Faktor in %	(12)=(9)* (10) Risikowerte	(13)= ABS(9)* (11) Zuschlagswerte	(14)=(12)+(13) Risikomeßzahl	Nachrichtliche Meldung "überschießende" Optionsrechte (15) Aktiv (+) buy call	(16) Passiv (-) buy put
Quartal 1 (1995)	0	600	-600	0	100	620	-620	-100	0	0	-100	-100	100	0,0	0,0				0	0
Quartal 2 (1995)	-200	600	-400	200	0	520	-620	-100	10	-20	-90	110	0	0,5	0,5				0	-20
Quartal 3 (1995)	-100	600	-300	300	-400	520	-220	300	10	-20	280	580	280	0,5	0,5	1,40	1,40		10	0
Quartal 4 (1995)	300	300	-300	0	-20	520	-200	320	10	-20	300	300	300	0,5	0,5	1,50	1,50		10	0
Quartal 5 (1996)	0	300	-300	0	300	220	-200	20	10	-20	0	0	0	0,5					10	0
Quartal 6 (1996)	0	300	-300	0	0	220	-200	20	10	-20	0	0	0	0,5					10	0
Quartal 7 (1996)	0	300	-300	0	0	220	-200	20	10	-20	0	0	0	0,5					10	0
Quartal 8 (1996)	0	300	-300	0	20	200	-200	0	10	-20	0	0	0	0,5					10	-20
1															Summe =	2,90	2,90	5,80		
3 Jahr (1997)	0	300	-300	0	150	50	-200	-150	10	-20	-140	-140	140	2,0		2,80			0	-20
4 Jahr (1998)	-300	300	0	300	0	50	-200	-150	10	-20	-140	160	0	2,0					0	-20
5 Jahr (1999)	150	150	0	150	-150	50	-50	0	10	-20	0	150	0	2,0					10	-20
6 Jahr (2000)	0	150	0	150	0	50	-50	0	10	-20	0	150	0	2,0					10	-20
7 Jahr (2001)	0	150	0	150	0	50	-50	0	10	-20	0	150	0	2,0					10	-20
2															Summe =	2,80		2,80		
8 Jahr (2002)	100	50	0	50	-50	50	0	50			50	100	50	2,0		1,00			0	0
9 Jahr (2003)	0	50	0	50	0	50	0	50			50	100	50	2,0		1,00			0	0
10 Jahr (2004)	0	50	0	50	0	50	0	50			50	100	50	2,0		1,00			0	0
11 Jahr (2005)	0	50	0	50	0	50	0	50			50	100	50	2,0		1,00			0	0
12 Jahr (2006)	0	50	0	50	0	50	0	50			50	100	50	2,0		1,00			0	0
3															Summe =	5,00		5,00		
13 Jahr (2007)	50	0	0	0	0	50	0	50			50	50	50	2,0		5,00			0	0
14 Jahr (2008)	0	0	0	0	50	0	0	0			0	0	0	2,0		1,00			0	0
15 Jahr (2009) max	0	0	0	0	0	0	0	0			0	0	0	2,0					0	0
4															Summe =	1,00	0,00	1,00		
															Risikokennzahl			**14,60**		

Anhang II: *Jahresband-Methode zur Erfassung des Zinsänderungsrisikos*

Zone-Band (1)	Laufzeit-bänder I* für Kupons >= 3% (1)	Laufzeit-bänder II* für Kupons < 3% (2)	Erwartete Zinsänderung (3)	Implizite modifizierte Duration** (4)	Gewicht (5)	Offene Positionen Long (6)	Short (7)	Gewichtete offene Positionen Long (8)=(5)*(6)	Short (9)=(5)*(7)	Geschlossene Positionen in Laufzeitbänder (10)=Min(8)x(9)	Endgültige offene Positionen in Laufzeitbändern Long (11)=(8)-(10)	Short (12)=(9)-(10)	Geschlossene Positionen in Zonen 1, 2 und 3 (13)=Min(11)x(12)	Endgültige offene Positionen in Zonen Long (14)=(11)-(13)	Short (15)=(12)-(13)
1-1	0-1 M.	0-1 M			0.00%	0.00	0.00	0.00	0.00	0.00	0.00	0.00			
1-2	>1-3 M.	>1-3 M.	1.00%	0.200	0.20%	420.00	310.00	0.84	0.62	0.62	0.22	0.00			
1-3	>3-6 M	>3-6 M.	1.00%	0.400	0.40%	0.00	0.00	0.00	0.00	0.00	0.00	0.00			
1-4	>6-12 M	>6-12 M.	1.00%	0.700	0.70%	101.55	670.00	0.71	4.69	0.71	0.00	3.98			
											0.22	3.98	2) 0.22	0.00	3.76
2-5	>1-2 J.	>1,0-1,9 J	0.90%	1.389	1.25%	320.00	0.00	4.00	0.00	0.00	4.00	0.00			
2-6	>2-3 J.	>1,9-2,8 J.	0.80%	2.188	1.75%	150.00	0.00	2.63	0.00	0.00	2.63	0.00			
2-7	>3-4 J.	>2,8-3,6 J	0.75%	3.000	2.25%	0.00	0.00	0.00	0.00	0.00	0.00	0.00			
											6.63	0.00	3) 0.00	6.63	0.00
3-8	>4-5 J.	>3,6-4,3 J	0.75%	3.667	2.75%	0.00	0.00	0.00	0.00	0.00	0.00	0.00			
3-9	>5-7 J.	>4,3-5,7 J	0.70%	4.643	3.25%	0.00	0.00	0.00	0.00	0.00	0.00	0.00			
3-10	>7-10 J.	>5,7-7,3 J	0.65%	5.769	3.75%	110.00	70.00	4.13	2.63	2.63	1.50	0.00			
3-11	>10-15 J.	>7,3-9,3 J	0.60%	7.500	4.50%	50.00	0.00	2.25	0.00	0.00	2.25	0.00			
3-12	>15-20 J	>9,3-10,6 J.	0.60%	8.750	5.25%	0.00	0.00	0.00	0.00	0.00	0.00	0.00			
3-13	>20 J	>10,6-12,0 J.	0.60%	10.000	6.00%	0.00	0.00	0.00	0.00	0.00	0.00	0.00			
3-14		>12,0-20,0 J.	0.60%	13.333	8.00%	0.00	0.00	0.00	0.00	0.00	0.00	0.00			
3-15		>20,0 J.	0.60%	20.833	12.50%	20.32	0.00	2.54	0.00	0.00	2.54	0.00			
											6.29	0.00	4) 0.00	6.29	0.00

1) Summe der geschlossenen Positionen in den Bändern: 3,96
8) übrige offene Position: 9,16

(14) 6.29; (14) 12.92; (15) 3.76; 9,16

Hedging-Verfahren (16) = Positionen aus (14) und (15)

Methode A
- Zone 1: 0.00
- Zone 2: 6.63
- 5a) Zone 1/2 (geschl.): 3.76
- Zone 2 (Rest): 2.87
- Zone 3: 6.29
- 6a) Zone 2/3 (geschl.): 0.00
- Zone 1 (Rest): 0.00
- Zone 3 (Rest): 6.29
- 7a) Zone 1/3 (geschl.): 0.00 — 3.76

Methode B
- Zone 3: 6.29
- Zone 2: 6.63
- 5b) Zone3/2 (geschl.): 0.00
- Zone 1: 6.63
- Zone 2 (Rest): 6.63
- 6b) Zone 2/1 (Rest): 3.76
- Zone 1 (Rest): 0.00
- 7b) Zone 3/1 (geschl.): 0.00 — 3.76

Eigenmittelunterlegung

		EK-Satz (17)	Positionen nach Hedging-Meth. A (18)	B (19) #	Eigenmittelanforderung nach Hedging-Meth. A (20)=(17)*(18)	B (21)=(17)*(19)
1)	geschlossene Positionen in den Laufzeitbändern	10%	3,96	3,96	0,40	0,40
2)	geschlossene Position in Zone 1	40%	0,22	0,22	0,09	0,09
3)	geschlossene Position in Zone 2	30%	0,00	0,00	0,00	0,00
4)	geschlossene Position in Zone 3	30%	0,00	0,00	0,00	0,00
5a od. 5b)	geschlossene Position zwischen Zone 1 und 2 oder 2 und 1	40%	3,76	0,00	1,50	0,00
6a od. 6b)	geschlossene Position zwischen Zone 2 und 3 oder 3 und 2	40%	0,00	3,76	0,00	1,50
7a od. 7b)	geschlossene Position zwischen Zone 1 und 3 oder 3 und 1	150%	0,00	0,00	0,00	0,00
8)	übrige offene Position	100%	9,16	9,16	9,16	9,16
	Kapitalunterlegung				11,14	11,14
					9,16	9,16

Anmerkungen:

* Die Unterscheidung der Laufzeitbänder I und II ist für die Einstellung von Positionen an die Spalten (6) und (7) erforderlich.
** Zur Information werden die implizit in den festen Gewichten in Spalte 5 unterstellten Durationskennziffern angegeben. Sie werden wie folgt berechnet: D=Spalte(5)/Spalte(3)

Anhang III: Durationmethode zur Erfassung des Zinsänderungsrisikos

Zone-Band (1)	Laufzeit-bänder * Duration (1)	Erwartete Zinsänderung (2)	Implizite modifizierte Duration** (3)	Gewicht (4)	Offene Positionen Long (5)	Offene Positionen Short (6)	Gewichtete offene Positionen Long (7)=(4)*(5)	Gewichtete offene Positionen Short (8)=(4)*(6)	Geschlossene Positionen in Laufzeitbänder (9)=Min(7);(8)	Endgültige offene Positionen in Laufzeitbändern Long (10)=(7)-(9)	Endgültige offene Positionen in Laufzeitbändern Short (11)=(8)-(9)	Geschlossene Positionen in Zonen 1,2 und 3 (12)=Min(10),(11)	Endgültige offene Positionen in Zonen Long (13)=(10)-(12)	Endgültige offene Positionen in Zonen Short (14)=(11)*(12)
1-1	0-1 M	1,00%		0,00%	0,00	0,00	0,00	0,00	0,00	0,00	0,00			
1-2	>1-3 M	1,00%	0,200	0,20%	420,00	310,00	0,84	0,62	0,62	0,22	0,00			
1-3	>3-6 M	1,00%	0,400	0,40%	0,00	0,00	0,00	0,00	0,00	0,00	0,00			
1-4	>6-12 M	1,00%	0,700	0,70%	101,55	670,00	0,71	4,69	0,71	0,00	3,98			
										0,22	3,98	0,22	0,00	3,76
2-5	>1,0-1,9 J	0,85%	1,389	1,18%	320,00	0,00	3,78	0,00	0,00	3,78	0,00			
2-6	>1,9-2,8 J	0,85%	2,188	1,86%	150,00	0,00	2,79	0,00	0,00	2,79	0,00			
2-7	>2,8-3,6 J	0,85%	3,000	2,55%	0,00	0,00	0,00	0,00	0,00	0,00	0,00			
										6,57	0,00	0,00	6,57	0,00
3-8	>3,6-4,3 J	0,70%	3,667	2,57%	0,00	0,00	0,00	0,00	0,00	0,00	0,00			
3-9	>4,3-5,7 J	0,70%	4,643	3,25%	0,00	0,00	0,00	0,00	0,00	0,00	0,00			
3-10	>5,7-7,3 J	0,70%	5,769	4,04%	110,00	70,00	4,44	2,83	2,83	1,62	0,00			
3-11	>7,3-9,3 J	0,70%	7,500	5,25%	0,00	0,00	0,00	0,00	0,00	0,00	0,00			
3-12	>9,3-10,6 J	0,70%	8,750	6,13%	50,00	0,00	3,06	0,00	0,00	3,06	0,00			
3-13	>10,6-12,0 J	0,70%	10,000	7,00%	0,00	0,00	0,00	0,00	0,00	0,00	0,00			
3-14	>12,0-20,0 J	0,70%	13,333	9,33%	0,00	0,00	0,00	0,00	0,00	0,00	0,00			
3-15	>20,0 J	0,70%	20,833	14,58%	20,32	0,00	2,96	0,00	0,00	2,96	0,00			
										7,64	0,00	0,00	7,64	0,00
									4,16				**14,21**	**3,76**

1) Summe der geschlossenen Positionen in den Bändern

8) übrige offene Position

Hedging-Verfahren (15)

=Positionen aus (13) und (14)

	Long	Short
Methode A		
Zone 1	0,00	3,76
Zone 2	6,57	0,00
Zone 1/2 (geschl.)	3,76	0,00
Zone 2 (Rest)	2,81	
Zone 3	7,64	
Zone 2/3 (geschl.)	0,00	0,00
Zone 1 (Rest)	0,00	
Zone 3 (Rest)	7,64	
Zone 1/3 (geschl.)	0,00	3,76
Methode B		
Zone 3	7,64	0,00
Zone 2	6,57	0,00
Zone 3/2 (geschl.)	0,00	0,00
Zone 2 (Rest)	6,57	0,00
Zone 3 (Rest)	0,00	3,76
Zone 2/1 (geschl.)	3,76	0,00
Zone 3 (Rest)	7,64	0,00
Zone 1 (Rest)	0,00	0,00
Zone 3/1 (geschl.)	0,00	3,76

Eigenmittelunterlegung

Eigenmittelunterlegung	EK-Satz (16)	Positionen nach Hedging-Meth. A (17)	Positionen nach Hedging-Meth. B (18)	Eigenmittelanforderung nach Hedging-Meth. A (19)=(16)*(17)	Eigenmittelanforderung nach Hedging-Meth. B (20)=(16)*(18)
1) geschlossene Positionen in den Laufzeitbändern	2%	4,16	4,16	0,08	0,08
2) geschlossene Position in Zone 1	2%	0,22	0,22	0,00	0,00
3) geschlossene Position in Zone 2	2%	0,00	0,00	0,00	0,00
4) geschlossene Position in Zone 3	2%	0,00	0,00	0,00	0,00
5a od 5b) geschlossene Position zwischen Zone 1 und 2 oder 2 und 1	40%	3,76	3,76	1,50	1,50
6a od 6b) geschlossene Position zwischen Zone 2 und 3 und 2	40%	0,00	0,00	0,00	0,00
7a od 7b) geschlossene Position zwischen Zone 1 oder 3 und 1	150%	0,00	0,00	0,00	0,00
8) übrige offene Position	100%	10,45	10,45	10,45	10,45
Kapitalunterlegung				**12,04**	**12,04**

Anmerkungen:

* Die Positionen in den Spalten (5) und (6) werden nach ihrer Duration in die entsprechenden Spalten eingeordnet

** Aus Vereinfachungsgründen werden nicht die Durationskennziffern der Positionen in den Spalten (5) und (6) verwandt, sondern die impliziten Durationswerte aus der Jahresbandmethode.

Literaturverzeichnis

Akmann, M. (1990), Die EG-Eigenmittelrichtlinie, in: Zeitschrift für das gesamte Kreditwesen, 51, S. 186–194.

Alexander, C. (1996), Hrsg., The Handbook of Risk Management and Analysis, New York 1996.

Arnold, W. (1982), Bundesrat zum Haftungszuschlag: Eine Entscheidung mit „Geschichte", in: Die Bank, Heft 3, S. 121–123.

Arnold, W. (1985), Die Novelle des deutschen Kreditwesengesetzes, in: Österreichisches Bank-Archiv, Bd. 3, S. 87–96.

Arnold, W. (1988), Die Empfehlung des Cooke-Ausschusses, Eigenkapital und quantifizierte Risikopassiva als bankaufsichtliche Begrenzungsfaktoren, in: Börsen-Zeitung, 29. Oktober 1988, S. 5.

Arnold, W. (1989a), Auf dem Weg zum einheitlichen EG-Binnenmarkt, Problematik neuer Rahmenbedingungen für die deutsche Kreditwirtschaft, in: Börsen-Zeitung, 24. April 1989, S. 9.

Arnold, W. (1989b), Trennbank- oder Universalbanksystem – Wohin führt die EG-Bankrechtsharmonisierung, in: Börsen-Zeitung, 30. September 1989, S. 14.

Arnold, W. (1990a), Harmonisierung des Bankaufsichtsrechts: Entwicklungsstand und Perspektiven, in: Die Bank, Heft 12, S. 668–672.

Arnold, W. (1990b), Stille Neubewertungsreserven müssen sein. Bei engstirniger KWG-Novelle ist ein hoch zweistelliger Milliardenbetrag aufzubringen, in: Börsen-Zeitung, 29. Dezember 1990, S. 42.

Arnold, W. (1991), Bankenwettbewerb und Bankenaufsicht – Perspektiven der EG-Bankrechtsharmonisierung, in: Vorträge, Reden und Berichte aus dem Europa-Institut, Universität des Saarlandes, Nr. 233, 15. Februar 1991.

Arnold, W. (1993), Die Eigenkapitalausstattung europäischer Kreditinstitute und die Auswirkungen auf ihre Wettbewerbsfähigkeit, in: Brunner/Vollath (1993), S. 10–19.

Arnold, W.; Boos, K.-H. (1993), Die neuen Bestimmungen des Kreditwesengesetzes, in: Die Bank, Heft 5, S. 273–278.

Arnold, W.; Schulte-Mattler, H. (1990), KWG-Grundsatz I novelliert, in: Die Bank, Heft 8, S. 432–437.

Arnold, W.; Schulte-Mattler, H. (1992), Eigenkapitalgrundsätze I und Ia: Bankaufsichtliche Normen für Kredit- und Marktrisiken, in: WISU Das Wirtschaftsstudium, Heft 10, S. 764–772 und 822 (Teil I) und Heft 11, S. 879–882 und 898–899 (Teil II)

Ausschuß für Bankenbestimmungen und -überwachung (1988), Internationale Konvergenz der Eigenkapitalmessung und Eigenkapitalanforderung, Basel, Juli 1988 („Baseler Eigenkapitalübereinkunft").

Bader, U.-O. (1990a), Inhalt und Bedeutung der 2. Bankrechtskoordinierungsrichtlinie – ein „EG-Grundgesetz" für die Banken?, in: EuZW Europäische Zeitschrift für Wirtschaftsrecht, Heft 4, S. 117–122.

Bader, U.-O. (1990b), Die Entwicklung des europäischen Bankenaufsichtsrechts, in: Büschgen, H.E.; U.H. Schneider (Hrsg.), Der europäische Binnenmarkt 1992. Auswirkungen für die deutsche Finanzwirtschaft, Frankfurt/Main 1990.

Bank für Internationalen Zahlungsausgleich (1990), Bericht des Ausschusses für Interbank Netting-Systeme der Zentralbanken der Länder der Zehnergruppe, („Lamfalussy-Bericht"), Basel 1990.

Bank für Internationalen Zahlungsausgleich (1993), Jahresbericht 1993.

Baseler Ausschuß für Bankenaufsicht (1994), Baseler Eigenkapitalvereinbarung: Behandlung des Kreditrisikos aus bestimmten nicht bilanzwirksamen Positionen, Netting-Änderungen, Zuschlagsfaktoren – Vorschläge, Basel, Juli 1994.

Baseler Ausschuß für Bankenaufsicht (1995), Baseler Eigenkapitalvereinbarung: Behandlung des potentiellen Engagements aus nicht bilanzwirksamen Positionen, April 1995.

Baseler Ausschuß für Bankenaufsicht (1996a), Änderung der Eigenkapitalvereinbarung zur Einbeziehung der Marktrisiken, Basel, Januar 1996.

Baseler Ausschuß für Bankenaufsicht (1996b), Aufsichtliches Rahmenkonzept für Backtesting (Rückvergleiche) bei der Berechnung des Eigenkapitalbedarfs zur Unterlegung des Marktrisikos mit bankeigenen Modellen, Basel, Januar 1996.

Baseler Ausschuß für Bankenaufsicht (1990), Die aufsichtliche Behandlung von Marktrisiken: ein Zwischenbericht, Basel 1990.

Baseler Ausschuß für Bankenaufsicht (1993), Aufsichtliche Anerkennung des Netting bei der Eigenkapitalberechnung – Vorschlag des Baseler Ausschusses für Bankenaufsicht zur Konsultation, Basel, April 1993.

Baseler Ausschuß für Bankenaufsicht (1994a), Planned supplement to the Capital Accord to incorporate market risks, Basel, Juni 1994.

Baseler Ausschuß für Bankenaufsicht (1994b), Review of market risk comments, Basel, Juni 1994.

Baseler Ausschuß für Bankenaufsicht (1994c), The capital adequacy treatment of the credit risk associated with certain off-balance-sheet items, Basel, Juli 1994.

Baseler Ausschuß für Bankenbestimmungen und -überwachung (1988), Internationale Konvergenz der Eigenkapitalmessung und Eigenkapitalanforderungen, Basel, Juli 1988.

Beder, T. S. (1995), VaR: Seductive but dangerous, in: Financial Analysts Journal, S. 12–24.

Bierwag, G.O. (1978), Measures of Duration, in: Journal of Economic Inquiry, Bd. 16, S. 497–507.

Bierwag, G.O.; Kaufmann, G.G.; Khang, Ch. (1978), Duration and Bond Portfolio Analysis: An Overview, in: Journal of Financial and Quantitative Analysis, Vol. 13, S. 671–681.

Bitz, M. (1988), Zur Begründung und Ausgestaltung bankaufsichtlicher Normen – eine risikotheoretische Analyse, in: W. Gerke (1988), Hrsg., S. 13–42.

Black, F.; Scholes, M. (1973), The Pricing of Options and Corporate Liabilities; in: Journal of Political Economy, Bd. 81, S. 637–659.

Boos, K.-H. (1997), Entwurf einer Sechsten KWG-Novelle, in: Die Bank, Heft 2, S. 119–125.

Boos, K.-H.; U. Klein (1994), Fünfte Novelle des Kreditwesengesetzes, in: Die Bank, Heft 8, S. 358–363.

Boos, K.-H.; Schulte-Mattler, H. (1992), Neuer Eigenkapitalgrundsatz I vorgelegt, in: Die Bank, Heft 11, S. 639–643.

Boos, K.-H.; Schulte-Mattler, H. (1993); Neuregelungen des Eigenkapitalgrundsatzes I, in: Die Bank, Heft 6, S. 358–363.

Borchardt, K. (1976), Währung und Wirtschaft, in: Deutsche Bundesbank (1976), Hrsg., S. 1–56.

Brunner, W.L.; Vollath J. (1993), Hrsg., Handbuch Finanzdienstleistungen, Stuttgart 1993.

Bühler, W.; Herzog W. (1989), Die Duration – eine geeignete Kennzahl für die Steuerung von Zinsänderungsrisiken in Kreditinstituten? (Teil 1), in: Kredit und Kapital, Nr. 3, S. 403–428.

Bundesaufsichtsamt für das Kreditwesen (1992), Bekanntmachung über die Änderung und Ergänzung der Grundsätze über das Eigenkapital und die Liquidität der Kreditinstitute vom 29. Dezember 1992, in: Bundesanzeiger Nr. 245 vom 31. Dezember 1992, S. 9763–9764.

Bundesaufsichtsamt für das Kreditwesen (1993a), Schreiben I 7 - A 211 - 12/93 vom 30. Juni 1993.

Bundesaufsichtsamt für das Kreditwesen (1993b), Verlautbarung I 3-5-1/92 vom Dezember 1993.

Bundesaufsichtsamt für das Kreditwesen (1996), Neufassung des Grundsatzes I, Vorentwurf, Stand: 10. Mai 1996.

Bundesrat (1996a), Gesetzentwurf der Bundesregierung, Entwurf eines Gesetzes zur Umsetzung von EG-Richtlinien zur Harmonisierung bank- und wertpapieraufsichtsrechtlicher Vorschriften, Drucksache 963/96 vom 20. Dezember 1996.

Bundesrat (1996b), Gesetzentwurf der Bundesregierung, Entwurf eines Begleitgesetzes zum Gesetz zur Umsetzung von EG-Richtlinien zur Harmonisierung bank- und wertpapieraufsichtsrechtlicher Vorschriften, Drucksache 964/96 vom 20. Dezember 1996.

Büschgen, H.E. (1989), Bankbetriebslehre, 2. Aufl., Wiesbaden (Gabler) 1989.

Consbruch, J.; Möller, A.; Bähre, J.; Schneider, M. (1954 ff.), Gesetz über das Kreditwesen mit verwandten Gesetzen und anderen Vorschriften, Loseblattsammlung, München 1954 ff. (= CMBS)

Cootner, P.H. (1970), The random character of stock market prices, third edition, The Massachusetts Institute of Technology (Hrsg.), Cambridge, MA.

Dale, R. (1990), The EEC's Approach to Capital Adequacy for Investment Firms, in: Journal of International Securities Markets, Vol. 4, S. 211–218.

Dale, R. (1991), Regulating Bank's Securities Activities: A Global Assessment, in: Journal of International Securities Markets, Vol. 5, S. 277–290.

Derman, E. (1996), Model Risk, in: Risk Magazine, 9/1996.

Deutsche Bundesbank (1976), Währung und Wirtschaft in Deutschland 1876–1975, Frankfurt 1976.

Deutsche Bundesbank (1989 ff.), Devisenkursstatistik, verschiedene Jahrgänge.

Deutsche Bundesbank (1990a), Die neuen Grundsätze I und Ia über das Eigenkapital der Kreditinstitute, in: Monatsberichte der Deutschen Bundesbank, August, S. 39–46.

Deutsche Bundesbank (1990b), Die neuen Grundsätze I und Ia über das Eigenkapital der Kreditinstitute, Sonderdruck Nr. 2a, Frankfurt/Main 1990.

Deutsche Bundesbank (1993), Bilanzunwirksame Geschäfte deutscher Banken, in: Monatsberichte der Deutschen Bundesbank, Oktober, S. 65 ff.

Deutscher Bundestag, Drucksachen (zitiert als Bundestags-Drucksache Wahlperiode/lfd. Nummer).

Diwald, H. (1994), Zinsfutures und Zinsoptionen, München 1994.

Dürselen, K.E. (1993), Wesentliche Änderungen des Kreditwesengesetzes im Rahmen der Vierten KWG-Novelle, in: Zeitschrift für Bankrecht und Bankwirtschaft, Heft 4, S. 266–275.

Dürselen, K.E. (1994), Novellierung der Bankaufsichtsnorm Grundsatz I zur Erfassung und Begrenzung von Ausfallrisiken eines Kreditinstitutes, in: Zeitschrift für Bankrecht und Bankwirtschaft, Heft 1, S.: 100–115.

EG-Kommission (1977), Erste Richtlinie des Rates vom 12. Dezember 1977 zur Koordinierung der Rechts- und Verwaltungsvorschriftenh über die Aufnahme und Ausübung der Tätigkeit der Kreditinstitute (77/80/EWG), in: Amtsblatt der Europäischen Gemeinschaften, Nr. L 322, 17. Dezember 1977, S. 30–37.

EG-Kommission (1983), Richtlinie des Rates vom 13. Juni 1983 über die Beaufsichtigung der Kreditinstitute auf konsolidierter Basis (83/850/EWG), in: Amtsblatt der Europäischen Gemeinschaften, Nr. L 193, 18. Juli 1983, S. 18–20.

EG-Kommission (1989a), Richtlinie des Rates vom 17. April 1989 über die Eigenmittel von Kreditinstituten (89/299/EWG), in: Amtsblatt der Europäischen Gemeinschaften, Nr. L 124, 5. Mai 1989, S. 16–20.

EG-Kommission (1989b), Zweite Richtlinie des Rates vom 15. Dezember 1989 zur Koordinierung der Rechts- und Verwaltungsvorschriften über die Aufnahme und Ausübung der Tätigkeit der Kreditinstitute und zur Änderung der Richtlinie 77/780/EWG (89/646/EWG), in: Amtsblatt der Europäischen Gemeinschaftenh, Nr. L 386, 30. Dezember 1989, S. 1–13.

EG-Kommission (1989c), Richtlinie des Rates vom 18. Dezember 1989 über einen Solvabilitätskoeffizienten für Kreditinstitute (89/647/EWG), in: Amtsblatt der Europäischen Gemeinschaften, Nr. L 386, 30. Dezember 1989, S. 14–22.

EG-Kommission (1990a), Berichtigung der zweiten Richtlinie 89/646/EWG des Rates vom 15. Dezember 1989 zur Koordinierung der Rechts- und Verwaltungsvorschriften über die Aufnahme und Ausübung der Tätigkeit der Kreditinstitute und zur Änderung der Richtlinie 77/780/EWG, in: Amtsblatt der Europäischen Gemeinschaften, Nr. L 158, 23. Juni 1990, S. 87.

EG-Kommission (1990b), Vorschlag für eine Richtlinie des Rates über die angemessene Eigenkapitalausstattung von Wertpapierfirmen und Kreditinstituten (90/C 152/06), in: Amtsblatt der Europäischen Gemeinschaften, Nr. C 152, S. 6–17.

EG-Kommission (1991a), Richtlinie der Kommission vom 19. Dezember 1990 zur technischen Anpassung der Definition der „multilateralen Entwicklungsbanken" in der Richtlinie 89/647/EWG des Rates über einen Solvabilitätskoeffizienten für Kreditinstitute (91/31/EWG), in: Amtsblatt der Europäischen Gemeinschaften, Nr. L 17, 23. Januar 1991, S. 20.

EG-Kommission (1991b), Richtlinie des Rates vom 3. Dezember 1991 zur Durchführung der Richtlinie 89/299/EWG über die Eigenmittel von Kreditinstituten (91/633/EWG), in: Amtsblatt der Europäischen Gemeinschaften, Nr. L 339, 11. Dezember 1991, S. 33–34.

EG-Kommission (1992a), Richtlinie 92/16/EWG des Rates vom 16. März 1992 zur Änderung der Richtlinie 89/299/EWG über die Eigenmittel von Kreditinstituten, in: Amtsblatt der Europäischen Gemeinschaften, Nr. L 75, 21. März 1992, S. 48–50.

EG-Kommission (1992b), Richtlinie 92/30/EWG des Rates vom 6. April 1992 über die Beaufsichtigung von Kreditinstituten auf konsolidierter Basis, in: Amtsblatt der Europäischen Gemeinschaften, Nr. L 110, 28. April 1992, S. 52–58.

EG-Kommission (1992c), Geänderter Vorschlag für eine Richtlinie des Rates über die angemessene Eigenkapitalausstattung von Wertpapierfirmen und Kreditinstituten (92/C 50/05), in: Amtsblatt der Europäischen Gemeinschaften, Nr. C 50, S. 5–22.

EG-Kommission (1993a), Richtlinie 92/121/EWG des Rates vom 21. Dezember 1992 über die Überwachung und Kontrolle der Großkredite von Kreditinstituten, in: Amtsblatt der Europäischen Gemeinschaften, Nr. L 29, 5. Februar 1993, S. 1–8.

EG-Kommission (1993b), Richtlinie 93/6/EWG des Rates vom 15. März 1993 über die angemessene Kapitalausstattung von Wertpapierfirmen und Kreditinstituten, in: Amtsblatt der Europäischen Gemeinschaften, Nr. L 141, 11. Juni 1993, S. 1–26.

EG-Kommission (1993c), Richtlinie 93/22/EWG des Rates vom 10. Mai 1993 über Wertpapierdienstleistungen, in: Amtsblatt der Europäischen Gemeinschaftenh, Nr. L 141, 11. Juni 1993, S. 27–46.

EG-Kommission (1994a), Richtlinie 94/7/EWG der Kommission vom 15. März 1994 zur Anpassung der Richtlinie über einen Solvabilitätskoeffizienten für Kreditinstitute betreffend die technische Definition der „multilateralen Entwicklungsbanken", in: Amtsblatt der Europäischen Gemeinschaften, Nr. L 89, 6. April 1994, S. 17.

EG-Kommission (1994b), Vorschlag für eine Richtlinie des Europäischen Parlaments und des Rates zur Änderung der Richtlinie 89/647/EWG des Rates im Hinblick auf die aufsichtliche Anerkennung von Schuldumwandlungsverträgen und Aufrechnungsvereinbarungen („vertragliches Netting") (94/C142/10), in: Amtsblatt der Europäischen Gemeinschaften, Nr. C 142, 25. Mai 1994, S. 8–11.

EG-Kommission (1996a), Richtlinie 96/10/EG des Europäischen Parlaments und des Rates vom 21. März 1996 zur Änderung der Richtlinie 89/647/EWG im Hinblick auf die aufsichtliche Anerkennung von Schuldumwandlungsverträgen und Aufrechnungsvereinbarungen („vertragliches Netting"), in: Amtsblatt der Europäischen Gemeinschaften, Nr. L 85, 3. April 1996, S. 17-21 („Nettingrichtlinie I").

EG-Kommission (1996b), Vorschlag für eine Richtlinie des Europäischen Parlaments und des Rates zur Änderung des Artikels 12 der Richtlinie 77/780/EWG zur Koordinierung der Rechts- und Verwaltungsvorschriften über die Aufnahme und Ausübung der Tätigkeit der Kreditinstitute, der Artikel 2, 6, 7, 8 und der Anhänge II und III zur Richtlinie 89/647/EWG über einen Solvabilitätskoeffizienten für Kreditinstitute und des Artikels 2 und des Anhangs II der Richtlinie 93/6/EWG über die angemessene Eigenkapitalausstattung von Wertpapierfirmen und Kreditinstituten (96/C208/06), in: Amtsblatt der Europäischen Gemeinschaften, Nr. C 208, 19. Juli 1996, S. 8-14 („Nettingrichtlinie II").

Eller, R. (1991), Modified Duration und Convexity – Analyse des Zinsrisikos, in: Die Bank, Heft 6, S. 322–326.

Eller, R. (1993a), Hrsg., Modernes Bondmanagement, Wiesbaden 1993.

Eller, R. (1993b), Risikomanagement festverzinslicher Papiere, in: R. Eller (1993a), S. 41–66.

Fingleton, J. (1992), The Internationalisation of Capital Markets and the Regulatory Response, London 1992.

Fisher, L.; R.L. Weil (1971), Coping with the risk of interest-rate fluctuations: returns to bondholders from naive and optimal strategies, in: Journal of Business, Bd. 44, S. 415.

Follak, K.P. (1988), Der Eigenkapitalbegriff: Eckpfeiler einer Internationalisierung der Bankenaufsicht, in: Österreichisches Bank-Archiv, Jg. 36, Teil I: S. 527–544, Teil II: S. 677–682.

Follak, K.P. (1989), Auf dem Wege zur internationalen Harmonisierung der Eigenkapitalanforderungen an Banken, in: Österreichisches Bank-Archiv, Jg. 37, S. 220–253.

Follak, K.P. /1990a), Die Vereinheitlichung der Bankenaufsicht in Europa, in: Österreichisches Bank-Archiv, Jg. 38, S. 151–161.

Follak, K.P. (1990b), Die Harmonisierung der Eigenkapitalanforderungen an Banken in den Ländern der „Zehnergruppe", in: Österreichisches Bank-Archiv, Jg. 38, S. 752–770.

Frölichsthal, G. (1990), Zweite Bankrechtskoordinierungsrichtlinie, in: Österreichisches Bank Archiv, Jg. 38, S. 211–212.

Gaddum, J.W. (1988), Auf dem Weg zu einem Europäischen Bankenaufsichtsrecht, in: Deutsche Bundesbank (Hrsg.), Auszüge aus Presseartikeln Nr. 52, Frankfurt/Main, 20. Juli 1988, S. 1–4.

Gaddum, J.W. (1990a), Implementierung der EG-Richtlinien in das deutsche Kreditwesengesetz, in: Deutsche Bundesbank (Hrsg.), Auszüge aus Presseartikeln Nr. 26, Frankfurt/Main, 27. März 1990, S. 2–6.

Gaddum, J.W. (1990b), Rede vor der International Conference on Deposit Insurance and Problem-Bank Resolution Policies der FDIC in Wahsington, D.C., am 26. September 1990, in: Deutsche Bundesbank (Hrsg.), Auszüge aus Presseartikeln Nr. 77, Frankfurt/Main, 2. Oktober 1990, S. 5–7.

Gerke, W. (1988), Hrsg., Bankrisiken und Bankrecht, Wiesbaden 1988.

Global Derivatives Study Group (1993), Group of Thirty (Hrsg.), Derivatives: Practices and Principles, Washington D.C., Juli 1993

Gramlich, D.; H. Walz (1991), Duration und Zinselastizität als Instrument des Zinsrisiko-Managements, in: WiST, Juli 1991, S. 327–380.

Gröschel, U.; U. Maes (1994), Eigenkapitalanforderungen nach der Kapitaladäquanzrichtlinie, Stuttgart 1994.

Gualandri, E. (1991), The Approaches to Interest Rate Risk of Supervisory Authorities and Financial Institutions, in: Österreichisches Bank-Archiv, Jg. 39, S. 182–196.

Günther, H.; W. Arnold (1985), Die neuen Bestimmungen des Kreditwesengesetzes, in: Die Bank, Heft 1, S. 27–34.

Hellner, T. (1976), Die Novellierung des Kreditwesengesetzes, in: Bank-Betrieb, 16. Jg., Nr. 3, S. 86–92.

Hicks, J.R. (1939), Value and Capital, Oxford 1939.

Höfer, B. (1997), Netting und Ausfallrisiko – Neuregelungen für OTC-Finanzderivate, in: Die Bank, Heft 1, S. 50–53.

Hull, M.J.B. (1989), The BIS Capital Adequacy „Rules": A Critique, in: Banca Nazionale Del Lavoro Quaterly Review, Nr. 169, S. 207–227.

Jentsch, W. (1993), Die EG-Wertpapierdienstleistungsrichtlinie. Entstehungsgeschichte und Inhalt, in: Wertpapier-Mitteilungen, 47. Jg., S. 2189–2195.

Johannig, L. (1996), Value-at-Risk-Modelle zur Ermittlung der bankaufsichtlichen Eigenkapitalunterlegung beim Marktrisiko im Handelsbereich, in: ZBB Zeitschrift für Bankrecht und Bankwirtschaft, Heft 4, S. 287–303.

Jorion, Ph. (1997), Value At Risk: The New Benchmark for Controlling Market Risk, Chicago 1997.

Kesting, H.; H. Schulte-Mattler (1992a), Herleitung der Black-Scholes-Formel aus dem Binomialen Optionspreismodell, in: WiSt Wirtschaftswissenschaftliches Studium, Heft 4, S. 167–171.

Kesting, H.; H. Schulte-Mattler (1992b), Das Binomiale Optionspreismodell, in: WiSt Wirtschaftswissenschaftliches Studium, WiSt-Fallstudie, Heft 4, S. 211–215.

Krümmel, H. (1968), Liquiditätssicherung, in: Kredit und Kapital, S. 247–307.

Krumnow, J. (1993), Derivative Instrumente als Herausforderung für Bankcontrolling und Bankorganisation, in: Zeitschrift für Bankrecht und Bankwirtschaft, 5. Jg., S. 133–138.

Krumnow, J.; W. Sprißler; Y. Bellavite-Hövermann; M. Kemmer; H. Steinbrücker (1994), Rechnungslegung der Kreditinstitute, Kommentar zum Bankbilanzrichtlinie-Gesetz und zur RechKredV, Stuttgart 1994.

Kuntze, W. (1986), Zur Entwicklung des Kreditwesengesetzes aus der Sicht der Bankenaufsicht, in: B. Rudolph (1986), Hrsg. S. 11–25.

Kuntze, W. (1991), Die bankaufsichtsrechtlichen Perspektiven des europäischen Binnenmarktes 1993, in: Deutsche Bundesbank (Hrsg.), Auszüge aus Presseartikeln Nr. 3, 10. Januar 1991, S. 3–9.

Levin, F.; H. Schulte-Mattler (1994), Zur Effizienz des Zins-Futuremarktes in der Bundesrepublik Deutschland, in: Finanzmarkt und Portfolio Management, Heft 1, S. 63–75.

Lawrence, C.; G. Robinson (1995), How safe is RiskMetrics?, in: Risk Magazine, 8/1995.

Macaulay, F.R. (1938), Some theoretical problems suggested by the movements of interest rates, bond yields and stock prices in the United States since 1856, National Burea7u of Economic Research, New York 1938.

Maes, U. (1992), Inhaltliche Regelungen der Kapitaldäquanzrichtlinie, in: Sparkasse, 109. Jg., S. 527–530.

Markowitz, H.M. (1959), Portfolio Selection, New York 1959.

Markowitz, H.M. (1987), Mean-variance analysis in Portfolio Choice and Capital markets, first edition, Oxfort 1987.

Mayer, H. (1981), Das Bundesaufsichtsamt für das Kreditwesen, Düsseldorf 1981.

Morgan, J. P. (1996), RiskMetrics Technical Document, 4. Aufl., 1996.

Niethammer, T. (1990), Die Ziele der Bankenaufsicht in der Bundesrepublik Deutschland, Berlin 1990.

Osborne, M.F.M. (1962), Periodic structure in the Brownian motion of stock prices, in: Operations Research, 10. Jg., Mai/Juni, S. 345–379.

Portes, R.; A.K. Swoboda (1987), Hg., Threats to International Financial Stability, Cambridge, S. 91–104.

Professoren-Arbeitsgruppe (1987), F. Philipp u. a. Bankaufsichtsrechtliche Begrenzung des Risikopotentials von Kreditinstituten. Ein Reformvorschlag, in: Die Betriebswirtschaft, 47. S. 285–302.

Rehm, H.; Geiger W. (1990), Die künftigen nationalen und internationalen Eigenkapitalanforderungen, in: Sparkasse, Bd. 8, S. 342–347.

Reischauer, F.; Kleinhans J. (1963 ff.), Kreditwesengesetz (KWG), Loseblattkommentar für die Praxis nebst sonstigen bank- und sparkassenrechtlichen Aufsichtsgesetzen sowie ergänzenden Vorschriften, Berlin 1963 ff.

Rudolph, B. (1986), Hrsg. Bankpolitik nach der KWG-Novelle, Frankfurt/Main 1986.

Rudolph, B. (1981a), Duration: Eine Kennzahl zur Beurteilung der Zinsempfindlichkeit von Vermögensanlagen, in: Zeitschrift für das gesamte Kreditwesen, Heft 4, S. 137–140.

Rudolph, B. (1981b), Eine Strategie zur Immunisierung der Portefeuilleentnahmen gegen Zinsänderungsrisiken, in: Zeitschrift für betriebswirtschaftliche Forschung, Bd. 33, S. 22–35.

Rudolph, B. (1991), Gestaltungsformen bankaufsichtlicher Normen, in: WISU Das Wirtschaftsstudium, 20. Jg., S. 596–601.

Rudolph, B. (1994), Kapitaladäquanzrichtlinie: Zielsetzung und Konsequenzen der bankaufsichtlichen Regulierung im Wertpapierbereich, in: Zeitschrift für Bankrecht und Bankwirtschaft, Heft 2, S. 117–204.

Schaefer, S.M. (1987), The Design of Bank Regulation and Supervision: Some Lessons from the Theory of Finance, in: Portes, R.; A.K. Swoboda (1987), S. 91–104.

Schaefer, S.M. (1990), The Regulation of Banks and Securities Firms, in: European Economic Review, Vol. 34, S. 587–597.

Schaefer, S.M. (1992), Financial Regulation: The Contribution of the Theory of Finance, in: J. Fingleton (1992), S. 149–166.

Scharpf, P. (1993), Der neue Solvabilitätskoeffizient der Kreditinstitute. Die Umsetzung der EG-Eigenmittel- und EG-Solvabilitätsrichtlinie, Düsseldorf 1993.

Schneider, D. (1978), Praxis der Bankenaufsicht, Frankfurt/Main 1978.

Scholz, W. (1979), Zinsänderungsrisiken im Jahresabschluß der Kreditinstitute, in: Kredit und Kapital, S. 517–544.

Schulte-Mattler, H. (1990), Neuregelung des Grundsatzes I gemäß §§ 10, 10a Kreditwesengesetz, in: Wertpapier-Mitteilungen, Bd. 50, S. 2061–2067.

Schulte-Mattler, H. (1991), Erfassung von Marktrisiken im novellierten KWG-Grundsatz Ia, in: Wertpapier-Mitteilungen, Nr. 3, S. 3–12.

Schulte-Mattler, H. (1992a), EG-Kapitaladäquanz-Richtlinie: Einheitliche Aufsichtsregeln für Kreditinstitute und Wertpapierhäuser, in: Die Bank, Heft 8, S. 460–467.

Schulte-Mattler, H. (1992b), EG-Richtlinie über die angemessene Eigenkapitalausstattung von Wertpapierfirmen und Kreditinstituten, in: EuZW Europäische Zeitschrift für Wirtschaftsrecht, 3. Jg., Heft 19, S. 602–605.

Schulte-Mattler, H. (1993), Neufassung der Kreditrisikonorm im KWG-Grundsatz I, in: Wertpapier-Mitteilungen, Nr. 22, S. 977–981.

Schulte-Mattler, H. (1994a), Baseler Vorschlag zur Erfassung und Begrenzung von Marktrisiken, in: Die Bank, Heft 1, S. 28–33.

Schulte-Mattler, H. (1994b), Bankaufsichtliche Eigenkapitalnormen für Marktrisiken im Vergleich, in: Die Bank, Heft 2, S. 93–98.

Schulte-Mattler, H. (1994c), Ausfallrisiko und bilaterales Netting von OTC-Finanzderivaten, in: Die Bank, Heft 5, S. 302–307.

Schulte-Mattler, H. (1994d), Eigenkapitalgrundsatz I für Kreditinstitute – Studienblatt, in: WISU Das Wirtschaftsstudium, Heft 4, 1994.

Schulte-Mattler, H. (1994e), Preisrisiken im Mittelpunkt der Sechsten KWG-Novelle, in: Wertpapier-Mitteilungen, Nr. 32, S. 1412–1417.

Schulte-Mattler, H. (1994f), Eigenkapitalgrundsatz I: Bankaufsichtliche Norm für Kreditrisiken, in: WISU das Wirtschaftsstudium, Teil I, Heft 7/1994, S. 609–613 und 635, Teil II, Heft 8–9/1994, S. 703–708 und 735.

Schulte-Mattler, H. (1996a), Delta-plus-Ansatz bei Optionen, in: Die Bank, Heft 8, S. 500–505.

Schulte-Mattler, H. (1996b), Szenario-Matrix-Verfahren bei Optionen, in: Die Bank, Heft 12, S. 758–763.

Shastri, KI.; Tandon, K. (1986), On the use of european models to price american options on foreign currency, in: The Journal of Future Markets, 6. Jg. Nr. 1, S. 93–108.

Sprißler, W.; W. Arnold (1984), Was leistet das Abzugsverfahren?, in: Die Bank, Heft 4, S. 156–160.

Steiner, M.; C. Bruns (1994), Wertpapier-Management, Stuttgart 1994.

Stützel, W. (1964), Bankpolitik heute und morgen, Frankfurt/Main 1964.

Traber, U. (1988), Die internationale Harmonisierung bankaufsichtlicher Eigenkapitaldeckungsnormen. Ein Überblick, in: Sparkasse, 105. Jg., Heft 8, S. 352–360.

Traber, U. (1990a), Auch bilanzunwirksame Geschäfte sind mit Eigenmitteln zu unterlegen, in: Bankkaufmann, Bd. 7, S. 17–21.

Traber, U. (1990b), Alle offenen Positionen werden erfaßt, in: Bankkaufmann, Bd. 8, S. 45–48.

Uhlir, H.; W. Aussenegg (1996), Value-at-Risk (VaR), Einführung und Methodenüberblick, in: Österreichisches Bankarchiv, Heft 11, S. 831–836.

Weil, R. (1973), Macaulay's Duration: An appreciation, in: Journal of Business, 46. Jg., S. 589–592.

Wiebke, H. (1992), Internationale Aktivitäten zur Harmonisierung bankaufsichtlicher Eigenkapitalvorschriften: Eine Zwischenbilanz, in: Kredit und Kapital, Teil I: Eigenkapitalfunktionen und Eigenkapitalbegriff, Heft 3, S. 428–457, Teil II: Die Eigenkapitalunterlegung der Risikoaktiva, Heft 4, S. 584–606.

Wittrock, C.; S. Jansen (1996), Gesamtbanksteuerung auf Basis von Value at Risk-Ansätzen, in: Österreichisches Bankarchiv, Heft 12, S. 909–918.

Stichwortverzeichnis

200

—